电子制造业智能制造系统

工业互联应用下的自动化解决方案

张永泰 编著

化学工业出版社

·北京·

内容简介

《电子制造业智能制造系统：工业互联应用下的自动化解决方案》一书，由理论概述篇、实践路径篇、案例解析篇三个部分组成。其中，理论概述篇包括工业4.0、5G时代、工业4.0与5G对制造企业的冲击和变革；实践路径篇包括智能制造及自动化解决方案、智能自动化方案的实施步骤、自动化解决方案的系统分类、智慧产权专利申请、智能制造与高新（国家）技术企业的推动；案例解析篇包括智能化生产及资源管理方式、创新突破的新科技应用、取代重复性基础劳动力。

本书可供电机、电子、机械、自动化、计算机、工业工程规划相关专业学生阅读参考，并可用于从事电子制造业相关智能方案研发、设计、执行的新进人员参考，使企业提前把握对科技人力的需求，使学习与实践能更高效衔接。

图书在版编目（CIP）数据

电子制造业智能制造系统：工业互联应用下的自动化解决方案/张永泰编著. —北京：化学工业出版社，2022.2（2023.1重印）
ISBN 978-7-122-40378-0

Ⅰ.①电… Ⅱ.①张… Ⅲ.①电子工业-智能制造系统 Ⅳ.①F407.632

中国版本图书馆CIP数据核字（2021）第248586号

责任编辑：陈 蕾　　　　　　　　　　　文字编辑：王春峰　陈小滔
责任校对：田睿涵　　　　　　　　　　　装帧设计：尹琳琳

出版发行：化学工业出版社（北京市东城区青年湖南街13号　邮政编码100011）
印　　装：北京虎彩文化传播有限公司
787mm×1092mm　1/16　印张15¼　字数304千字　2023年1月北京第1版第3次印刷

购书咨询：010-64518888　　　　　　　　售后服务：010-64518899
网　　址：http://www.cip.com.cn

凡购买本书，如有缺损质量问题，本社销售中心负责调换。

定　价：68.00元

前言

　　在当下全球产业的大裂变中，我国制造业面临着发达国家"高端回流"和发展中国家"中低端分流"的双向挤压。发展行业系统解决方案是提高制造业智能化水平的重要举措。

　　当前，我国制造业"智能化"水平参差不齐，大多数制造业企业、行业智能化系统都还处于局部应用阶段，只有少数大企业在面对国际化高度竞争的环境时重视关键生产及业务环节，较全面应用了先进智能装备及智能系统，以实现具有国际化水平的协同和集成。从制造业生产力水平来看，大量企业处于工业2.0要补课的阶段，有些企业处于工业3.0自动化待普及的阶段，有个别企业处于工业4.0智能化要示范的阶段。

　　为了全面进入"工业4.0"智能化阶段，部分国际化大型生产企业尤其是品牌电子制造业企业已经尝试做了一些示范，近期国内电子制造业的智能化和信息化正在快速布局。也就是从淘汰、改造高度依赖劳动力的低阶产能，到逐步发展高度机械自动化、柔性化的智能装备，再提高产品生产制造全生命周期数字化信息处理能力，服务由低阶到高阶到智能，佐以最新"智慧工厂"概念的普及，建设工厂数字化物联网、服务网、数据网、工厂间互联网，生产装备逐步实现高度集成，并通过传感器和机器视觉等新技术实现全程智能监控，以及进一步提供宏观、客观的辅助决策功能。

　　电子制造业智能制造系统发展具有专业性、系统性、复杂性，涉及市场、原材料、设计、生产、物流、销售、服务等产品全生命周期，涵盖执行设备层、控制层、管理层、企业层、云服务层、网络层等企业系统架构，需要不断充实横向集成、纵向集成和端到端集成。由于国内企业长期对基础研究及创新研发重视不足，也受限于研发资金投入不足、技术创新研发周期较长以及工艺壁垒等因素，单个系统解决方案商很难满足各个细分行业的智能制造发展需要，从企业系统架构来看，国内目前还没有能够全面打通整个架构体系的整体智能制造解决方案商。

　　随着技术水平的不断进步，电子制造业集成自动化系统解决方案提供商将不断完善架构体系，企业间也将不断加强协同创新，以强化智能制造系统解决方案供应能力。

　　基于此，为了帮助电机、电子、机械、自动化、计算机、工业工程规划相关专业学生，以及从事电子制造业相关智能方案研发、设计、执行的新进人员，满足企业对科技人力的需求，使学习与实践能更高效衔接，通过20多年带领自动化研发团队的实践，笔者组织相关专家编写了《电子制造业智能制造系统：工业互联应用下的自动化解决方案》一书。

本书由理论概述篇、实践路径篇、案例解析篇三个部分组成。其中，理论概述篇包括工业4.0、5G时代、工业4.0与5G对制造企业的冲击和变革；实践路径篇包括智能制造及自动化解决方案、自动化解决方案的实施步骤、自动化解决方案的系统分类、智慧产权专利申请、智能制造与高新（国家）技术企业的推动；案例解析篇包括智能化生产及资源管理方式、创新突破的新科技应用、取代重复性基础劳动力。

书中最后一篇汇整解析的案例，主要选择近年来实际工作中持续有客户重复委托的案例，和现阶段受非标自动化制造商及方案集成商重点关注的几个基础案例，供读者参考以避免不必要的错误尝试。在此对提供案例和帮助的摩尔元数、艾斯达克智能、欧凯机器人、FLIR、德中科技、美亚电子、环城自动化、SMT China 杂志社等企业和机构深表感谢。

本书由张永泰编著。由于笔者水平有限，书中难免有疏漏之处，敬请读者批评指正。

编著者

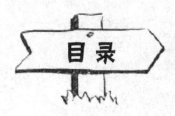

目录

① 01

第一篇　理论概述篇

02

第二篇 实践路径篇

（03）

第三篇　案例解析篇

第一篇

理论概述篇

第 ① 章

工业4.0

工业4.0（Industry 4.0）这个名词出现至今，时间不短，但普罗大众对于工业4.0的认知仍停留在诸多混淆不清的如"高科技、智能、创新的"等形容词阶段。

那么，究竟什么是"工业4.0"？

由于市面上充斥无数的"4.0"新名词，比如4.0工厂、4.0概念股等，时下又是4.0（4G）手机主导的时代，所以一般人似乎失去对工业自动化的关注，而误认为4.0是关于网络或移动通信技术的创新，事实上工业4.0与4G、5G移动通信技术革新是互相依存、共荣俱进的两大世界进步巨轮，但这二者却是完全不同的观念表述，也是产业创新发展原则性的不同方向，所以在此有必要进一步正名，给予有说服力的定义。

1.1　工业 4.0 的源起

工业4.0——是德国联邦教研部与联邦经济技术部在2013年4月汉诺威工业博览会上提出的以智能制造为主导的新工业革命。

2014年，德国正式发布"工业4.0战略计划"，成为第四次工业革命的引领。在工业4.0中，人员、机器、工厂、物流和产品之间实现直接的交流与协作。通过物联网，不仅能够优化一个生产步骤，同时可以优化整个价值链。它能贯穿整个产品生命周期的所有阶段：从产品的概念到开发、制造、使用、维护，再到回收利用。工业4.0是由一个信息、一个网络、四大主题、三项集成、八项计划组成的框架机构。

一个信息：新移动信息技术（Advance Telecom Technology）。

一个网络：信息物理系统网络CPS（Cyber-Physics System），即工业互联。

四大主题：智能生产，智能工厂，智能物流，智能服务。

三项集成：纵向集成，横向集成，端到端集成。

八项计划：标准化和参考架构，管理复杂系统，工业宽带基础，安全和保障，工作的组织和设计，培训与再教育，监管框架，资源利用效率。

1.2　工业 1.0 至工业 3.0

1.2.1　工业 1.0

第一次工业革命的代表性人物及象征性对象分别为瓦特及其改良的蒸汽机，蒸汽机的诸多应用超越人力、兽力，如火车、轮船等。

1.2.2　工业 2.0

依照德国英飞凌科技（德国最大的半导体公司，于 1999 年 4 月 1 日在德国慕尼黑正式成立，至今在世界拥有 35600 多名员工，是全球领先的半导体公司之一）首席执行官 Reinhard Ploss 博士的定义描述："第二次工业革命的代表性人物及象征性对象分别为尼古拉·特斯拉及其发明交流电（电气机械化、规模化、自动生产机械大量出现，如电动纺纱、织布、发动机引擎、汽车等）。使用大量人力的流水线集中生产制造成为这个时期工厂的主要特征。"如图 1-1 所示。

图 1-1　2.0 工厂流水线集中大量生产场景

1.2.3　工业 3.0

第三次工业革命的代表性人物及象征性对象分别为比尔·盖茨及其 DOS、Windows 操作系统。逐步提高的计算机化信息生产技术，产生高度自动化的生产机械设备，成就生产制程整合自动化、计算机化流程控制。此时大量使用自动化标准机械设备以及计算机化集成流程控制生产成为这个时期先进工厂的主要特征，如图 1-2 所示。

图1-2　3.0工厂高度自动化机械生产场景

1.3　工业 4.0

三次工业革命后，人类将迎来以信息物理系统CPS为基础，以生产高度数字化、网络化、机器自组织为标志的"第四次工业革命"。

1.3.1　工业4.0的定义

从战略层面上：工业4.0是德国政府提出的一个高科技战略计划。旨在提升制造业的智能化水平，建立具有适应性、资源效率及人因工程学的智能工厂，在商业流程及价值流程中整合客户及商业伙伴。

从技术层面上：功能强大的、自主的微型计算机（嵌入式系统）正越来越多地相互之间，或与互联网通过无线方式互联。资源、信息、物品和人将进行互联，从而造就物联网和服务。在制造领域，这种将物联网和服务应用到制造业的渐进性进步可以被描述为工业化的第四个阶段，即工业4.0。

1.3.2　工业4.0的要素和必要环境

Ploss博士更进一步说明了工业4.0的要素和必要环境。

（1）一定是在非常高度的自动化、数据信息化生产线：指已经在工业3.0的基础之上，实现产品的一致性与良率。

（2）水平方面的集成：就是"智慧工厂"，将"人机料法环"生产过程的五大要素通过大数据的管理系统实现人与机器、机器与机器对话，从而提升生产效率，提升产品的质量，实现了数据信息的提取、集成、跟踪和分析。生产现场自动化、无人化应只是趋势而不是目的。

（3）垂直方面的集成：就是"智能制造"，从产品市场需求的预估、了解、掌控，到上游物料、物流的智能存储，要做到及时的供给，"智慧工厂"才能及时满足市场需求，发挥最大经济效率，营造竞争力。工业4.0不只是新科技，而是以新科技为工具，达到生产经营管理管控的新高度。

工业4.0有三大主题，如图1-3所示。

重点研究智能化生产系统及过程，以及网络化分布式生产设施的实现

主要涉及整个企业的生产物流管理、人机互动以及3D技术在工业生产过程中的应用等。该计划将特别注重吸引中小企业参与，力图使中小企业成为新一代智能化生产技术的使用者和受益者，同时也成为先进工业生产技术的创造者和供应者

主要通过互联网、物联网，整合物流资源，充分发挥现有物流资源供应方的效率，而需求方则能够快速获得服务匹配，得到物流支持

图1-3 工业4.0的三大主题

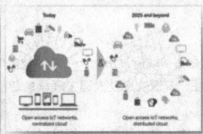

图1-4 4.0工厂场景

近年来先进的网络科技、新移动信息技术、多功能传感器、智能光学、影像比对、运动控制技术的大幅精进，使得围绕新工业革命主题的先进工业制造、生产科技得以在可互联互通（工业物联网）以及近乎即时（real time）的大量数据收集方面的能力不断提升，在各种集成、创新、应用、转型不断展开下，可预知不久的未来制造、生产的发展如图 1-4 所示，4.0 工厂场景指日可待。

除了以上生产制造用集成设备不断革新外，其他提升工业制造能力的先进技术应用产业也陆续成为时代亮点及发展核心。如人工智能、工业互联网、工业云计算、大数据、工业机器人、3D 打印都旨在为全新的工业制造、科技生产提供"革命性"提升精进的契机。从取代人力出发的自动化科技精准量产定制化服务，再到在日趋清晰完备的智慧工厂、"智能智造"等的优化助力下，人类的生活水平也由此得到了革命性的改善。

第 ② 章

5G时代

谈起5G，如邬贺铨❶院士所说："现在只是打开5G殿堂的大门，想象和实践都不该受到局限，5G不仅是移动通信的新世代，更是承载高科技产业的希望。"所以在此不以严谨定义方式进行论证，而是以积极期待的心态探索这一即将为人类文明生活带来重大变革的重器。

2.1 窥探 5G 时代

为什么称之为"窥探"？这是因为5G尚未拥有完整的体系架构，也不具备清楚定义的学说或理论，更不是局限于某一行业的商用产品。但其重要性在现阶段刚崭露头角的发展初期，已被预测其影响即将凌驾众多科技、学说、理论，而其应用之广泛更可谓深入各行各业、无所不涵。众多的科技载体应用都是依5G新一代移动信息技术而发展创新，甚至因5G而开始初生萌芽。有人形容5G是宏大未来科技殿堂的入口，有人更形容5G为万物互联秘境的门钥，众说纷呈，百家争鸣。

由于知识的局限，人在憧憬幻想中逐渐完备适应生活的技术与能力。就像现代人类生活一直以来就是不断从憧憬幻想，到科幻，再到科技落实的过程，所以在此5G殿堂的大门初开乍现的契机，我们要善用与生俱来的好奇心对未来新科技生活发展一一窥探。

邬贺铨院士进一步陈述："现在5G正位于发展方向判定的交叉点上，是位于新的开端，而不是事后的批判，所以重要的不是正确性，而是前瞻的触觉，以及全新应用领域的激发。"所以我们需聚精会神努力地窥探。

2.1.1 戏说5G

回顾1G、2G、3G、4G发展的时间进程，我们可以看出，似乎每十年更新一代：

---

❶ 邬贺铨院士：中国工程院院士，光纤传送网与宽带信息网专家，重庆邮电大学名誉校长，曾任中国工程院副院长，电信科学技术研究院副院长兼总工程师。

1980 年代（1G 时代）→	无线电对讲机、传呼机（BB Call）、"黑金刚"（大哥大移动电话），使用模拟信号（analogue）。
1990 年代（2G 时代）→	有了数字移动电话和短信功能，使用数字信号（digital）。
2000 年代（3G 时代）→	数字移动电话可以作图像、照片……接收传输。
2010 年代（4G 时代）→	基于全 IP 的移动宽带开始具备应用音乐、视频……大流量接收传输能力
2020 年代（5G 时代）→	可预期进展为移动信息技术的全新时代。

也有人根据实际应用维度的不同，为信息技术立下世代革新的界碑，区分为：

1 代——传声音，电报。

2 代——传数字信息。

3 代——传图像，照片。

4 代——传视频。

5 代——传 3D 立体投影，3D 扫描。

从某一方面来说，这种就应用功能的区分，虽然相当另类、功利、具有目的性，却可以为每一个世代的技术革新树立具体世代更迭的里程碑，并且清楚地期待，下一世代如果善用 5G（低延时）近乎实时（real time）、大量数据连接（big data）、5 个 "9" 可靠性（99.999%）的环境下：完全突破空间距离的 3D 信息沟通及传输屏障，解决视觉影像立体传输对于介质的依赖（以 VR、AR、MR 等集成技术）达到立体信息无缝传输及接收。

毕竟 VR（Virtual Reality，虚拟现实技术）、AR（Augmented Reality，增强现实技术）、MR（Mixed Reality，混合现实技术）不外乎是不断改良完善 3D 投影传送及接收的一系列阶段性作法。也就是依信息传输 "维度（dimension）" 能力的区分，如此区分确实分得简单粗暴，却不失清晰的界限，"单纯地" 就移动信息技术的应用维度及能力作世代区分，与实际状况也可说相当契合，尤其对新一代信息技术应用的期待更是具体形象化，不空泛。在此也应提倡，当谈论第五代移动通信技术的世代交替分界，应该更聚焦信息技术本身，而不应由于搭上 5G 信息技术能力的各种应用载体而失去了焦点，更不可盲目设立速度快慢的数量界线，以快、更快、再快作世代区分并不可取。更赞同第五代移动信息技术应该集成虚拟实境（VR、AR、MR、3D 投影等）技术的发展方向，协助人们突破视觉须依赖介质传输的先天的人眼视力缺陷，达到 3D 影像突破空间、距离传输接收应用的限制，才算是新一代移动信息技术 5G——新的里程碑。

2.1.2　细说5G

表2-1将移动通信技术发展进行了一个时代区分并对重要纪事资料数据进行汇编。综合栏列信息技术的时代发展进程，重大发展纪事及较科学的量化描述，应该可以稍加导正对于未来第五代（5G）移动信息技术发展的期待，固然想象力重要，但多点科技少点科幻，才能较具体地加快5G的进程。

表 2-1　移动通信技术发展时代区分及重要纪事

时代	时间	标准	服务	重要纪事
1G 时代	20世纪 80年代 左右	AMPS美国 TACS英国 JTAGS日本 C-Nets联邦德国 Radiocom 2000法国 RTMI意大利 NMT Nordic 东欧以及俄罗斯	限语音的移动（蜂窝）电话	于20世纪80年代制定，指最初的模拟、仅限语音的移动（蜂窝）电话标准，动通信主要采用的是模拟技术（analogue）和频分多址（FDMA）技术。 1976年首先将无线电应用于移动电话。 1976国际无线电大会批准了800/900MHz频段用于移动电话的频率分配方案。 1978年底，美国贝尔试验室研制成功了全球第一个移动（蜂窝）电话系统（AMPS，Advanced Mobile Phone System）。 1980年瑞典等北欧4国研制成功了NMT-450移动通信网并投入使用。 1982年，欧洲邮电大会（CEPT）成立了一个新的标准化组织GSM（Group Special Mobile），其目的是制定欧洲900MHz数字TDMA蜂窝移动通信系统（GSM系统）技术规范，从而使欧洲的移动电话用户能在欧洲境内自动漫游。 1984年联邦德国完成了C网络（C-Netz）；1985年英国开发出频段在900MHz的全接入通信系统（TACS，Total Access Communications System）。1988年，欧洲电信标准协会（ETSI）成立。 美国摩托罗拉公司的工程师马丁·库珀于许多国家都开始建设基于频分复用技术（FDMA，Frequency Division Multiple Access）和模拟调制技术的第一代移动通信系统（1G，1st Generation）。 中国的第一代模拟移动通信系统于1987年11月18日在广东第六届全运会上开通并正式商用，采用的是英国TACS制式
2G 时代	20世纪 90年代	GSM CDMA D-AMPS	短信、WAP	1990年，GSM第一期规范确定，系统试运行。英国政府发放许可证建立个人通信网（PCN），将GSM标准推广应用到1800MHz频段改成为DCS1800数字蜂窝系统，频宽为2×75MHz。

续表

时代	时间	标准	服务	重要纪事
2G 时代	20世纪 90年代	GSM CDMA D-AMPS	短信、WAP	1991年，GSM系统在欧洲开通运行；DCS 1800规范确定，可以工作于微蜂窝，与现有系统重叠或部分重叠覆盖。 1992年，北美ADC（IS-54）投入使用，日本PDC投入使用；FCC批准了CDMA（IS-95）系统标准，并继续进行现场实验；GSM系统重新命名为全球移动通信系统（Global System For Mobile Communication）。1993年，GSM系统已覆盖泛欧及澳大利亚等地区，67个国家已成为GSM成员。 1994年，CDMA系统开始商用。1995年，DCS1800开始推广应用。 1995年中国开始建设GSM网络，到1999年底已覆盖全国31个省会城市、300多个地市，到2000年3月全国GSM用户数已突破5000万，并实现了与近60个国家的国际漫游业务。中国的第二代移动通信系统是以GSM为主，IS-95、CDMA为辅移动通信系统
		GPRS EDGE 泛欧 GSM/DCS1800 美国 ADC 日本 PDC		
3G 时代	21世纪初	CDMA 2000	彩信、QQ、微信、微博、贴吧、论坛	2000年10月，韩国SKTelecom推出了世界上第一个商用CDMA20001X网络。2000年12月日本以招标方式颁发了3G牌照，2003年澳大利亚Hutchison公司在推出3G，作为澳大利亚的第一个3G运营商。2003年3月，和记黄埔（H3G）第一个在欧洲推出了3G商用服务。已投入使用的商用网络有3G英国、3G意大利、3G奥地利、3G瑞典等。2004年2月英国开通了3G网络。 2007年6月至2008年6月的一年间，美国3G手机用户数量猛增80%，达到6420万。 覆盖全球的多媒体移动通信，能够处理图像、音乐、视频等多种媒体形式，提供包括网页浏览、电话会议、电子商务。它的主要的特点之一是可实现全球漫游，使任意时间、任意地点、任意人之间的交流成为可能。 中国分别是：中国移动TD—SCDMA中国的技术。中国联通WCDMA，欧洲技术。中国电信CDMA 2000，美国技术
		WCDMA		
		TD-SCDMA		
4G 时代	21世纪 10年代 左右	TD-LTE FDD-LTE TD-LTE-Advanced	快速传输高质量数据、音频、视频、图像、	2009年初开始4G国际标准工作，历时三年。ITU在全世界范围内征集IMT-Advanced候选技术。2009年10月，ITU共计征集到了五个候选技术，分别来自北美标准化组织IEEE的802.16m、日本3GPP的DD-LTE-Advance、韩国（基于802.16m）和中国（TD-LTE-Advanced）、欧洲标准化组织3GPP（FDD-LTE-Advance）。

续表

时代	时间	标准	服务	重要纪事
4G时代	21世纪10年代左右	TD-LTE FDD-LTE TD-LTE-Advanced	快速传输高质量数据、音频、视频、图像、	4G国际标准公布有两项标准分别是LTE-Advance和IEEE，一类是LTE-Advance的FDD部分和中国提交的TD-LTE-Advanced的TDD部分，总基于3GPP的LTE-Advance。另外一类是基于IEEE 802.16m的技术。 2012年1月18日，国际电信联盟在2012年无线电通信全会全体会议上，正式审议通过将LTE-Advanced和Wireless MAN-Advanced（802.16m）技术规范确立为IMT-Advanced（俗称"4G"）国际标准。 中国主导制定的TD-LTE-Advanced和FDD-LTE-Advance同时并列成为4G国际标准
5G时代	21世纪20年代左右	华为主导：Polar编码 Polar技术用于短码 高通主导：LDPC编码 LDPC技术用于长码 欧洲国家主导： Turbo2.0编码		2018年2月23日，沃达丰和华为完成首次5G通话测试。2018年8月3日，美国联邦通讯委员会（FCC）发布高频段频谱的竞拍规定，这些频谱将用于开发下一代5G无线网络。2018年12月1日，韩国三大运营商SK、KT与LGU+同步在韩国部分地区推出5G服务，这也是新一代移动通信服务在全球首次实现商用。2018年12月10日中国工信部正式对外公布，已向中国电信、中国移动、中国联通发放了5G系统中低频段试验频率使用许可。2018年12月7日，中国工信部同意联通集团自通知日至2020年6月30日使用3500～3600MHz频率。2018年12月20日，5G当选为2018年度科技类十大流行语。 中国2019年保持主导地位、实现持续高速发展。5G特点：速度快、泛在网、低功耗、低时延、万物互联

随着我国社会生活水平的不断提高，4G移动信息技术的使用已经慢慢地满足不了现代人们对于网络技术的要求，科技的发展使5G移动信息技术兴起，这也是未来移动信息工程发展的必然趋势。针对5G移动信息技术的需要，人们不断地提高研发的水平、创新通信技术的使用，促进5G移动信息技术的全面发展，为将来的智能设备提供重要的网络支持。

5G移动信息技术在传输速度、网络连接与各种性能的拓展等方面具有很大的提高。与4G移动信息技术相比较，5G移动信息技术更加完善，传输速度更快，出现的问题更少。在将来的应用中，5G移动信息技术还会在各种设备中使用，实现数据资源的共享。

5G移动信息技术对人们生活也会产生重大的影响。生活的设备实现5G网络的连接，实现资源的共享，方便了人们的生活，提高了生活的智能化。在将来的社会经济发展中

5G 技术是重要的发展趋势，它也将给整个社会的发展带来更多的发展机遇与推动力量。在未来的发展中 5G 移动信息技术也将会有更多的发展可能。

2.2　筑梦 5G 时代

5G 时代刚刚起步，但这段科技革命将是一段永不终结的旅程。所谓的 5G 时代，即 5G 移动信息技术成熟地深入各行各业的应用载体，逐步普及至一般社会城市生活，范围包括所有现在存在、未来新开发的新载体、新应用。收罗汇整媒体、网络、书籍上的众家陈述，描绘预测 5G 未来生活的蓝图，不过度科幻化，仍以工业 4.0、5G、自动化、奠基万物互联的系列探讨为中心，如图 2-1 所示。

图 2-1　新一代信息技术的应用期待

2.2.1　5G 时代的新场景

描绘未来社会城市生活、工业生产、科技制造乃至一般民生，在搭载了 5G 信息技术能力之后的新场景，可从工业 4.0 最具权威性的官方说法及 5G 领军人物发布的白皮书提前看到大致的轮廓。

（1）工业 4.0 最具权威性的官方说法。德国提出定义的第四次工业革命未来愿景的蓝图：由一个信息、一个网络、四大主题、三项集成、八项计划组成的框架机构。

如图 2-2 是 5G 智慧工厂，是对未来新工业革命的愿景蓝图，可理解为全面搭载了 5G 信息技术能力的未来工业生产、科技制造、装备、管理方式等的全新方式，成就工业生产、科技制造的新场景。

图2-2　5G智慧工厂

（2）5G领军人物发布的白皮书。关于描绘未来社会城市生活乃至一般民生，在搭载了5G信息技术能力之后的新场景可从5G领军企业华为技术有限公司HuaweiXlabs发布的Vo5G技术白皮书一探究竟。其中的表述可视为目前涵盖领域较为广泛且具代表性的说法，主要针对描绘未来社会城市生活中最能体现5G能力的技术，白皮书提出十大应用场景，即可视为未来城市生活的新场景。

- 云VR/AR：实时计算机图像渲染和建模。
- 车联网：远控驾驶、编队行驶、自动驾驶。
- 智能制造：无线机器人云端控制。
- 智能能源：总线自动化。
- 无线医疗：具备无线反馈的远程诊断。
- 无线家庭娱乐：超高清8K视频和云游戏。
- 联网无人机：专业巡检和安防。
- 5G社交网络：超高清/全景直播。
- 个人AI辅助：AI辅助智能头盔。
- 智慧城市：AI智能视频监控。

从5G时代的新场景中我们不难发现：4.0新工业革命及新5G移动信息技术，对于工业科技及人类生活未来的蓝图有着"不约而同"的陈述。其实这也不是"偶然"，新工业革命本来就是在既有创新精进的基础上又恰逢新一代移动信息技术的突飞猛进，两者互相促进，使传统上的各种技术瓶颈、生产限制、操作极限、时空障碍（工程设计、资源规划、制造规划、生产控制、工厂自动化），有了革命性的突破。

对于未来世界的场景我们向来不陌生，因为多年来好莱坞的科幻大片从不缺乏惊奇的想象创意。如图2-3展示了处于信息时代的未来世界的概念愿景。在此筑梦之际我们还是聚焦工业4.0、5G这两大引领世界进步的时代"巨轮"，才不至于离题太远。

图2-3　5G社会城市生活、科技民生的概念愿景

2.2.2　5G时代的新技术

5G时代的新技术、新应用可以说包罗万象（含现在具体期待的、想象中的，甚至于想象不到的）。如同邬贺铨院士说："现在只是刚打开5G殿堂的大门，想象和实践都不该受到局限，现阶段重要的不是正确性，而是前瞻的触觉，以及全新应用领域的激发。"

所以这里我想沿着移动信息技术的"维度（1D、2D、2.5D、3D）改变"来探讨对5G新技术及工业发展提升的期待。

- GPS定位系统的革新（3D空间定位系统）。
- AOI自动光学检测的锐变（微型部件化）。
- 集成传感控制器。控制器、遥控器、触控屏（Touch Panel，TP）、个人计算机、PLC等，电子产品硬件控制虚拟化实体将逐渐消失——集成传感控制器。
- 3D投影（3D Projector），3D扫描（3D Scanner），5G时代的新里程碑。
- 人工智能的发展与应用。
- 智能机器人（感官、仿生、人工智能）。

（1）GPS的革新（需求实际进入3D定位领域）。人们对定位的需求始终都不止于2D，在工业生产、科技制造中使用的坐标一般已有6个：圆柱形坐标、球形坐标、笛卡尔坐标、旋转坐标、Scaratype坐标和并行坐标。GPS（Geographic Positioning System，地理定位系统）在日趋立体化的城市现代生活中逐渐难以满足导航的需求。5G使得高层立体建筑群之间的空间得以更加充分的利用，使3D立体交通、城市内短程3D立体物流、3D工厂等构想逐步实现成为可能，如图2-5所示。而这一切实现的前提就是需要提供精准的3D定位能力。对于精准3D定位的刚性需求，是毋庸置疑的，而开发中的3D空间定位系统（3DSPS，3D Space Positioning System）也已具雏形。这里的3D精准定位是精准2D位置加上精准高度，并非是现阶段飞行器使用的卫星轨迹定位，而是未来日趋多元的大型建筑物内、高层建筑群间以及千米以下的低空3D交通、3D货物运输、无人机快递业务等，所需的精准3D空间定位系统。这需要依靠有精准完备的3D空间定位系统及5G高速的运算及传输能力才能达成。由于5G的到来3D空间定位系统将进入全面应用的新纪元，人类科技生活对于精准3D定位的突破性发展也必定会带来各种的新变革。

图2-4　5G高层立体建筑群间的空间利用

（2）AOI的锐变（微型部件化）。AOI（Automatic Optical Inspection，自动光学检查）是近代工业品质管控精进的重要发明，也是精准、客观、数字化、定性定量品质管控的综合体，更是结合光学应用、影像图像比对技术、量测、数学计算、统计分析、运动控制各种尖端科技全面性的整合应用。AOI可以做到人力节约及生产过程产品品质的科学管控，近期又因5G技术的参与革新，AOI已提升至超低延时近乎实时的品质管控。而且A"O"I也不再局限于O（optical，视觉的）而是已经突破到激光、条纹光、红外线、紫外线、热成像、X光等，对于主动量测技术的精进更不在话下。

AOI的各种实际应用已经深入各行各业，实时监测、影像比对、鉴别、精密量测等，需求不断扩大且迫切万分。在现代光学、视觉科技产业的不断进步中，一切都日新月异，就如同照相功能从相机到手机，这一切都使广大受众群体对这一新兴科技有了新的看法。在工业控制及科技应用上更是多元化，AOI、AXI（Advanced eXtensible Interface，一种总线协议）、SPI（Serial Peripheral Interface，串行外设接口）等一向都是昂贵复杂设备的代名词。

对于 5G 时代的到来，很应景的期待便是无线化。移动信息技术再加上高速大数据无线传输，AOI、AXI、SPI 等将必然微型部件化，设备机身将"不复存在"。在现代工厂中，此类全程监控生产过程、生产品质的重要工具（设备）进入无线传输时代，不再需要机器（设备）本身做比对、收集、运算、统计分析等，而是以一个"信息采集器"的存在完成所有工作，可以提供比传统 AOI 功能更强大的、更快速的信息技术（收集、分析、应用、传输等）处理能力，而且更即时、更智能。这会是将来智能工厂的眼睛（智慧之窗），也会为将来的车载、安防等各项监控带来革命性的变革。

（3）集成传感器（sensor）的应用提升。5G 时代传感器应用的提升，主要想叙述小范围 3D 空间定位系统的技术进一步应用以及信息在 Gbps 数量级能力传输下的革新。在传统集成传感器使用中，佐以遥控、遥测、RFID（射频识别技术）、VR、MR、AR 等先进技术的辅助，可期待很多不必要的电子产品实体将无须存在，触控屏（TP，Touch Panel）将不再受平面限制地进入 5G 加 3D 时代。这个论述不是科幻，而是大量现代电子产品加入 5G 的技术应用后使用的方式会大不相同，如游戏机、电脑，甚至电视，所有使用于接收、展示、处理信息的移动、固定终端电子产品都可借助集成传感控制器（集成 MR 传感器 = 传感器 +RFID+MR+SPS）的存在发挥作用，而多数电子终端产品，也都可以被集成传感控制器、非接触式控制系统 NCOS（Non-Contact Operation System）所取代。5G 集成传感器的应用提升如图 2-5 所示。

图 2-5　5G 集成传感器的应用提升

人类近代在信息传输、光学、视觉科技产业的改善上耗费了大量自然资源，虽然带来了感官上的满足，但也带来了非常多的负面影响。集成传感控制器、非接触式控制系统NCOS初步可用于取代控制开关、键盘、TP触控面板等，进而取代所有用于传送、接收、展示信息的电子产品，如游戏机、平板产品、电视等。多数电子产品必定会为实体小、功能大的产品所取代，且多数有形需操控及按键的电子产品实体也将不复存在，对于地球的资源及环境改善将是一大福音。

（4）3D投影（3D Projection），3D扫描（3D Scanner）。3D投影、3D扫描可能是人们对5G时代最具体也相对最困难的期待。为什么具体？说起3D投影、3D扫描，大家都不陌生，因为好莱坞大片在过去30年如同已经成熟存在般地描述并使用3D投影、3D扫描在电影场景里，所以普罗大众对于3D投影、3D扫描的印象非常鲜明具体。既然具体又为什么是最困难的期待？因为除了信息技术本身的困难度外仍须克服人体视觉的先天瓶颈，也就是光须要经介质传输才能在人眼中成像，以及光穿透实物影像信息收集技术才刚起步。人们现代生活的各种的需求从想象到科幻再到科技，通常都在数年到数十年间逐渐落实到生活，但3D投影、3D扫描，自概念产生搬上大荧幕成为电影，且清晰描述出作用、细致的应用场景，到现在已经不少于50年了，相关的实际应用却非常局限。此项需求迫切的工具（科技）为何如此难以突破？我们不得而知，或许近年兴起的VR、MR、AR，能突破各项困难带领我们进入3D投影、3D扫描的应用时代，这也必然成为5G时代具体的新里程碑。

（5）人工智能的应用与发展。1956年John McCarthy在美国达特莫斯（Dartmouth）会议上首次提出"人工智能"这个概念。人工智能也称为机器智能，英文缩写为AI（Artificial Intelligence），它是结合计算机科学、控制论、信息论语言学等多种学科相互渗透结合发展起来的一门综合性学科。人工智能是为了研究出智能的机器或者智能系统来模拟人类的思想行为等，使它们能够帮助人类解决一些人们不便或不能解决的事情。

人工智能从诞生以来，理论和技术发展越来越成熟，并且伴随着科学技术的飞速发展，人工智能近年来也不断飞速发展应用到各个领域，研究成果逐步涉及多个方面，从以前的军事、国防应用逐渐走向社会民生，我们的社会、城市、家庭也变得更智慧化。人工智能的具体呈现可由以下几项现阶段快速开展的应用说起，如图2-6所示。

（6）智能机器人。智能机器人顾名思义就是机器人具有类似于人的智能，让机器人装备高灵敏度的传感器，因而具有同人一般甚至远超越人的视觉、听觉、嗅觉、触觉的能力，能对感知的信息进行分析，并控制机器人自己本身的行为，处理环境发生的变化，完成交给的各种复杂、困难的任务，而且能有适当自我学习、归纳、总结、提高已掌握知识的能力，又称作第三代智能机器人。

机器人的出现以及应用发展至今，一般可以划分为三个阶段，如图2-7所示。

应用一	在先进医疗方面的应用

人工智能可降低医护人员工作量，提高医院诊断效率，帮助做简单重复率高的事情，减少浪费，亦可使医护人员有更多时间来和患者直接沟通

应用二	在未来交通中的应用

车联网因人工智能有了巨大突破，车辆通过 GPS、摄像头等装置可以完成自身信息的采集，通过网络进行信息的处理，更好地为人们规划出行路线、速度、时间等，极大方便了人们的出行。自动驾驶也是人工智能发展的一大领域，让车辆通过网络、传感器等自动驾驶，避开障碍物等，这一技术领域应用的普及，会让人们的生活方式发生翻天覆地的变化

应用三	与教育结合的应用

人工智能正快速改变着传统的教育方式，可以让上课不再受时间和空间的约束，提供更加自由化的学习

图2-6　人工智能具体呈现的应用

第一阶段	可编程机器人。20世纪60年代后半叶开始投入实际使用，目前在工业界广泛应用

第二阶段	"感知机器人"，又叫作自适应机器人，它是在第一代机器人的基础上发展起来的，能够具有不同程度的"感知"周围环境的能力。20世纪70年代初期投入美国通用汽车公司装配线上，80年代得到了广泛应用

第三阶段	机器人将具有识别、推理、规划和学习等智能机制，它可以把感知和行动智能化结合起来，因此能在非特定的环境下作业，称之为智能机器人。智能机器人与工业机器人的根本区别在于智能机器人具有感知功能与识别、判断及规划能力

图2-7　机器人的出现以及应用阶段

　　目前研制的智能机器人大都只具有部分的智能，和真正意义上的智能机器人，还差得很远。人工智能所设计的自控型机器人不同于传统机器人。不久的未来它们将可以柔性理解人类的语言，使用人类的语言对话，满足人们对智能生活的大部分需要。智能机器人的发展在感官系统、运动系统及人工智能技术应用均刚起步，是一个在感知、思维、效应方面全面模拟人的智能机器系统，外形不一定像人。智能机器人是人工智能技术的综合试验场，可以全面地考察人工智能在各个领域应用的技术，研究它们相互之间的关系，还可以在有害环境中代替人从事危险工作，如在上天下海、战场作业等方面取代人力并大显身手。

2.2.3　5G时代的新安全问题

在4G时代利用信息创造出的财富已是众所皆知，进入5G时代只会更进一步，特别是新5G信息技术备受关注的同时信息安全更不容忽视。尤其网络切片技术、边缘计算，从封闭到开放更易受到攻击。网络信息安全的新隐患，如何作新动态防御，任意一环节的疏忽都可能丧失重要信息，使企业瘫痪，造成不可恢复的损失，如同驯鹰的过程一样"鹰"随时会逃走或死亡。

中国国家互联网应急中心发布的《2019年上半年我国互联网网络安全态势》显示，在工业互联网安全方面，累计监测发现中国境内暴露的联网工业设备数量共计6814个。在云平台安全方面，2019年上半年，云平台上的网络安全事件或威胁情况相比2018年进一步加剧。工业和信息化部等十部门印发的《加强工业互联网安全工作的指导意见》，已对工业互联网的安全保障进行了系统部署，是国家工业互联网安全工作的纲领性指导文件。可见5G信息技术的安全一直都是国家层面的问题，如新的体系下如何设计好安全的边界、安全保障的方向以及相应的安全防护功能体系。工业互联网中涉及一些要素，比如设备安全、工控系统、网络安全、数据安全、应用安全，平台安全等，这些要素未来可能会变得越来越多，所以也需要高度重视并实施符合现状及未来使用的安全体系设计和新的安全技术手段。

第 ③ 章

工业4.0与5G对制造企业的冲击和变革

工业4.0与5G对企业生产管理带来哪些方面的冲击和变革呢？我认为可以先从人力资源管理、智能装备的普及、生产管理模式（视频监控场景远程实时控制、生产品质分析完整系统及准确实时对策）、运营管理模式（完整的产品质量追溯管理体系）以及智能高阶决策系统（DMS，Decision Making System）等方面的冲击和变革谈起。

3.1 工业 4.0 与 5G 于制造企业的影响概述

近年来，管理科学技术的高速发展与思维的转变，为制造企业新式管理科学技术的发展提供了契机，尤其是加入5G、互联网、物联网、移动信息技术等智能元素。在制造系统中，这些信息物理系统包括智能机器、存储系统和生产设施，能够相互独立地自动交换信息、触发动作和控制，有利于从根本上改善包括制造、工程、材料使用、供应链和生命周期管理的工业过程，成为正在兴起的智慧工厂采用的全新生产方法。

3.1.1 促使智慧工厂采用全新生产方法

前三次工业革命源于自动化、机械化电力和信息技术。现在，将物联网和移动信息技术服务应用到制造业正在驱动第四次工业革命。将来，企业将建立全球网络，把它们的机器、存储系统和生产设施融入到虚拟网络——信息物理系统（CPS）中。

智能制造通过独特的形式加以识别，产品可以在任何时候被定位并能知道它们自己的历史、当前状态和为了实现其目标状态的替代路线。嵌入式制造系统在工厂和企业之间的业务流程上实现纵向网络连接，在分散的价值网络上实现横向连接，并可进行实时管理——从下订单开始，直到外运物流。此外，它们形成的且要求的端到端工程贯穿整个价值链，将重构管理模式，如图3-1所示。

工业4.0拥有巨大的潜力。智能工厂使个体顾客的需求得到满足，这意味着只要信息充分，工厂即使是生产少量多样（high mix）甚至一次性的产品也能获利。在工业4.0中，动态业务和工程流程使得生产在最后时刻也可以变化，也可能为供应商对生产过程中的干扰与失效做出灵活反应。制造过程中提供的端到端的透明度有利于优化决策。工业4.0

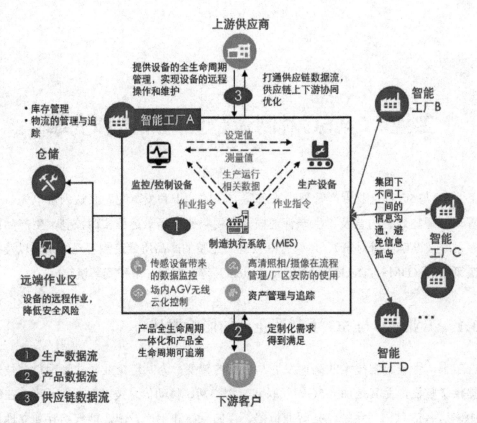

图3-1　重构管理模式

也将带来创造价值的新方式和新的商业模式。特别是，它将为初创企业和小企业提供发展良机，并提供下游服务。此外，工业4.0将应对并解决当今世界所面临的一些挑战，如资源和能源利用效率、城市生产和人口结构变化等。工业4.0使资源生产率和效率增益不间断地贯穿整个价值网络。它使工作的组织考虑到人口结构变化和社会因素。智能辅助系统将工人从执行例行任务中解放出来，使他们能够专注于创新、增值的活动。鉴于即将发生的技术工人短缺问题，这将允许年长的工人延长其工龄，保持更长的生产力。灵活的工作组织使得工人能够将他们的工作和私人生活相结合，并且继续进行更加高效的专业发展，在工作和生活之间实现更好的平衡。

3.1.2　驱动运营方式变革

传统制造企业采用以ERP（企业资源计划）为代表的组织信息技术工具进行日常的运营管理，在新时代的背景下，新一代信息技术也可以驱动运营管理方式的变革。例如，微信在企业中广泛应用，其可以收集、消化和传播非结构化的数据。这个特点更加符合新时代产品和服务紧密结合的趋势。技术的发展也提高了数据的透明化以及可获得性，相关人员可以通过这类更加客观、可靠的数据做出相应的决策，降低错误决策的比例。

3.1.3　驱动生产模式变革

需要注意的是，技术的发展使企业可以广泛应用智能制造。就生产模式而言，智能制造对生产流程和产品本身的影响尤其巨大。比如：设备上传感器的应用可以帮助企业优化制造流程，提升产品质量和效率；产品上的传感器可以实现对产品状态的实时监测，并采集产品相关数据，帮助企业了解产品使用情况，进而对产品进行改进或优化。

3.1.4　驱动智能化服务模式

智能化的发展在改变制造模式的基础上，也改变了相应的服务模式，即驱动了智能化服务。产品中的数据采集传输技术可以收集顾客行为相关的数据，帮助企业了解顾客的内在需求，进而智能化地提供相应服务，提升服务的效率和质量。

3.1.5　驱动智能化管理模式

更重要的是，智能化产品和服务需要相应的管理模式作为支撑，企业应采取智能化管理模式。智能化管理模式主要体现在对数据的分析与应用，不仅仅是生产过程中的数据，还包括企业运营流程以及企业外部的数据，通过智能化工具对生产和管理的各个方面进行不断优化，提高运营效率。很多制造企业在这方面遇到了困难，一方面是缺少打通数据接口的能力，另一方面也是缺少对智能化管理重要性的认识。

智能化管理除了需要引入智能化技术之外，还需要对企业的组织结构、人力资源管理、流程以及企业文化等方面进行大幅调整。例如，传统企业垂直化的组织结构可能不再适用于智能制造企业，数字化的发展使水平化组织结构成为主流，因其可以促进高效率地决策。总而言之，在以数字化、智能化为特点的制造新时代，技术和管理缺一不可，智能制造和智能管理应受到同等重视。

3.1.6　出现协同创新模式

由于新时代的信息更加透明，企业壁垒逐渐消失，在整体资源有限的情况下，制造企业应更加注重合作模式的创新，以整合更多的资源。

3.1.7　促进企业管理数字化与智能化

随着社会和经济的高速发展，企业的生产制造能力日趋成熟，这也对企业运营管理的效率带来巨大的挑战。当今时代的竞争也是效率的竞争，同类产品比竞争者早一天进入市场就可能拥有更大的优势，反之，企业管理效率的低下会使企业付出巨大的成本，包括时间成本、人力成本、库存成本等，导致企业失去竞争优势。因此，生产模式或者商业模式的转变都离不开管理模式的变革。企业要通过管理变革提升运营效率。

有不少制造企业管理依托新技术或者新模式取得了成功，但是大多数企业管理在新时代的管理变革中仍处于探索阶段，甚至更有企业在应用了相应管理技术或者商业模式后并没有得到预期中的结果。新时代的制造企业管理的"冲击和变革"，顾名思义即为"革命性的变化"，当企业发生"革命性变化"的时候，企业管理模式也必然会遇到相应的挑战。当企业的管理落后于技术发展或者商业模式时，企业的运营成本提升，效率降低，从而导致变革的失败。

毫无疑问，工业4.0与5G对制造企业的生产管理带来了很大的冲击和变革，以下主要从六个方面来加以描述。

- 生产人力资源管理变革。
- 智能装备的普及。
- 视频监控场景远程实时控制。
- 生产品质分析完整系统及准确实时对策。
- 完整的产品质量追溯管理体系。
- 管理决策方式DMS的重大变革。

3.2 智能装备对管理的影响

生产装备智能化升级、工艺流程优化改造、基础数据全方位共享及关键智能装备和产品、核心部件不断突破，促进新一代信息通信技术、高端工艺流程优化，智能装备、器械等产业不断发展壮大，逐步形成新型制造体系。随着生产的发展，智能机械设备逐渐应用到生产、生活的多个领域。

3.2.1 智能装备改变制造模式

智能装备具有更完整的通信能力、更强的运算能力、人机接口控制能力、多机器沟通协作能力、自主诊断调适等特征。智能设备的应用不仅提高了生产效率和产品质量，同时也解决了生产中人工难以攻克的技术难题，为企业创造了巨大的经济效益和社会效益，数量庞大的智能设备与突发性的物联网技术创新，使5G网络中的生产管理过程变得非常必要也异常困难。

3.2.2 智能装备催生智能化管理模式

智能化的发展在改变制造模式的基础上，也改变了相应的管理模式，即驱动了智能化管理。产品中的数据采集传输技术可以收集顾客行为相关的数据，帮助企业了解顾客的内在需求，进而智能化地提供相应服务，提升管理的效率和质量。

目前的工业互联网正在从工业 3.0 转向工业 4.0，5G 的万物连接是实现制造业智能化升级的基础。5G 和人工智能时代下的制造业将会实现海量智能设备的互联互通，设备之间利用有线或者无线的方式相互连接或者连接到互联网中，形成制造业内部信息互联网络，实现智能设备与设备之间、设备与人之间、设备与工厂之间的互联互通，连接的深度和广度都大幅增加。更重要的是，智能化产品和服务需要相应的管理模式作为支撑，企业应采取智能化管理模式。

智能化管理模式主要体现在对数据的分析与应用——不仅仅是生产过程中的数据，还包括企业运营流程以及企业外部的数据，通过智能化工具对生产和管理的各个方面进行不断优化，提高运营效率。

3.2.3　智能装备有助于创新合作模式

在以数字化、智能化为特点的制造新时代，技术和管理缺一不可，智能制造和智能管理应受到同等重视。由于新时代的信息更加透明，企业壁垒逐渐消失，在整体资源有限的情况下，制造企业应更加注重合作模式的创新，以整合更多的资源。

3.3　远程实时视频监控生产管理

随着计算机技术、通信技术和控制技术的飞跃发展，传统的管理正经历着一场前所未有的变革，开始向网络化方向发展，自动化控制技术已成为工厂必不可少的帮手。随着时代的进步和发展，针对自动化生产线的实时监控，使得现场工作情况真实地反映在画面上，使管理工作更简洁、更方便、更有效率。

在 5G 之前，设备数据传送效率较低，更多的是将设备数据传输到云端进行处理，但是在 5G 和人工智能时代，智能设备采用就近计算可以在设备侧直接进行人工智能运算，无法及时处理的数据也可以利用 5G 高速网络快速传到云端，促成智能设备与云端的相互协作，共同进行处理。5G 网络的传输速度可达每秒数十亿字节，超快的传输速度可以保障视频实时流畅的播放。5G 和人工智能的融合将会有效地促进在制造业中的管理变革，全新的信息传输方式将推动制造业数字化、智能化转型升级，带动产业发展，创造价值。

3.3.1　远程实时视频监控贯穿整个制造业流程

远程实时视频监控管理，贯穿于整个制造业流程。

（1）在产品规划阶段。企业利用视频监控技术对产品进行可视化管理，网络为工程师提供流畅的视频监控递送，以便工程师对产品有更直观的了解，同时，视频监控所产生的数据可以作为机器学习的数据源，通过对数据进行处理从而对产品性能进行优化升级。

（2）在产品生产阶段。企业利用远程实时视频监控管理的数据虚拟演示工厂状态，可针对状态变化实时进行工业设备的远程操作。

（3）在产品检测阶段。企业可以建立虚拟车间进行仿真检修作业，利用人工智能技术自动生成检修方案，节约成本。还可以有效提升视频监控生产中的数据利用率和视频分析的精确度和效率，以及促进设备能耗管理、设备参数优化、数据处理自动化和资源调度，为智能化工厂提供更加精确、可靠的服务。例如：智能化监控设备可以自主识别出车间内未知的入侵者，实时触发门禁及报警装置，维护车间生产安全；此外，智能化监控设备也可以实时监控车间内原料使用状况，将数据通过5G网络实时传递给工厂管理人员，辅助管理人员进行有效资源调度。

3.3.2　可促进工业生产中的机械远程实时控制

生产管理者可以利用远程实时监控设备状态信息进行分析，自动生成对应决策和控制指令。设备收到工人发送的控制指令，完成相应动作。在远程实时控制中，低延时尤为重要，远程实时控制管理帮助设备与生产管理者保持实时、可靠的连接，从而及时、稳定地做出最正确的决策。远程实时控制应用广泛，例如：对于一些危险设备，远程操作可以降低大量风险，节约人力；在一些恶劣环境下，远程操作可以提升工作安全度和工作效率；远程实时控制技术还可以建立无人工厂或无人实验室，减少制造业的人工成本。远程实时控制管理正在以各种方式改变着制造业。

目前，国家正在大力支持制造业发展，推动传统制造业向智能制造业方向转型，5G和人工智能技术将会从设备连接、数据传送、服务递送等方面向制造业提供动能，提升生产效率，满足智能化生产需求，推动制造业的智慧化生产管理的变革与发展。

3.4　完整的生产品质分析系统及准确实时对策

3.4.1　结合数字化技术来收集、分析品质数据

制造企业提升产品质量和效率可以通过结合数字化技术（如人工智能、物联网、大数据）来实现智能制造，并降低产品成本。此外，通过产品乃至制造设备采集的大量数据可以用于故障诊断等，帮助改进设备或者生产流程，从而进一步地实现成本的降低和效率的提升。这个特点更加符合新时代产品品质和服务紧密结合的趋势。技术的发展也提高了数据的透明化以及获取率，相关人员可以通过这类更加客观、可靠的数据做出相应的决策，降低错误决策的比例。

智能化的发展在改变制造模式的基础上，也改变了相应的服务模式，即驱动了智能化服务。产品中的数据采集传输技术可以收集顾客行为相关的数据，帮助企业了解顾客

的内在需求，进而智能化地提供相应服务，提升服务的效率和质量。

3.4.2　ERP、MES 为制造型企业带来信息化管理效益

目前我国制造企业已普遍应用了 ERP 系统（企业资源计划），ERP 系统帮助制造企业有效降低了库存资金占用，提高了各项生产计划编排的效率和准确性，进一步加强了制造企业"以销定产、以产定料"的经营模式。然而，ERP 系统却无法实现对车间现场的精细化管理，使得车间现场存在一定程度的"黑箱作业"，无法最大限度地降低制造成本，无法最大限度地保证产品生产质量，在此种情况下，进一步引入 MES（制造执行系统）就显得尤为重要。

MES 可以为企业中其他管理信息系统提供实时数据；为企业资源计划（ERP）系统提供成本、制造周期和预计产出时间等实时生产数据；为供应链管理（SCM）系统提供当前的订单状态、当前的生产能力以及企业中生产换班的相互约束关系；为客户关系管理（CRM）提供有关生产的实时数据；为控制模块提供生产配方和操作技术资料，从而指导人员和设备进行正确地生产；等等。MES 能够为制造型企业带来信息化的管理，具体如下。

- 实现对在制品进行跟踪管理，减少在制品损耗和不良。
- 对各条生产线、各个生产工段的加工过程进行实时监控，确保订单准时交付。
- 建立电子化产品档案，实现对成品的追溯管理和召回管理。
- 设备集成控制，实现对生产设备全面的信息化管理。
- 高效的质量管理，MES 进行全面的品质管理，符合 ISO9000 质量系统的质量精神，展现集成化的优势，提供详细的品质管理、质量检验、质量控制、成品的质量追踪。

一般 MES 还提供丰富多元的功能模块架构的系统以方便企业的管理，信息采集、工程控制更为快捷。MES 适用于离散制造企业（如机械制造、电子电器、航空制造、汽车制造等行业）和流程生产行业（如化工、制药、石油化工、电力、钢铁制造、能源、水泥等行业）。MES 达成效益如下。

- 质量的保证：历史数据的分析，能够快速反映质量的潜在问题，报警质量事故或质量隐患，实现品质问题的可追溯性。
- 灵活的工厂控制：设备的系统可动/不可动设置，能在办公室就完成对设备的控制。
- 高效的生产：全自动化的生产模式与数据采集，更加准确的数据分析。

● 更低的成本：制造资源利用率的提高，库存的减少，品质的提高，产品的成本下降。

● 计划生产的转变：由库存生产转为计划生产，等等。

MES能带来的效益是巨大的，不仅体现在工厂的信息化管理，更体现在市场上的优势，能为企业获得更大的竞争力提供条件。

3.4.3 工业4.0环境下的质量管理

工业4.0时代下，质量管理人员需从单一品质监控到客户协作导向、品质提高、监控，客诉处理及订单、生产、售后全程参与的"跨界"。工业4.0是机遇还是挑战？作为中国制造业的质量管理人员，可以从图3-2所示三方面着手。

方面一 ▷ **工业4.0颠覆传统需求模式**

在个性化工业定制体系下，质量更多体现在为消费者创造价值上，智能互联工厂让用户全程参与产品的研发、设计、生产等过程，产品设计与创新从以企业为中心向以用户中心转移，通过提供产品数字化开发平台与工具包，越来越多消费者以"创客"身份参与产品创新，改变了传统需求模式

方面二 ▷ **工业4.0驱动质量管理工作转型升级**

工业4.0实现实时检测产品、设备、过程的质量波动，利用大数据进行智能分析，并实时进行质量反馈和控制。工业4.0通过自动化水平的不断提升，逐渐取代人的工作。在传统工厂中，质量管理人员一般占到工人总数的1/3，伴随着工人数量的大幅减少，大量从事产品检测、品质管理、数据统计分析的质量管理人员也会减少，而基于大数据的现代质量分析与设计岗位，将会成为职业新宠

方面三 ▷ **工业4.0凸显质量战略和规划**

全面质量管理提出者费根堡姆认为，质量发展的一个趋势是，质量不再是减少错误，而是创造价值。企业在工业4.0环境下，需要更加重视质量战略，质量要为顾客创造价值。面对需求个性化的发展趋势，企业质量战略的核心是质量平台的打造，实现企业平台化。工业4.0除了减少成本，还会导致市场竞争日趋激烈，产品同质化情况进一步加剧，马太效应（强者愈强，弱者愈弱）进一步放大。在此情况下，通过高质量口碑抢占先机，在质量信号传递上先人一步，逐渐构建质量生态圈，集成众人的智慧，创造企业质量竞争优势

图3-2 工业4.0环境下的质量管理着力点

3.5　信息技术对产品全程质量追溯管理的提升

信息技术的发展，应用水平的提高和范围的扩大，使得国内原有的产品识别和流通环节的监控和质量追溯应用面临新的挑战。以往的手工操作已越来越不适应新形势下的现代化管理的要求，计算机技术、条码技术、产品数字化技术逐渐引入生产产品追溯系统领域，已成为必然趋势。过去，企业发生质量事故时，往往浪费大量人力及时间，效率低下，甚至有时候等调查清楚时发现存在潜在风险的产品已经发货，对企业的品牌建设及售后都造成很大的负面影响。因此，产品质量追溯体系应运而生，通过采集记录产品生产、流通、消费等环节信息，实现来源可查、去向可追、责任可究，强化全过程质量安全管理与风险控制。

3.5.1　传统企业产品质量追踪状况及企业的需求

（1）传统企业产品质量追踪状况。传统企业产品质量追踪由原料到成品的管理工作中，会遇到品质记录数据量繁重，检查表格多、保存期限，查询历史数据困难等问题，及工厂品质检测与质量管理的一系列细密繁琐工作，如图3-3所示。

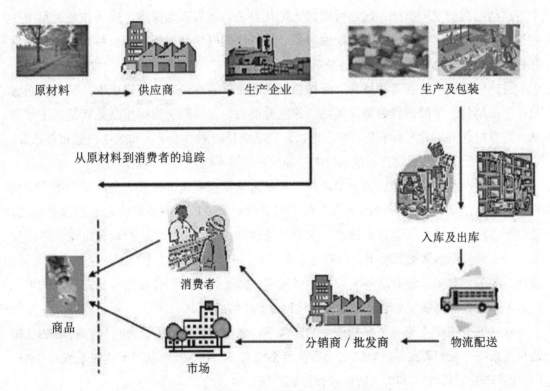

图3-3　传统企业产品质量追踪由原料到成品

（2）企业面临新挑战及需求。随着国民经济发展，确保工业生产、医疗、工控、汽车、消费性电子产品以及一般民生、药品、食品、农产品、国家专控产品等为代表的商品质量安全和可追溯需求已成为必然趋势，而且随着生活水平的提高对商品质量安全需求越发强烈。在企业的采购、生产、加工、储运、销售等各个环节存在以下问题。

- 如何对出现的质量问题进行准确跟踪？
- 如何快速有效地查出其根源，便于识别责任人，并提出证据？
- 如何追查出这批产品的销售去向，进而控制存在有质量问题的产品进行销售，便于进行不合格产品的回收或销毁处理？
- 当出现假冒伪劣产品时，如何举证说明不是自己的产品？
- 如何降低质量追溯的成本及追溯的周期？
- 如何更加快速、准确地进行质量责任跟踪？

3.5.2 信息技术对产品全程质量追溯管理的优势

当前，适应形势发展需要，充分依托现代化信息技术，加快推进产品质量追溯体系建设，有助于提高企业产品质量管理能力。随着信息技术的不断发展，符合工厂实际需求的移动品质记录无纸化系统，可做到无纸化办公、节省人力成本，提高作业人员工作效率，同时缩短现场品质问题的反馈时间。无纸化同时结合平板和手机移动终端，使拥有智能操作系统的移动终端已经逐渐取代传统管理方式，成为移动管理的重大变革。

通过信息技术质量追溯体系，既加强了企业质量管理，减少纠错成本，又方便企业收集产品情报，了解消费趋势，提高快速响应能力。在流程制造领域，尤其是在生产领域，随着投入市场的产品不断累积、增加，产品质量追溯的准确性和效率问题日益凸显，企业迫切需要建立一套完善的信息技术产品质量追溯系统，来提高管理效率。

搭载"互联网+"，建设质量追溯平台，是未来质量的重大发展方向。因为用户需要一个公开、透明且便于查询的信息平台。但要做好重要产品的质量安全追溯体系建设，还必须借助"大数据"等信息技术。大数据是以容量大、类型多、存取速度快、应用价值高为主要特征的数据整理集合，质量安全的基础其实也是一个个数据，包括质量指标、检测结果等，如果能够对这些大数据加以利用，加上物联网、云计算等信息技术的组合使用，必然会对质量安全追溯体系建设起到事半功倍的作用。

从1999年开始在充分了解制造业的需求下，政府与民间致力于发展优秀的MES（制造执行系统）及配套服务，WES（仓库执行系统）、SCADA（数据采集监控系统）、EAM（企业资产管理系统）、SPC（统计过程控制系统）等。

可追溯性是MES的一个重要特性，可追溯数据模型不仅可以完整记录生产过程数据，还可以扩展到质量追溯、采购追溯等方面，对企业制造过程控制和制造过程改进具有重要意义。在生产车间仓工人将产品放错是很常见的事情。MES追溯管理系统主要是帮助企业进行产品生产基础数据整理、物料防错管理还有产品整个生产销售流程的追溯管理，预防人为因素造成工艺漏装。MES防错追溯管理系统主要是使用统一的信息管理方法，在装配线上通过安装一维/二维条码、RFID等信息载体。

3.5.3 产品质量数字化技术追溯系统

企业迫切需要建立产品质量数字化技术追溯系统，具体可以通过建立产品数字化技术及质量追溯平台（图3-4）及各个模块，对生产企业信息管理系统的从源头进行改造、完善和扩展，在不影响生产效率的前提下，从产品原材料供应、产品生产加工、包装对应、仓库管理、订单、物流、销售通路等各个环节的信息进行有效采集、分析和管理，从而进行产品生命周期的全程监控，实现物流跟踪、质量控制及追溯等众多功能。

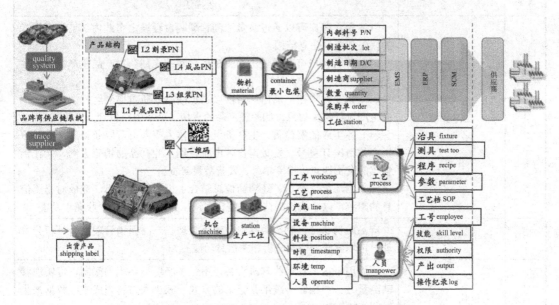

图3-4 产品质量追溯系统由客户端成品追溯到原料

（1）产品质量数字化技术追溯系统的特点。产品质量数字化技术追溯系统应具备如下主要特点。

- 追溯时效大大提高。做到真正单品质量追溯的系统平台能够对整个产品链条各环节信息进行非常灵活的追溯，最大限度地利用企业已有的质量控制信息系统及编码规则。

- 追溯效率高。自动识别技术输入速度快，准确度高，成本低，易操作，使得原来几周、几天的责任界定及质量追溯缩短至分钟之内。

● 追溯成本大大降低。原来企业往往采取手工追溯、逐级返回、逐级确认的方式，依赖不同环节的不少人员进行质量责任等界定，而采用系统后，系统将自动追溯各级的信息，减少了参与追溯过程的人员，使得追溯成本大大降低。

● 质量追溯系统可以和企业已有的信息系统、质量控制系统进行很好的整合，将原有系统的功能进行有效扩展。

● 质量追溯同时也是产品的自我辨别，企业保护自己的一种方式，可以防止假冒产品损坏企业声誉。

（2）产品质量数字化技术追溯系统的主要功能。产品质量数字化技术追溯系统的主要功能如表3-1所示。

表 3-1　产品质量数字化技术追溯系统的主要功能

序号	功能	功能描述
1	基本功能	（1）企业客户可以通过质量追溯管理端自行设定企业内部追溯查询者的权限和查询信息范围 （2）普通客户可以通过电话、短信、网站立刻获得产品生产日期，生产厂家信息 （3）企业客户在产品出厂后可以通过网站或质量追溯客户端追溯到产品生产流程相关信息，如验证产品的真伪、产品生产日期 （4）各工序的质检员、生产班组及具体生产人员可以获得此产品对应生产线情况订单号、发货客户、出库日期，此产品的销售去向，所在销售单的发货地点、出库单号、发货数量等资料 （5）物流配送公司、经销商信息结合手机的位置信息，完成对物流信息的跟踪，以手机作为信息采集、跟踪，并提供"回执、收条"功能
2	扩展功能	产品防伪认证、物流跟踪、防窜货管理、产品促销管理、会员积分管理、市场调研、消费分析相关信息功能
3	全程移动化、无纸化、高效化	可采用平板或移动终端机设备，不受生产现场环境的限制，可实现移动测量办公；摆脱传统纸张记录的方式，减少人力物力成本；数据采集时间大幅缩短
4	检验、测量流程化、规范化、具备作业指导书功能	使一般产品检测工作有章可循；输入批量大小，按输入定义标准自动计算抽样数；抽样检查水平、抽样方案、AQL（可接受水平）等均可完整执行，减少人为失效因素；测量时支持历史数据的快速查询与调用，支持多种品质检测数据的采集
5	数据的快速采集	（1）可规划支持IQC/IPQC/OQC/OA系统化品质工程分析等数据的快速采集 （2）采用离线采集机制，即使无网线覆盖也能进行采集 （3）支持采集过程中拍照操作，以作取证备份之用 （4）可按不同工序、计划分别进行审核操作 （5）支持对批次的接受或拒收判断 （6）可快速查询与调用所需的测量计划与文件表格

序号	功能	功能描述
6	数据管理与分析	（1）搭载"互联网＋"web端数据管理与分析 （2）严格权限管控，满足管理要求 （3）支持各式报表汇总分析，自动生成周/月报表分析 （4）报表可定制开发，以满足不同的个性化需求 （5）可与SPC做对接，实现测量数据的SPC分析 （6）系统收益通过品质记录无纸化系统，检测来料、过程、成品状态 （7）定时定点检测，预防漏检错检，监督检验人员工作质量，预防品质损失 （8）动态分析品质数据，超标报警 （9）动态掌握IQC、IPQC、QA，随时掌握整体品质运行状况，真正实现品质保证，预防不良 （10）随时掌握不良品状况，并动态管控不良品数据

3.5.4　科学规划追溯体系建设

当然，产品质量追溯体系的建立不是凭企业一己之力可以完成的，需要整合企业、政府和协会等多方力量，形成追溯体系建设合力。

针对产品质量追溯体系中企业是核心、信息是关键的特点，政府要加强政策引导，发挥政府在体系建设中的引导作用，加大政策支持力度，通过完善公共信息服务平台、建设质量信用体系、完善质量奖励和惩罚机制等，引导和带动企业树立产品质量责任主体意识，增强使命感和责任感，主动发挥质量主体作用，自主加快内部质量追溯系统建设。要加强信息系统建设，根据体系建设要求，加快开发系统应用软件，不断优化信息采集、报送、查询、监管等功能，提高软件实际应用的稳定性、操作性、可扩展性。政府要通过技术引进、合作开发、集成创新等形式，运用现代信息技术和装备，实现追溯系统的信息化和自动化水平，充分发挥信息技术在体系建设中的基础性支撑作用。

3.6　管理决策方式的重大变革

现今智能制造企业的管理体系大多从智能制造、智慧工厂的总体设计入手，构建了企业安全生产监控与决策管理系统的硬件平台和软件平台，并利用云服务平台技术满足了海量数据处理的需求，从而阶段性实现了智慧工厂的生产监控和智能决策系统（DMS）。

通过传感技术、无线网络技术、云计算等技术将各种数据进行集成和分析实现生产过程的智能控制，是运用物联网技术的核心。智能制造依据参考模型和重点技术领域，构建智能制造体系框架，包括"总体""智能装备/产品""工业互联网/物联网""智能工厂/数字化车间""工业云和大数据""服务型制造"和"行业应用"等多个部分。其中，生产管理和决策等系统架构，自下向上可概分为图3-5几个层面。

网络层　由产业链上不同企业通过联网共享信息实现协同研发、配套生产、物流配送、制造服务等

企业层　由企业的生产计划、采购管理、销售管理、人员管理、财务管理等信息化系统所构成，实现企业生产的整体管控，主要包括企业资源计划（ERP）系统、供应链管理（SCM）系统和客户关系管理（CRM）系统等

管理层　由控制车间/工厂进行生产的系统所构成，主要包括总线整体制造执行系统（MES），及产品生命周期管理软件（PLM）等

控制层　包括可编程逻辑控制器（PLC）、数据采集监控系统（SCADA）、分布式控制系统（DCS）、车间集中控制系统（SFC）、工业无线控制系统（WIA）等

设备层　包括传感器、仪器仪表、条码、射频识别、数控机床、机器人等感知和执行单元

图3-5　生产管理和决策等系统架构的五个层面

由于综合自动化及数字化工厂在我国企业中已经有了众多的实际应用，综合自动化的监控系统、基础网络建设等相对成熟。运用物联网技术的智慧工厂体系结构分为感知层、传输层和应用层。感知层通过传感器、RFID标签、摄像头等数据采集设备随时随地进行数据采集和获取。传输层是利用工业物联网、移动通讯网和无线网络技术，将设备与网络相连，从而保证采集到的数据的交互和共享。应用层则结合智慧工厂的实际需求，运用云计算机技术对数据进行智能分析与决策，形成安全生产监控与决策解决方案。因此，智慧工厂的建设是建立在已有数字化建设的基础上，要充分运用原有系统和数据，真正发挥智慧工厂的积极科学客观的管理决策作用。

现代工厂信息化发展的新阶段"智慧工厂"是将先进的自动控制、通信、计算机、信息和现代管理等技术相结合，将生产过程的控制、运行与管理作为一个整体，以实现企业的优化运行、控制、管理与决策。利用物联网对生产流程以及市场信息的全面感知及分析进而优化的能力，对工厂内的人、设备、环境进行全面整合。运用云计算等技术将自主感知和人工采集的数据进行运算处理，从而为企业的安全生产提供保证，为企业的科学决策提供支持。真正做到决策依赖大数据，避免英雄主义，不断淡化人为因素影响，避免人为误差，让管理也真正成为科学不再只是艺术。

第二篇
实践路径篇

第 ④ 章
智能制造及自动化解决方案

4.1　自动化、智能化名词解释

4.1.1　关于控制系统

关于控制系统的名词有许多，主要如表4-1所示。

表 4-1　关于控制系统的名词

序号	名词	说明
1	PLC（Programmable Logic Controller）	即可编程逻辑控制器，可编程逻辑控制器是种专门为在工业环境下应用而设计的数字运算操作电子系统。它采用一种可编程的存储器，在其内部存储执行逻辑运算、顺序控制、定时、计数和算术运算等操作的指令，通过数字式或模拟式的输入输出来控制各种类型的机械设备或生产过程
2	DCS（Distributed Control System）	即分散式控制系统，它是一个由过程控制级和过程监控级组成的以通信网络为纽带的多级计算机系统，综合了计算机（computer）、通信（communication）、显示（CRT）和控制（control）等4C技术，其基本思想是分散控制、集中操作、分级管理、配置灵活、组态方便
3	HMI（Human Machine Interface）	即人机交互，人机接口是指人与计算机之间建立联系、交换信息的输入/输出设备的接口，这些设备包括键盘、显示器、打印机、鼠标器等
4	SCADA（Supervisory Control And Data Acquisition）	即数据采集监控系统，SCADA系统是以计算机为基础的DCS与电力自动化监控系统；它可以应用于电力、冶金、石油、化工、燃气、铁路等领域的数据采集与监视控制以及过程控制等
5	PCS（Process Control System）	即过程控制系统，以保证生产过程的参量为被控制量，使之接近给定值或保持在给定范围内的自动控制系统。这里"过程"是指在生产装置或设备中进行的物质和能量的相互作用和转换过程。表征过程的主要参量有温度、压力、流量、液位、成分、浓度等。通过对过程参量的控制，可使生产过程中产品的产量增加、质量提高和能耗减少。一般的过程控制系统通常采用反馈控制的形式
6	APC（Advanced Process Control）	即高级过程控制，其主要通过对被控对象运行过程中产生的大量实时数据、历史数据进行数据挖掘与分析，建立系统运行模型，利用系统模型进行多变量实时优化控制。APC技术能够在提高系统智能化水平的同时，帮助企业提高产品质量，同时降低能源消耗、减少环境污染

续表

序号	名词	说明
7	RC （Robust Control）	即鲁棒控制，由于工作状况变动、外部干扰以及建模误差，实际工业过程的精确模型很难得到，而系统的各种故障也将导致模型的不确定性，因此可以说模型的不确定性在控制系统中广泛存在。如何设计一个固定的控制器，使具有不确定性的对象满足控制品质，这就是鲁棒控制
8	工业以太网 （Ethernet）	即应用于工业自动化领域的以太网技术，以太网（Ethernet）由Xerox、DEC、Intel联合推出的局域网物理层与数据链路层规范。电子电气工程师协会在此基础上制定了局域网标准IEEE802.3，已成为信息网络的实际标准。工业以太网一般是指技术上与商用以太网兼容，但在产品设计、材质的选用、产品的强度、适用性以及实时性、可互操作性、可靠性、抗干扰性和本质安全等方面能满足工业现场的需要
9	现场总线	现场总线是指安装在制造或过程区域的现场装置与控制室内的自动控制装置之间数字式、串行、多点通信的数据总线。应用在生产现场，在测量控制设备之间实现双向串行多节点数字通信技术。现场总线亦称为工业控制网络，已经成为控制网络技术的代名词
10	ANN （Artificial Neural Network）	即人工神经网络，是指由大量的处理单元（神经元）互相连接而形成的复杂网络结构，是对人脑组织结构和运行机制的某种抽象、简化和模拟。人工神经网络，以数学模型模拟神经元活动，是基于模仿大脑神经网络结构和功能而建立的一种信息处理系统
11	AI （Artificial Intelligence）	即人工智能，这是研究使计算机来模拟人的某些思维过程和智能行为（如学习、推理、思考、规划等）的学科，主要包括计算机实现智能的原理、制造类似于人脑智能的计算机，使计算机能实现更高层次的应用

4.1.2 关于自动化装备系统加工制造单元集成系统

关于自动化装备系统加工制造单元集成系统的名词有许多，主要如表4-2所示。

表4-2 关于自动化装备系统加工制造单元集成系统的名词

序号	名词	说明
1	NC （Numerical Control）	即数字控制，指用离散的数字信息控制机械等装置的运行，只能由操作者自己编程，自动化程度不高
2	CNC （Computer Numerical Control）	即计算机数控机床，是一种由过程控制的自动化机床。该控制系统能够逻辑地处理具有控制编码或其他符号指令规定的程序，通过计算机将其译码，从而使机床执行规定好了的动作，通过刀具切削将毛坯料加工成半成品、成品零件。数控加工智能逆向仿真系统Virtual CNC，是一套通过逆向后置处理器和虚拟机床来模拟实际CNC控制器和机床，并在电脑端进行检验CNC加工过程的软件。并且它根据机器、刀具、毛坯和夹具信息，来模拟加工CNC程序，并能鉴定加工过程中存在的错误

序号	名词	说明
3	CAD （Computer Aided Design）	即计算机辅助设计技术，指利用计算机及其图形设备帮助设计人员进行设计工作。在设计中通常要用计算机对不同方案进行大量的计算、分析和比较，以决定最优方案；各种设计信息，不论是数字的、文字的或图形的，都能存放在计算机的内存或外存里，并能快速地检索；设计人员通常用草图开始设计，将草图变为工作图的繁重工作可以交给计算机完成；由计算机自动产生的设计结果，可以快速作出图形，使设计人员及时对设计做出判断和修改；利用计算机可以进行与图形的编辑、放大、缩小、平移、复制和旋转等有关的图形数据加工工作
4	CAM （Computer Aided Manufacturing）	即计算机辅助制造，CAM是指利用计算机辅助完成从生产准备到产品制造整个过程的活动，即通过直接或间接地把计算机与制造过程和生产设备相联系，用计算机系统进行制造过程的计划、管理以及对生产设备的控制与操作的运行，处理产品制造过程中所需的数据，控制和处理物料（毛坯和零件等）的流动，对产品进行测试和检验等
5	QFD （Quality Function Deployment）	即质量功能展开，质量功能展开亦称"质量屋"。顾客驱动的产品开发方法。从质量保证的角度出发，通过一定的市场调查方法获取顾客需求，并采用矩阵图解法将顾客需求分解到产品开发的各个阶段和各职能部门中，通过协调各部门的工作以保证最终产品质量，使得设计和制造的产品能真正地满足顾客的需求。也是一种在产品设计阶段进行质量保证的方法，以及使产品开发各职能部门协调工作的方法。目的是使产品能以最快的速度、最低的成本和最优的质量占领市场
6	DFX （Design for X）	其中X可以代表产品生命周期或其中某一环节，如装配（M-制造，T-测试）、加工、使用、维修、回收、报废等，也可以代表产品竞争力或决定产品竞争力的因素，如质量、成本（C）、时间等。在产品开发过程中和进行系统设计时不但要考虑产品的功能和性能要求，而且要考虑与产品整个生命周期相关的工程因素
7	PDM （Product Data Management）	即产品数据管理，PDM是一门用来管理所有与产品相关信息（包括零件信息、配置、文档、CAD文件、结构、权限信息等）和所有与产品相关过程（包括过程定义和管理）的技术。通过实施PDM，可以提高生产效率，有利于对产品的全生命周期进行管理，加强对于文档，图纸，数据的高效利用，使工作流程规范化
8	OEM （Original Equipment Manufacturer）	是指托厂商按原厂之需求与授权，依特定的条件而生产。所有的设计图等都完全依照上游厂商的设计来进行制造加工，直白地说就是代工。目前各大品牌硬件商均有OEM厂商，也就是说产品并非原品牌厂商生产，而是与某加工厂合作生产，产品贴自家产品品牌，以品牌价值来销售产品
9	ODM （Original Design Manufacturer）	即原始设计制造商。是指某制造商设计出某产品后，在某些情况下可能会被另外一些企业看中，要求配上后者的品牌名称来进行生产，或者稍微修改一下设计来生产。其中，承接设计制造业务的制造商被称为ODM厂商，其生产出来的产品就是ODM产品

序号	名词	说明
10	EMS（Electronic Manufacturer Service）	译为专业电子代工服务，或电子专业制造服务，是一个新兴行业，它指为电子产品品牌拥有者提供制造、采购、部分设计以及物流等一系列服务的生产厂商
11	PCBA（Printed Circuit Board +Assembly）	PCB（印制电路板，基板）空板经过SMT（表面安装技术）上件，或经过DIP（双列直插式封装）插件的整个制程，简称PCBA，这是国内常用的一种写法
12	CIM（Computer Integrated Manufacturing）	计算机集成制造，指在所有与生产有关企业部门中集成地用电子数据处理，CIM包括了在生产计划和控制、计算机辅助设计、计算机辅助工艺规划、计算机辅助制造、计算机辅助质量管理之间信息技术上的协同工作，其中为生产产品所必需的各种技术功能和管理
13	CIMS（Computer Integrated Manufacturing System）	即计算机集成制造系统，CIMS是通过计算机硬软件，并综合运用现代管理技术、制造技术、信息技术、自动化技术、系统工程技术，将企业生产全部过程中有关的人、技术、经营管理三要素及其信息与物流有机集成并优化运行的复杂的大系统
14	FMS（Flexible Manufacture System）	即柔性制造系统，FMS是一组数控机床和其他自动化的工艺设备，由计算机信息控制系统和物料自动储运系统有机结合的整体。柔性制造系统由加工、物流、信息流三个子系统组成，在加工自动化的基础上实现物料流和信息流的自动化
15	MES（Manufacturing Execution System）	即制造执行系统，MES是一套面向制造企业车间执行层的生产信息化管理系统。MES可以为企业提供包括制造数据管理、计划排程管理、生产调度管理、库存管理、质量管理、人力资源管理、工作中心/设备管理、工具工装管理、采购管理、成本管理、项目广告牌管理、生产过程控制、底层数据集成分析、上层数据集成分解等管理模块，为企业打造一个扎实、可靠、全面、可行的制造协同管理平台
16	ERP（Enterprise Resource Planning）	即企业资源计划，ERP是一种主要面向制造行业进行物质资源、资金资源和信息资源集成一体化管理的企业信息管理系统。ERP是一个以管理会计为核心可以提供跨地区、跨部门，甚至跨公司整合实时信息的企业管理软件。针对物资资源管理（物流）、人力资源管理（人流）、财务资源管理（财流）、信息资源管理（信息流）集成一体化的企业管理软件

4.1.3 关于智能制造

关于智能制造（automation）的名词有许多，主要如下所示。

（1）AGV（Automated Guided Vehicle，自动导引运输车）。AGV是装备有电磁或光学等自动导引装置，能够沿规定的导引路径行驶，具有安全保护以及各种移载功能的运输车。

（2）智能机器人。智能机器人又被称作第三代机器人。具有识别、推理、规划和学习等智能机制，它可以把感知和行动智能化结合起来，因此能在非特定的环境下作业，称之为智能机器人。智能机器人与工业机器人的根本区别在于，智能机器人具有感知功能与识别、判断及规划功能。

第一代智能机器人即"可编程机器人"。20世纪60年代后半叶开始投入实际使用，目前在工业界广泛应用。

第二代智能机器人即"感知机器人"，又叫作自适应机器人，它是在第一代机器人的基础上发展起来的，能够具有不同程度的"感知"（触觉、视觉、听觉、运动、控制、计算逻辑和信息传递）周围环境的能力。20世纪70年代初期投入美国通用汽车公司装配线，80年代得到了广泛应用。

4.2　自动化发展及控制理论概述

想要了解当今工业自动化、智能化的发展趋势，就必须对近代控制理论及自动化历史演进过程的内涵有一个基本的了解。控制理论的发展进程毋庸置疑主导着工业自动化的发展。

广义的自动化，是指在人类的生产、生活和管理的一切过程中，通过采用一定的技术装置和策略，使得仅用较少的人工干预甚至做到没有人工干预，就能使系统达到预期目的的过程，从而减少和减轻了人的体力和脑力劳动，提高了工作效率、效益和效果。由此可见，自动化涉及人类活动的几乎所有领域，因此，自动化是人类自古以来永无止境的梦想和追求目标。

4.2.1　自动装置的出现

在经过长期历史生活和对自然环境不断的认知探索中，古人为了减轻劳动强度，逐渐发展出利用大自然的力量，例如水力、风力来代替人力、畜力来扩大生产。而早期的自动装置如龙骨水车、轮式水车（汲水灌溉装置）、水动力米春等，均有着明显的实用目的。大约公元一世纪，古埃及和古希腊的发明家也创造了一些自动装置（机器人或机器动物）来强化当时宗教活动，如教堂庙门自动开启、铜祭司自动洒圣水、投币式圣水箱和教堂门口自动鸣叫的青铜小鸟等自动装置，均可谓为人类研制和使用自动装置的经典佳作。

社会的需要是自动化技术发展的动力。自动化技术是紧密围绕着生产军事设备的控制以及航空航天工业的需要而形成和发展起来的。

工业上的应用，是以瓦特的蒸汽机调速器作为正式起点。1788年瓦特为了解决工业生产中提出的蒸汽机的速度控制问题把离心式调速器与蒸汽机的阀门连接起来构成蒸汽机转速调节系统，使蒸汽机变为既安全又实用的动力装置。此时的自动化装置是机械式的，而且是自力型的。

4.2.2 控制理论的发展

（1）经典控制理论。20世纪40～50年代经典控制理论以传递函数为基础，以频率法和根轨迹法作为分析和综合系统基本方法，对单输入单输出控制系统进行分析与设计。

（2）现代控制理论。现代控制理论是在经典控制理论的基础上于20世纪60年代以后发展起来的。其主要内容是以状态空间为基础，研究多输入、多输出、时变参数、分布参数、随机参数、非线性等控制系统的分析和设计问题。最优控制、最优滤波、系统辨识、自适应控制等理论都是这一领域重要的研究课题。

与经典线性控制理论相比，现代线性系统主要特点是：研究对象一般是多变量线性系统，而经典线性理论则以单输入单输出系统为对象；除输入和输出变量外，还描述系统内部状态的变量；在分析和综合方面以时域方法为主，而经典理论主要采用频域方法；使用更多数据工具。

4.2.3 大系统理论

20世纪70年代开始原有的控制理论，不论是经典控制理论，还是现代控制理论，都是建立在集中控制的基础上，即认为整个系统的信息能集中到某一点，经过处理，再向系统各部分发出控制信号。这种理论应用到大系统时遇到了困难。这不仅由于系统庞大，信息难以集中，也由于系统过于复杂，集中处理的信息量太大，难以实现。因此需要有一种新的理论，用以弥补原有控制理论的不足。系统理论，关于大系统分析和设计的理论。大系统的特征是：规模庞大、结构复杂（环节较多、层次较多或关系复杂）、目标多样、影响因素众多，且常带有随机性的系统。这类系统不能采用常规的建模方法、控制方法和优化方法来分析和设计，因为常规方法无法通过合理的计算工作得到满意的解答。

随着生产的发展和科学技术的进步，出现了许多大系统，如电力系统、城市交通网、数字通信网、柔性制造系统、生态系统、水源系统和社会经济系统等。这类系统都具有上述特点，因此造成系统内部各部分之间通信的困难，提高了通信的成本，降低了系统的可靠性。

4.2.4 智能控制理论

20世纪90年代至今随着计算机网络的迅速发展管理自动化取得较大进步，出现了管理信息系统办公自动化决策支持系统。智能化程度日益增加，自动化技术不仅仅是减轻和代替了人们的体力劳动，而且也在很大程度上代替了人们的脑力劳动。人类开始综合利用传感技术、通信技术、计算机系统控制、人工智能等新技术和新方法来解决所面临的工厂自动化、办公自动化、医疗自动化、农业自动化以及各种复杂的社会经济问题，研制出柔性制造系统决策支持系统、智能机器人和专家系统等高级自动化系统。

4.3　人工智能与智能制造

1956年John McCarthy在美国达特莫斯（Dartmouth）会议上首次提出Artificial Intelligence（AI，人工智能）这个新概念。

4.3.1　人工智能

人工智能以前也曾狭隘地被称为机器智能，因为长久以来都是经过各种系统计算，透过机器来模拟人类的思想行为，使机器能够取代劳动力或帮助人类解决一些人们不便解决的，涉及危险、恶劣环境条件下的工业生产、检查、维修、调查、探测等方面的任务，或者人力不能实时解决的事情，如大量重复的复杂计算。人工智能从诞生以来，理论和技术发展越来越成熟，并且伴随着科学技术的飞速发展，人工智能不断结合各个领域的创新突破，研究成果也逐步深入各个工业应用方面。

（1）人工智能的主要学派。人工智能曾经是计算机科学的一个分支，是用于模拟、延伸和拓展人的思想和行为的理论、技术、方法及应用系统的一门新兴学科，通过了解智能化的实质活动规律，产生一种与人类思想和活动相类似反应的智能系统。主要学派有三个：符号主义、连接主义和行为主义，简述如图4-1所示。

又称为逻辑主义、心理学派或计算机学派，主要认为人工智能AI源于数理逻辑。从符号主义的观点来看，只要能赋予机器逻辑推理的能力，机器就会具有智能，知识和推理是人工智能的核心

又称为仿生学派或生理学派，主要认为人工智能AI源于仿生学，特别是对人脑模型的研究。连接主义认为智能活动是由大量简单的单元通过复杂的相互连接后并行运行的结果。因此，针对问题输入，可通过构建人工神经网络，并对网络的大量连接进行增强或者减弱（例如调整权值）来较快地求解

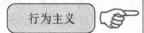

又称进化主义或控制论学派，主要认为人工智能AI源于控制论。行为主义认为智能并不只是来自计算引擎，也来自环境世界的场景、感应器内的信号转换以及机器人和环境的相互作用，是对外界复杂环境的一种适应。因此行为主义强调在控制过程中的自学习和自优化。这一阶段人工智能的演进主要为辅助工业生产提高效率、质量、检测手段及代替大量劳动力，主要研究包括机器人、图像识别、语音识别、感应识别处理系统等

图4-1　人工智能的三个学派

（2）机器学习的方式。从人工智能技术的发展看，机器学习是实现人工智能的重要手段。目前的机器学习领域，主要有四类学习方式，分别存在对应的四类算法模型，如图4-2所示。

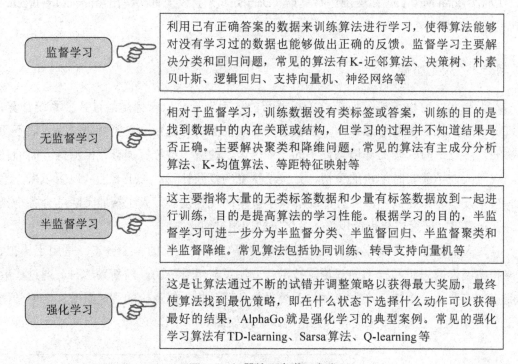

监督学习 ☞	利用已有正确答案的数据来训练算法进行学习，使得算法能够对没有学习过的数据也能够做出正确的反馈。监督学习主要解决分类和回归问题，常见的算法有K-近邻算法、决策树、朴素贝叶斯、逻辑回归、支持向量机、神经网络等
无监督学习 ☞	相对于监督学习，训练数据没有类标签或答案，训练的目的是找到数据中的内在关联或结构，但学习的过程并不知道结果是否正确。主要解决聚类和降维问题，常见的算法有主成分分析算法、K-均值算法、等距特征映射等
半监督学习 ☞	这主要指将大量的无类标签数据和少量有标签数据放到一起进行训练，目的是提高算法的学习性能。根据学习的目的，半监督学习可进一步分为半监督分类、半监督回归、半监督聚类和半监督降维。常见算法包括协同训练、转导支持向量机等
强化学习 ☞	这是让算法通过不断的试错并调整策略以获得最大奖励，最终使算法找到最优策略，即在什么状态下选择什么动作可以获得最好的结果，AlphaGo就是强化学习的典型案例。常见的强化学习算法有TD-learning、Sarsa算法、Q-learning等

图4-2 机器的四类学习方式

（3）人工智能与5G相结合。将5G技术运用到人工智能产品当中，可改善人工智能当前的一些缺陷进而完善人工智能。随着相关技术的不断成熟，5G的关键技术将逐步明确，并进入实质性的标准化研究和标准制定阶段。到目前为止，3GPP提出了14个将人工智能技术用于5G的用例，ITU-T共提出了18个用例。所提出的用例涵盖了移动通信系统的多个应用方面，包括多种应用衔接的设计与优化、网络性能和效能调整与优化、应用层业务支持与优化等。根据分析，受到广泛关注的典型优化用例如表4-3所示。

表 4-3 人工智能与 5G 相结合的优化用例

序号	典型优化用例	说明
1	物理层信道建模与优化	随着5G移动通信需求的提出，无线信道的建模和预测面临了新的挑战，例如更加多样的传播环境、复杂的时空特性、多频段共存等。未来的无线信道测量装置将会搜集到大量的原始信道数据。这需要使用大数据分析的方法来对原始信道数据进行高效处理。利用大数据分析进行信道建模和预测时，首先对问题进行抽样，面对场景环境的影响问题、信道衰落特性等，将其归类为机器学习能够解决的回归、分类、聚类等问题；然后采用机器学习的相关算法来进行求解，使用主成分分析方法来优化预测模型和进行信道预测

序号	典型优化用例	说明
2	基于终端移动性预测的移动性管理定	5G多样化场景下的终端无可避免须具有多样化的移动性行为。当期望5G网络能够对终端进行移动性管理定制或者进行移动性支持优化时，预测信息是网络进行移动性管理定制或优化的重要依据。人工智能技术提供了通过将终端位置预测问题抽象为机器学习中的分类或回归问题，就可以利用相关的机器学习算法对终端位置或轨迹进行终端移动行为预测。5G中的网络数据分析功能首先需要收集终端的位置信息，包括历史移动轨迹和终端实时位置信息。收集的信息可以作为训练数据来调整或修正预测模型。利用可靠的预测模型，网络可以预测终端位置或移动性轨迹，包括群组终端的分布特征和单个终端的位置信息。这些基于终端移动模型的预测，网络可以进行动态的网络优化，其中包括移动性管理的定制和优化，例如移动性管理机制定制、注册区管理、切换管理优化等
3	网络切片资源管理优化制及优化	网络切片是一组网络功能的集合，为了高效运营，运营商需最优化网络切片的资源划分。运营商需要在保证服务等级协议SLA（Service Level Agreement）的同时，尽可能地利用底层网络资源。人工智能AI技术能帮助运营商优化网络切片资源的管理。利用机器学习算法创建网络切片的业务量和资源使用状况的模型。可以实现对网络切片的业务量和资源需求的准确预测，从而优化网络切片间的资源分配策略，例如动态扩缩容。在使用优化的资源分配策略后的网络运行状况可以再次迭代到预测模型中，完成闭环反馈，进而趋近最优化
4	网络性能预测辅助的应用层调整优化	5G网络除了对终端的移动性进行预测外，还需要建立网络性能的分析模型。网络可以收集和分析各基站的运行状态信息来创建模型。当收到应用层关于网络性能预测信息的订阅请求后，引入应用人工智能AI的5G网络可针对相关终端，利用网络性能的分析模型和终端的位置，预测终端在未来一段时间内所面临的网络状况。车联网是5G中的重要技术。在车联网的自动驾驶场景中，车辆即将经过的基站的网络性能（例如服务质量信息、网络负载）预测对提高车联网的服务质量有着重要作用。例如车联网服务器可以基于网络性能的预测信息判断是否继续保持无人驾驶模式。为了帮助应用层做出正确的参数调整，5G网络可向应用层提供准确的网络性能预测信息

4.3.2　智能制造

（1）智能制造与智慧工厂。作为工业4.0的四大主题之一的智能制造，其重点技术领域，指具有感知、分析、推理、决策、控制功能的制造装备，及先进制造技术、信息技术和智能技术的集成和深度融合。智能装备能够实现对自身状态、环境的自感知，具有故障诊断、网络通信、自适应功能，能够根据感知的信息调整自身的运行模式，使装备/产品处于最优状态；也能够提供运行数据或用户使用的习惯数据支撑数据分析，实现创新性应用。

智能制造的实体为智慧工厂（数字化车间）。在智慧工厂中，工厂总体设计、工程设计、工艺流程及布局前期均已建立了较为完善的系统模型，进行了模拟仿真、设计，相关的数据进入企业核心数据库；配置了符合设计要求的数据采集系统和先进控制系统，建立了实时数据库平台、实时过程控制、实时生产管理系统，实现区域（段）或总线集成，工厂生产实现基于工业物联网的信息共享及优化管理，建立了制造执行系统（MES），构建企业资源计划（ERP）管理系统集成，实现生产模型化分析决策、过程的量化管理，成本和质量的动态跟踪，进一步完善了企业资源计划管理系统。在供应链管理中实现了原材料和产成品配送的管理及优化。在数字化车间中，车间/工厂总体设计、工艺流程及布局均已建立数字化模型，并进行模拟仿真，实现规划、生产、运营全流程数字化管理；采用三维计算机辅助设计（CAD）、计算机辅助工艺规划、设计和工艺路线仿真、可靠性评价等先进技术，产品信息能够贯穿设计、制造、质量、物流等环节，实现产品的全生命周期管理（PLM）；建立了生产过程数据采集监控系统（SCADA），能充分采集生产现场信息，并同时在车间制造执行系统实现数据集成和分析；建立了数字化制造执行系统（MES），实现全过程闭环管理及企业资源计划管理系统集成，建立了车间级的工业通信网络。利用云计算、大数据等新一代信息技术，在保障信息安全的前提下，实现经营、管理和决策的智能及优化。

（2）智能制造的基础在于工业互联网/物联网。工业互联网/物联网是开放、全球化的网络，是全球工业系统汇集高级计算、分析、感知技术以及互联网连接融合的结果。工业互联网将物联网、移动互联网、云计算、大数据等新一代信息技术创新成果充分应用在各工业领域，从而达到提高生产力和工作效率、降低成本、减少资源使用的目标。工业互联网是涵盖了从生产到服务、从设备层到网络层、从制造资源到信息融合的多领域、多层级、多维度的融合体。所以工业互联网/物联网与一般移动互联网是有相当差距的，对于云计算、大数据、信息技术服务的应用也有一些本质上的区别，如表4-4所示。

表4-4　工业互联网/物联网与一般移动互联网的区别

序号	区别点	说明
1	工业云	工业云是在"制造即服务"理念的基础上，借鉴了云计算和物联网技术发展起来的新概念，有别于一般互联网云计算。工业云的核心是支持制造业在广泛的网络资源环境下，为产品提供高附加值、低成本和全球化制造的服务
2	工业领域大数据	工业领域大数据是工业领域完成相关信息化，包括企业内部的数据采集和集成，产业链横向的数据采集和集成，以及客户/用户和物联网上的大量外部数据所产生的海量数据的基础上，经过深入分析和挖掘，为制造企业提供看待价值网络的全新视角，从而为制造业创造更大价值。这种针对产业链横向数据采集和集成的工业领域大数据有别于一般互联网大数据

续表

序号	区别点	说明
3	服务型制造信息技术	服务型制造信息技术是指为了实现制造价值链中各利益相关者的价值增值，通过产品和服务的融合、客户全程参与、企业相互提供生产性服务和服务性生产的信息，实现分散化制造资源的整合和各自核心竞争力的高度协同，达到高效创新的一种制造模式。服务型制造业企业提供发展个性化定制服务、全生命周期管理、网络精准营销和在线支持服务等业务，并可以扩展到提供系统集成总承包服务、整体解决方案服务以及面向行业的社会化服务，如企业财务服务、金融租赁服务、发展大型制造设备、生产线融资租赁服务等

4.3.3　人工智能与5G在智能制造中的角色

人工智能、5G对智能制造会有些什么样的影响？人工智能可以直接部署在制造业中的海量设备上或者生产车间中，从而减少传输时间，提高工作效率，真正实现和海量设备相互融合。人工智能助力制造业从少量离散的智能设备应用发展成为一体化的智能制造系统。而在制造业中，设备之间的通信能力通常要求较高，在5G进入应用之前，设备数据传送效率较低，更多是将设备数据传输到云端进行处理，目前的工业互联网正在从工业3.0转向工业4.0，而5G的高速信息沟通连接即是实现制造业智能化升级的基础。

在5G和人工智能时代，智能设备采用切片技术及近侧计算应用，可以在设备侧直接进行人工智能运算，无法及时处理的数据也可以利用5G高速网络快速传到云端处理，促成智能设备与云端的相互协作，共同进行人工智能处理。实现海量智能设备的互联互通，设备之间利用有线或者无线的方式相互连接，形成制造业内部信息互联网络，实现智能设备与设备之间、设备与人之间、设备与工厂之间的互联互通，连接的深度和广度都大幅增加。5G的高可靠、低延时、高带宽，三大特性有利于优化制造业的工业控制、信息采集、运维管理等生产过程，有利于实现智能制造的生产需求，帮助实现工厂内设备与传感器的数据实时采集、低时延无线传输、生产线全生命周期管控、车间与车间的全连接、工厂内的零部件及产品的质量自动化检测。5G的边缘计算更可以实现智能制造多业务场景、多服务质量、多用户及多行业的隔离和保护等，所以5G、人工智能、智能制造协同作业缺一不可。

5G和人工智能正在以各种方式改变着制造业。在5G时代下的智慧工厂中，人、设备、工厂之间可以相互感知，相互连接。无数传感器产生的大量数据将实时流畅地传送到边缘云或核心云中，进行数据的智能化处理和快速递送；大量新技术都将通过5G网络应用于智慧工厂中，给智能制造带来新的活力。目前，国家正在大力支持制造业发展，推动传统制造业向智能制造业方向转型，5G和人工智能技术将会从设备连接、数据传送、服务递送等方面向制造业提供动能，提升生产效率，满足智能化生产需求，推动制造业的智慧化变革与发展。5G和人工智能助力制造业的应用场景如图4-3所示。

场景一 > **加速数据传送**

目前的工业互联网正在从工业3.0转向工业4.0，5G的万物连接和人工智能应用是实现制造业智能化升级的基础。5G网络的传输速度可达每秒数十亿字节，在5G和人工智能时代下的制造业将会实现海量智能设备的互联互通，设备之间利用有线或者无线的方式相互连接或者连接到互联网中，形成制造业内部信息互联网络，除了实现海量智能设备与设备之间、设备与人之间、设备与工厂之间的互联互通，连接的深度和广度也都大幅增加

场景二 > **制造业中VR/AR的应用**

5G超快的传输速度可以保障VR/AR视频实时流畅地播放，有效地促进VR/AR在制造业中的推广与应用，VR/AR以全新的信息传输方式推动制造业数字化、智能化转型升级，带动产业发展，创造社会价值。VR/AR结合5G和人工智能技术贯穿整个制造业流程。在产品规划阶段，企业利用VR技术对产品进行可视化管理，5G网络为工程师提供流畅的VR视频递送，以便于工程师对产品有更直观的了解。同时，VR所产生的数据可以作为机器学习的数据源，通过人工智能算法对数据进行处理从而对产品性能进行优化升级。在产品生产阶段，企业利用5G终端中的数据虚拟演示工厂状态，可针对状态变化实时进行工业设备的远程操作。在产品检测阶段，企业可以建立虚拟车间进行仿真检修作业，利用人工智能技术自动生成检修方案，节约成本。在产品销售阶段，企业利用VR对产品进行智能化全景展示，客户能够随时随地了解产品外形外观、功能配置、生产流程等一系列内容，对产品进行更深的了解。而在产品售后阶段，售后工程师利用VR技术远程实时解决产品故障，从而减轻售后压力。5G和人工智能共同推动VR/AR技术在制造业中的应用与推广，促进制造业智慧化转型

场景三 > **视频监控（可视化管理）**

5G网络可以有效地提升视频监控服务的功能与性能。高带宽和低时延特性能够以更快的速度传递更加清晰的视频，提高数据传输效率，并能够引入更多安防监控设备，扩大监控范围，获取更多的监控数据。大量监控数据和高速网络为监控智能化提供了条件，企业可以综合利用多种人工智能应用（例如人脸识别、物体识别、自然语言处理等），从监控系统中提取人脸、车牌、文字等关键信息，降低监控成本，提高监控效率。同时还可以有效提升视频监控业务中的数据利用率和视频分析的精确度和效率，以及促进设备能耗管理、设备参数优化、数据处理自动化和资源调度，为智能化工厂提供更加精确、可靠的服务

场景四 > **远程实时控制**

5G网络可促进工业生产中的机械远程实时控制。生产管理者可以利用5G网络远程实时监控设备状态信息，利用人工智能技术对状态信息进行分析，自动生成对应决策和控制指令。设备收到工人发送的控制指令，完成相应动作，实现远程实时控制。在远程实时控制中，低延时尤为重要，5G网络帮助设备与生产管理者保持实时、可靠的连接，从而及时、稳定地做出最正确的决策

图4-3　5G和人工智能助力制造业的应用场景

4.4　非标自动化（智能自动化解决方案）

非标自动化是相对于标准自动化设备而产生的名词。不同于标准自动化设备，非标自动化不局限于单一设备，可能是为了满足生产工作，在生产过程中有时候没有合适的生产设备而研发设计出来的机械设备、设备群组或设备群组连带软件等。这还包括各式各样的客制化设计及应用，不局限于有形的硬件或无形软件，统称做自动化解决方案。而近期的自动化解决方案须多涵盖较新的信息采集功能或不只为单一工序的综合集成设备，所以用智能化解决方案加以全面覆盖。

4.4.1　非标自动化概述

虽然"智能化解决方案"在意义上可以涵盖"非标自动化"，但非标自动化一词在设备生产行业中沿用已久，所以大多数解决方案设计行业人员惯用此一名词，也就自然而然地将自动化设备区分为标准自动化设备及除外的所有其他存在，并将其统称为"非标自动化"。

非标自动化与标准自动化设备最直观的区别就是非标自动化不在商品市场中流通，为了某种特定的目的进行设计，没有统一的设计标准，如专用的实验设备、定制化生产工具、设备、集成软件、零件模具等。而标准自动化设备则是指以国家或行业规定的相关标准为基础，进行一系列规整的设计和制造，如通用的生产加工车床、冲床、印刷机、涂覆机等。但对于特殊行业如航空、航天、军工、核工、半导体这类行业来说，其在生产过程中使用的设备大多都不存在标准设备，几乎都是以非标准化需求方式存在，其使用设备是根据不同型号与零件的不同需求进行特殊定制设计的。所以非标自动化行业以其了解使用者需求，并同时拥有设计和制造能力，且一般依附特定专属行业而存在。

对于民间生产制造而言，部分生产企业在产品生产过程中，对其所需的自动化设备当市面上并没有与其工作性质相匹配的设备时，如果贸然引进市面上现存的自动化设备投入企业生产的话，就会引发尺寸、参数和体积不适当等多种问题，无助于提高生产效率。而非标自动化是为了满足生产工作，因为没有合适的生产设备而研发设计弥补这一现象的解决方案，能更好地满足企业的生产需求，以用户实际需求为依据，最大限度地适应生产工艺需求。

与常规标准自动化设备相比，非标自动化所具有的独特的特点是在进行设计时可以参考的经验比较少，其过程涉及多样性、专业性与技术性，对技术人员的专业能力要求更高。也由于相当一部分生产工艺无法在市场中寻找到合适的标准设备，进而需要特殊客制化研发设计制造，因此非标自动化即非标准化生产设备。虽然其仍勉强按照国家规定的设备标准设计制造，但具有一定特殊性，现有规定和标准无法全面满足所有的应用。

所以一般非标自动化均是由产品行业内使用者自行研发或者专门定制的，其目的只负责对所属行业的产品进行生产，这样在对其进行设计时，就更务必要保证所有参数信息的精确性，提前对产品工艺需求进行深入的综合分析，明确各项设计参数，确保性能达标。

提醒您

　　非标自动化由于其具有的特殊性与专业性的特点，所以更需要安排经验丰富且专业能力强的人员，严格按照程序来进行设计，争取从根本上提高设备综合设计水准以规避失败风险。

4.4.2　非标自动化设备需求的特点

（1）定制性。非标自动化是针对特定行业企业的某种类产品批量生产或替代现有人工生产工艺的自动化而进行设计，其具有定制性的特点。在实际的非标自动化设计和使用过程中，不能只依靠国外设备设计的经验来进行，还需要针对当前我国工业化生产的实际情况来进行设备的非标设计。需要充分考虑当前工业生产的实际问题，结合不同企业实际的生产环境和问题，进行有针对性的设备优化设计，促使非标自动化能充分发挥其针对性的优势特性，帮助企业提高生产效率，促使行业更好发展。

（2）项目后期带来很多不确定性。非标自动化在前期方案设计中，很多客户能提供的信息通常不周全，甚至工艺参数不能明确，会给项目后期带来很多不确定性。所以要对企业的要求进行厘清并且明确化，与客户做好实时的沟通交流，深入了解客户的产品结构及工艺参数非常重要，以便设计方案能够满足客户企业的实际生产需求。客户的实际需求明确后，以此为依据制定初步的生产工艺、设备技术参数。在制定设计的过程中要与己方工程人员及客户工艺、生产等方面人员保持密切沟通，多方讨论后方可确定设备整体布局、电气控制及软件控制的初步方案。初步方案确定以后需要组织专家组对方案的可行性、成本、生产效率等方面进行综合评估，且可根据评估结果进行方案的调整与纠正，然后与客户进行最终确认，而后确定最终设计方案。

（3）执行周期很短、交货期严苛。非标自动化的引入，很多是企业为迅速抢占市场而提出的需求，可执行周期一般很短，所以对非标自动化供应商的各方面能力都有极高要求及考验。不可单纯依循传统方式，必须转变设计思维。当前社会属于精细化分工时代，作为设计人员一定要选择更加合适的方法，通过选择性价比高、交货期准时的专业零部件供应商来提高产品设计效率，这样就能够集中更多的精力到产品的设计环节上去。由于非标自动化产品当前还不能完全地进行大规模生产，因此就需要企业也进行思维的转变，敢于尝试创新，确保产品的高质量，实现企业竞争力的持续发展。

4.4.3 非标自动化设备设计应注意标准化及模块化

非标自动化设计中应注意的标准化及模块化包括两个方面：一是设计流程的标准化模块化，手段是根据企业自身特点制定标准规范，目的是避免千人千面、各自为政而引起的不必要的资源浪费与低效率。二是设计内容的标准化模块化，虽然非标设备或生产线是定制性的，可复制性比较低，但是归根到底，非标设备及生产线也是各种标准零组件，如气缸、电机、传感器、输送机、机器人等应用与功能组合而成的，而且就其功能而言，也脱离不了加工、装配、检测、包装与输送的范畴。对于各种标准零组件的结构、功能掌握，各种常用功能模块的经验提炼，可形成一些标准模块以此降低失败率，对于非标自动化企业，尤其是某些针对特定行业的设计具有极大的意义。

（1）进行模块划分。在非标自动化模块化设计的过程中，对模块进行划分应遵循单一模块可以独立完成一个功能的原则，这样在组装过程中可以保证各个功能模块相互独立，便于调试和搭配。在模块划分的过程中，应注意每个模块的结构，每个组立模块的结构应相互独立，这样在需要更换组立模块时无需更换其他组立模块。与此同时，对于一些结构较为复杂的零件，可以先对其进行分解，将零件中的组件也进行模块化，通过添加或删除其中一些组件，可以使零件具有不同的多元化功能。在对基础设备进行模块化设计时，因其结构简单的特点，可以将其作为单独的模块进行处理，可以用作改变设备的工作空间，使设备的规格在保证完成生产的前提下具有泛用性。在模块的划分过程中，应考虑对后续工作中技术更新的可能性，在每个模块中应留出一定数量的空闲接口，以便在后续工作中能够通过增加相应的模块实现更高的要求，达到更佳的扩充性及兼容性。

（2）非标硬件的模块化设计。对非标自动化硬件模块化设计，就是对设备中的机械结构的模块化设计。在进行模块化设计之前，应对设备进行分类，按照设备的功能和结构进行分区摆放，可将设备分为搬运类、加工类、测试类设备等。再将同一类型的设备进行模块化设计区分，如在对非标自动化进行模块化设计时，可将设备主体单独划分为一个模块，在不同的设备中可能会出现相同的模块。以电子行业为例，在电子生产设备中分为在线式设备和离线式设备，在线式设备可以通过不同的设备连接组合形成一条自动化的产线，而离线式设备只能通过一个单一的模块进行生产。在在线式设备中，一般会设立一个传输模块，那么这个传输模块就可以作为一个标准模块，将其他设备进行串联，可以实现生产线全自动化。

（3）非标程序模块化设计。在目前工业中所使用的控制器通常为PLC，非标自动化的性能与PLC程序的编写水平有着直接的关系。在PLC中实现程序的模块化能够使非标自动化保持稳定性与一致性。将程序进行模块化设计的理念首先应用于高级语言编程中，随着编程技术的不断发展，程序的模块化设计逐渐被应用于PLC编程中来。对程序进行模块化设计需要根据相关要求PLC程序进行划分，将其划分为若干个小模块，使程序的结构变得清晰，各个模块之间的功能相互独立，便于程序变更的编写。这样在编程过程中就能够很大程度上降低编程的难度，避免在编程过程中出现重复编程的情况出现，在管理上也方便很多。

（4）非标自动化设备模块化设计所使用的相关技术。在对非标自动化进行模块化设计时，需要明确哪些设备可以进行模块化设计，并对当前的发展趋势进行调查，制定合理的方案才能进行后续的工作。在制定方案的过程中，应根据实际的调查结果进行制定，在对非标自动化模块化设计时应考虑硬件的模块化设计和程序的模块化设计，再利用计算机建模的方式进行辅助设计。在上述工作依序完成后，还要进行科学的验证，检验模块化设计所具备的效果，如果运行正常，则可以拟定模块规划书。对非标自动化进行模块化设计时，应确定模块的组成和工作方式，模块之间进行连接之后的布局和联系应根据方案的要求进行设计。在模块之间的连接接口要简洁方便，而且在模块化设计的过程中，模块的独立性越强越好，在工作过程中，尽量在单一的模块中完成相应的工作，或许成本会有所增加，却可避免不当牵连，并大幅增加组立的方便性及设备的泛用性。

（5）引进"数字化""信息化"手段。在当前机械产品的设计工作过程中，已经普遍地使用了计算机工具来参与辅助。但是当前相当一部分企业对于数字化的应用还没有全面普及，通常局限于一个作业节点或者是某个特定的工序中。对于全面实现"数字化"，还需要走很长的路。由于产品的开发环节会涉及许多的工序，因此作为企业要对各个工序有全面的认识，充分借助计算机网络的特点将数字处理以及信息资源共享等应用到企业产品设计开发当中。企业通过实现数字处理的碎片化，将企业的数字化建设当作企业发展的重点，将数据的利用效率有效提升，借助数字化的手段助力企业的产品设计和制造。

提醒您

在对非标自动化设计研发的审核过程中，一旦发现影响因素，应及时对其进行解决，如果出现需要较大调整的情况，须第一时间与需求商联系，并与其进行协商，从而最终确定设计研发过程。并再次对方案进行最终的审核，在审核工作通过后，即可对其非标自动化进行设计制造。

4.4.4 非标自动化设备的设计思路

（1）制定完善合理的设计流程及规范。非标设备的设计过程从客户提出需求起，到设备终验收止，已有一般的工作流程可供遵循。但在实际执行过程中，各非标设备生产企业根据各自的企业特点，制定适合自身情况的一些标准化的流程及规范，应用于项目执行中，可起到事半功倍的效果。对于非标自动化设计，一定要积极遵循零件标准化、部件通用化以及产品系列化的"三化"原则。在开展实际的生产活动中，会有各种各样型号的机械设备投入生产过程，这些设备的存在就是为了能够实现生产效率的提高，为生产提供更好的服务。对于这些设备不仅有标准件，还要求拥有许多相似结构、相似工艺要求的零件。遵循非标设备的"三化"原则，可以从图4-4所示方面入手。

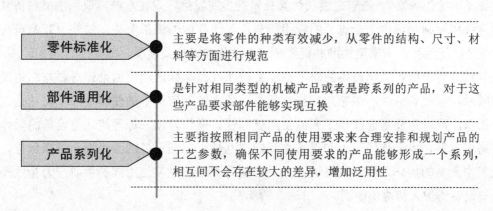

图4-4　"三化"原则

通过在非标自动化中贯彻"三化"原则能够将设计的工作量全面减轻，设计周期有效缩短，并将设计的质量提升到新的层次。

（2）提高非标自动化设备设计人员的水平。作为非标自动化设计的主要执行人员，其每一项建议都会对设备的设计生产过程造成一定的影响。设计人员的综合能力，在很大程度上决定了非标自动化的设计效果，所以必须要加强对该方面的重视，具体而言设计人员的综合能力表现在以下几个方面。

① 具备扎实的功底，掌握各项基础知识，能够清晰地了解客户的需求，然后利用自身的理论知识和实践经验，提供合格的设计图纸。

② 具有一定的沟通能力，可以与客户进行有效沟通，明确其对设备的需求，通过沟通能够对设备有一个更为直观的认知以作为设计图纸绘制的有力支持。

③ 具有较高的专业知识与技能水平。因为非标自动化是一种定制性的设备，没有统一的标准与模板可供设计人员参考，完全是依靠设计人员与客户的交流结果，进行设计方案的制定。这种独立的设计特点对设计人员的业务水平也是一种严峻的考验，设计人员只能根据自身的专业知识、对产品的了解以及企业生产现场的实地考察情况等对非标自动化进行设计。

因此，不断提高非标自动化设计人员的水平是非标自动化生产企业应考虑的重中之重。

（3）有效利用软件进行非标自动化设备设计的建模和仿真，提高设计成功率。目前，各种机械、电气等软件工具已被广泛应用在工业设计的活动中，极大地减轻了设计人员的工作强度，提高了设计效率。在非标自动化设计当中比较常用的就是CAD及CAE技术，它们都具有强大的图形绘制、图形编辑、零件库等功能，可满足企业日常设计所需，而且其具有的二次开发功能，可以满足不同企业的个性化设计需求。CAE仿真软件的引入，可以在软件环境下，对很多不便实验验证的设计进行仿真、演示，可以有效提高设计可靠性、经济性。现在几乎所有的发达国家都建立了混合仿真实验基地。也出现微型机阵列组成的全数字并行仿真系统。系统仿真还被用来构成一种以训练为目的的自动控制系统（训练仿真器）。随着建模和仿真技术的迅速发展，现在系统辨识、建模和仿真已成为系统和控制领域中十分重要的应用学科，各式各样的模拟及仿真软件也开始符合经济效益地广泛流行，大幅度协助并促进非标自动化的设计及发展。

（4）提高非标自动化设备的耐用性和易操作性。非标自动化的设计需要与制造过程紧密联系，根据企业生产工艺的特点，提高设备在实际应用中的便利性，不仅是企业的生产需求，同时也要考虑操作工人的使用便利性、操作习惯，尽可能地将设备的操作设计得简单方便，提升使用工人和设备之间的交互性，保证设备的耐用性和易操作性，以适应工作人员的操作习惯，同时设计人员要编写详细的设备使用维护手册，为企业操作人员与设备维护人员提供便利。

另外要确保设备具有更高的适应性和易用性。基于以往经验，设计良好的操作界面，将提高设备与工作人员之间的交互性，使实际生产效率得到进一步提高，增加企业的经济效益，是非标自动化在实际的设计过程当中需要重点考虑的。

（5）要加强全过程的管理。

① 在进行非标自动化制造的过程中，需要专业的人员在场进行监督工作，以保障非标自动化在制造过程中出现的任何影响因素，都可以第一时间对其进行解决。

② 对于非标自动化制造所采用的材料来说，所有材料都需要进行性能检测，以保证非标自动化所采用的材料在制造完成后，可以起到应有的效果，从而在最大限度上保证非标自动化自身的质量。

③ 在非标自动化制造设计完成后，需请委托方前来对非标自动化的各项参数以及工作性能进行测试，如果在测试过程中发现任何影响质量的问题，应及时对其进行解决完善，保证在交付到客户手上投入生产时自身质量完整并符合设计中预期的优良表现。

提醒您

在非标自动化产品交付完成后，还需要对设计过程及思路进行整合分析，用以巩固自身设计知识的同时，还可对此类非标自动化的设计留下依据，也便于企业中的设计"新手"进行参考学习。

4.4.5 基于工业4.0、5G时代下非标自动化的前景

工业4.0以及5G信息技术的普及，为非标自动化生产企业带来全面的机遇与挑战。毋庸置疑，非标自动化企业尝试将工业4.0概念及5G信息技术运用到设备研发和测试的

各个环节，宣告着"非标自动化"的智能化时代即将迅速到来，这将为非标自动化行业带来重大机遇。如：制造生产工厂的智能化和无人化需求；生产产品全生命周期的变化管理；更高速高效的生产需求；更高水平的质量要求等。这些都将为非标自动化生产企业带来颠覆性的变化。而这些变化将促进非标自动化行业更高速、更健康、更可持续地发展。同时，各相关企业可以利用一些非标自动化智能设备，包括5G技术监控生产设备的实时状况，为客户提供更好的服务，也为企业产品的研发和改进提供准确的数据支持。总而言之，工业4.0、5G与非标自动化行业的融合将会迎来非标自动化的新商业模式，也开启更快、更创新的产品周期，是推动非标自动化进行技术创新的动力。优先站在这个制高点上的人，将优先获得更大的发展空间。

4.5　智能机器人

机器人的出现以及应用发展至今已有了几次世代更替，也已初步具有类似于人的智能，其具备掌握一定知识的能力，能对感知的信息进行分析，控制自身的行为并处理环境发生的变化，完成交付的各种简单的任务。而且有自我学习、归纳、总结、提高已掌握知识的能力。它装备了高灵敏度的传感器，因而具有超过一般人的视觉、听觉、嗅觉、触觉的能力，又称作智能机器人。

4.5.1　智能机器人感官系统发展现况

早期研制的智能机器人大都只具有部分的智能，和真正的意义上的智能机器人还有相当距离。智能机器人的感官系统、运动系统及人工智能技术的应用，都还只是在全面"模拟人"的初步发展阶段。在感官、仿生、智能方面的重要任务能力提升上机器人仍须具备多元化且更完善的功能，如触觉传感、视觉传感、听觉传感、运动性能、控制装置、计算逻辑系统装置、信息处理系统等。由于范围非常广泛以下仅概分为三个方面来罗列及简述智能机器人的系统发展现况。

（1）在感官系统方面。世界各大先进工业国家、研究机构、大型集团企业，近几年在阵列触觉传感方面及视觉传感器方面开展了相当广泛的研究。例如由威尔士大学和软件科学公司研制的采用压强技术装在机器人夹持器上的触觉传感器，以及擅长研究机器人视觉系统的考文垂工业大学、爱丁堡大学、格拉斯哥大学、格温特大学等。在听觉传感方面，目前用得最多的是麦克风与机器人的自然语言理解系统。而目前这类感官传感器系统方面，也只能做一些很简单的操作，使机器人具有某种程度的触觉、视觉、听觉等功能。另外，还有许多从事传感系统开发的单位，进行了传感反馈研究。如米德尔塞克斯工业大学、伯明翰大学致力于使机器人能自行组织和使用来自不同类型感官传感器的数据，还有其他更多感官传感器方面的研究单位。所以智能机器人感官系统方面的发展现况就是仍不断将新型智能机器人的"看""感"和"听"能力进一步提升，使在应用面的程度上更接近于人。

（2）在运动性能方面。目前机器人仍只能在可控局部区域范围内工作。以工业生产为例，若要在空间任意点以任意方式操作一个动作，当前机器手臂的研制目标是通过现有可用系统的组合采用更灵活、更有适应力的设计思路，开发具备运动传感能力的产品，如：英国的苏塞克斯（Sussex）大学和沙克尔顿（Shack-leton）系统驱动公司研制的基于运动性能的介电电容传感阵列；伯明翰大学则专门研究惯性传感器。匹配运动传感能力选择较合适的坐标系统也能大幅增进效率。运动传感能力方面合适的坐标系统方面如伯明翰大学机械工程系研制的全交接左笛卡尔坐标系机器人Locoman，它是一种装配机器人。在该机器人上用控制设备来改进其刚性和精度。一般机器手臂操作一个动作需要有6个自由度左/右、前/后、上/下、投、卷和左右摆转。在工业中常使用的坐标有6个（圆柱形坐标、球形坐标、笛卡尔坐标、旋转坐标、Scaratype坐标和并行坐标），在国际机器人市场上圆柱形坐标机器人现已有大量成熟产品，机器人Unimate系列即为球形坐标系统，手臂可移进移出，绕其坐标移动，还可以做旋转的纵向移动。

（3）在其他信息处理、控制装置、逻辑计算方面。现阶段智能机器人的信息处理、控制装置、逻辑计算方面的发展状况颇为复杂，因尚无具备说服力的主流趋势和行业标准，所以各大机器人生产企业及研究单位大多是自行完善操作执行机构的组件。一般从操作执行现场摄取信息，再把这种信息反馈传送给电子计算机的接收装置，且用自行设计开发信息传感功能装置来提高小型机械移动装置电动传感器的灵敏度、精确度并延长寿命，进而完善运动程序信息的传送、接收、贮存、计算及优化整个数字过程中的控制组件，因此为智能机器人研制小型而又可靠的感知装置、动力机构、执行机构、控制组件等，是亟需突破的问题现状，也是非标自动化（智能化解决方案）能否顺利使用智能机器人的关键。这也造成多数自动化方案实施时智能机器人无法被广泛采用。而在机器人的计算逻辑系统装置和信息系统的现况则比较单一，只需研制更专业化、更完善的微处理机即可。

4.5.2 智能机器人的未来发展重点

近期智能机器人的开发研究取得了举世瞩目的进步，主流技术均沿着各项更具自主性、更智能和易适应性的方向重点发展。而未来发展重点应如何谋划呢？以下从实用角度及对未来需求的期望加以简单陈述。

（1）机器人应用人工智能技术。在机器人的研究过程中，理论和实践均取得了较好的研究成果，但主要是建立在合适的数学模型技术之上所进行的控制理论研究。为了解决机器人的智能化问题，大量机构相应组成智能机器人系统开发团队，研究者们希望将传统人工智能的符号处理技术应用到机器人中，直接加专家系统到机器人控制器的顶层，得到一个较好的智能控制系统。但因为符号处理与数值计算，在知识表示的抽象层次以及时间尺度上的重大差距，把两个系统直接结合起来，相互之间将存在通信和交互的问题，一直是组织智能控制系统的困难。由于这些困难，要把人工智能系统与传统机器人控制器直接结合起来就很难建立实时性和适应性很好的系统。为了解决机器人的智能化进而组成智能机器人系统，研究者们将面临许多困难且需要做长期努力，进行若干课题突破的研究，但加入人工智能的应用仍是不变的主流方向。

人工智能专家系统的智能控制可以极大地减少运算量，机器人虽然在人工的设定下模拟人脑在进行工作，但由于机器人动力学的时变性、非线性和变惯量等复杂现象的存在，很难确定其参数内容，并对其进行计算。所以减少计算，提高其智能性的人工智能，应用到机器人控制系统中能够更好应对复杂的外界环境，进而提高机器人对外界的反应速度。同时人工智能与常规的控制系统可重新有效地结合，不仅提高了系统辨识模型的能力，更具有较高的故障诊断能力，进而提高机器人的控制能力。

人们为了探讨人工智能在机器人中近期的可用技术，应暂时抛开人工智能中的各种带根本性的争论，如符号主义与连接主义、有推理和无推理智能等，只要不存在根本性的硬伤，其余都应把着眼点放在人工智能技术中较成熟、可应用的技术上。

（2）更人性化的操作（指令、任务指挥）界面。智能机器人研究中当前的核心问题有两方面：一方面是，提高智能机器人的自主性，这是针对智能机器人与人的关系而言，就是希望智能机器人进一步独立，且具有更为友善的人机界面。从长远来说，操作人员只要给出要完成的任务，而机器能自动形成完成该任务的步骤，并自动完成它。另一方面是，提高智能机器人的适应性，提高智能机器人适应环境变化的能力，这是针对智能机器人与环境的关系而言，希望加强智能机器人与环境之间的交互关系。

目前，虽然操作界面已经大幅改善但要让机器人完成一个作业程序，其软件编制经常需要数十小时，费时又费工。想要改善这种状况，需要从软件和硬件两方面同时着手。如多指多关节灵巧手是一种模拟人的通用手，它能比较逼真地记录和再现人手的熟练动作，受到研究者的青睐。与人协调作业关系密切的一类智能机器人如医用机器人、空间机器人、危险品处理机器人、打毛刺机器人等，它们都面临着如何快速、准确地把人的意志和智能机器人的熟练操作传送到机器人执行机构的问题。由于它涉及操作力学、结构学、传感器的控制、传感器融合等方面的问题，研制的难度很大，因此到目前为止，还没有一种成熟的产品投放市场。随着科学技术的进步，机器人通过计算机系统与操作员或程序员能进行人/机对话，实现对机器人的控制与操作。虽然具有了部分处理和决策功能，能够独立地实现一些诸如轨迹规划、简单的避障等功能，但是还要受到外部的控制。而操作界面的研究注重于快速、准确、灵活性、柔顺性和结构的紧凑性。随着智能机器人的应用领域的扩大，人们期望智能机器人在更多领域为人类服务，代替人类完成更复杂的工作。然而，智能机器人所处的环境往往是未知的、很难预测的，智能机器人所要完成的工作任务也越来越复杂，对智能机器人行为进行人工分析、设计也变得越来越困难。智能控制技术、智能控制方法提高了机器人的速度及精度。新式人机接口技术研究如何使人方便自然地与计算机交流，更人性化的操作界面也是现阶段引人注目的研究课题。

（3）第五代（5G）新移动信息技术的导入。移动功能是智能机器人与工业机器人的显著区别之一。机器人附加了移动功能之后，机器人的作业范围将大幅度增加，移动机器人的应用场景也从陆地拓展到水下和空中。近几年来，步行机构如双足步行机和轮式移动机构的开发和实用化方面都取得了不错进展。

据日本工业机器人协会表述，移动机器人已达到实用化与人具有同样步行速度的成熟程度，多足步行机和双足步行机以及不平整地面行走和爬楼梯均可与人具有相同速度的移动机器人，不久也将可达到实用化。在欧美国家的机器人研究计划中，移动技术占有重要的位置。例如在 NASA 空间站自由号上搭载的机器人、NASA 和 NSF 共同开发的南极活火山探测机器人（Erebus）、美国环保局主持开发的核废料处理机器人（HA7BOT），在这些已研制并投入使用的机器人中，移动功能都被列为关键技术。

新移动信息（5G）技术导入移动机构，其与执行机构面向作业任务的综合开发是近年来较为突出的科技新趋势。因为无论何种机器人都需要用移动机械手或移动传感器来完成特定的作业功能。另一个新趋势是移动的运动控制与视觉的结合。这种倾向在美国多数智能机器人研发项目中已见端倪，而近期则克服了静态图像识别的条框限制，进入主动视觉和主动传感的阶段。显然，智能机器人在非固定结构环境中自主移动，或在遥控条件下移动，视觉／传感器／驱动器的协调控制尤其重要。

（4）动力源和驱动器的革新。智能机器人的机动性要求动力源轻、小、出力大。而现有的移动机器人无一例外地拖着"辫子"。以动力源的重量／功率比为例，目前电池约达到 60g/W（连续使用小时），汽油机约为 1.3g/W，都不理想，而且使用有局限性。到目前为止，尚未见到改善动力源的有效办法。电机仍然是智能机器人的主要驱动器。要使智能机器人的作业能力与人相当，它的指、肘、肩、腕各关节大致需要 3～300Nm 的输出力矩和 30～60r/min 的输出转速。传统伺服电机的重量／功率之比约为 30g/W，而人在百米跑和投掷垒球时腿、肩、臂的出力大约为 1g/W，相差甚大。日本在改进电机的性能方面已取得了长足的进步。例如：核工业机器人臂和腿的驱动电机的重量已减轻到原来的 1/10，使机器人整体自重降低到 700kg，但与它只能处理 20kg 重的工作相比，仍不尽如人意，所以人们寄希望于新驱动器诞生。除此之外的改善方案，例如：人工肌肉、形状记忆合金、氢吸附合金、压电组件、挠性轴、钢丝绳集束传动等。虽然各有其独特的优点，但在实用性方面还达不到伺服电机的水平。

总之，智能机器人性能指标的改进是无止境的，对驱动器的要求也越来越高。什么是客观的衡量标准呢？一个容易接受的办法就是把它与人的体能加以比较。从这个角度来看，智能机器人驱动技术目前差距还相当大。

（5）仿生能力机构的完善。智能机器人在创新开展仿生机构的研究方面，可以从外形、移动模式、运动机理、能量分配、信息处理与综合感知等方面多层次得到启发。目前、蛇形移动机构、人工肌肉、仿象鼻柔性臂、人造关节、假肢、多肢体动物的运动协调等受到了人们的长期高度关注。仿生机构的自由度往往比较多，建立数学模型以及基于数学模型的控制比较复杂，借助传感器获取信息加以简化可能是一条出路。近年来，机器人出现了一个倾向是面向特定功能和作业开发专用机器人，以追求高速、高效、单一化和低成本为目的。例如美国IBM公司设计的超高速小型机器人，以50次/s频繁往复于相距数毫米的两点间，实现高密度微型电子器件装配，定位精度高达1μm。这种高速运动机构的动态平衡十分重要，虽然其工作区域只有13mm×13mm×1mm，但其加速度却高达50次/s。

如何进行机构/控制/传感/驱动的一体化设计以满足机械手高速、高精度定位的要求，是IBM公司的技术人员对机器人学提出的新的问题，也是众多研究者共有的发展瓶颈。众所周知，机器人系统的设计程序是先设计臂结构和驱动装置，然后设计控制器，而后实践证明，这种设计即使能达到最佳的静力学性能，也往往不能满足动力学性能。到目前为止，改进动力学性能的有效系统方法并不多见，一般是按常识减轻构件的重量，匹配减速器的速比等。

（6）机器人是未来智能制造的必要装备。人工智能的工业机器人、聊天机器人、做菜机器人、迎宾机器人、服务机器人、娱乐机器人、拉车机器人等都已经出现并普遍商用在不同的领域，机器人智能化已成为一种发展趋势。机器人也是未来智能制造的必要装备。机器人是高端智能生产装备的代表，是国家的战略支撑技术项目，对现代制造业、民生服务业、国防安全和社会发展至关重要，被称为新技术革命的核心。

机器人诞生于20世纪60年代，其构造宗旨是取代人在不适合于人生产生活的环境中作业，辅助甚至代替人类高效率、高精度、高可靠、高重复性地完成各项工作。传统的工业机器人以及以空间、深海探测为代表的专业服务机器人，很好地贯彻了上述宗旨。比如，工业机器人在汽车生产线上的大规模应用，极大提升了生产效率，降低了生产成本。但进入21世纪以来，环境污染、资源短缺等关乎人类可持续发展的重大问题，正在迫使人们反思并逐步改变过去粗放型生产消费模式，进而跨入绿色制造、柔性制造、个性化制造等新的制造模式并使其正成为制造业的新发展方向。在刚性生产线上高速、高精度完成重复性使命的传统工业机器人已难以满足这些新制造模式对自动化、智能化装备的需求。同时，由于机器人在制造系统中处于信息空间与制造过程交互的枢纽位置，智能制造对其自组织、自适应生产需求等方面提出了新期望、新需求。但现有机器人系统一直未能脱离自动化机器范畴，要满足智能制造需求还面临巨大技术挑战。正是在这种大背景下，研制下一代工业机器人成为传统制造业强国保持其地位的迫切需求。在新一代信息通信技术、人工智能技术带动下，新一代机器人将突破感知、智能等核心技术瓶颈，具备强大的人机交互能力，形成与人、机器、环境间的多重协调能力，向上作为信息空间的有力延伸，向下覆盖更多制造功能，沿着人机协调与共融的方向发展。

第 ⑤ 章

智能自动化方案的实施步骤

智能自动化方案在此完全可理解为是时下蓬勃发展的"非标自动化",因为方案的智能化是现代化发展的必要条件。如何高效评估并设计智能自动化方案,进而使实施的成功率提高且质量效果符合甚至超过委托方的期望,这是在方案一开始便要进行缜密思考的。本章将按部就班地归纳及探讨各项必要的执行步骤,阐明高效和系统化是如何在设计中体现的,并以实际案例的实践过程加以说明,给读者一些参考范例,规避日后提供方案时错误路径的发生。

5.1 厘清智能自动化方案实施的前提

在探讨执行步骤之前,必须厘清以下问题:企业是否有"必要"投放智能自动化方案,投放自动化方案是否"合适"——方案如何设计才能满足智能精益模式的要求。只有厘清了前提条件,才能做到预先排除不必要、不合适的方案,可以避免出现方案在实施中途终止而浪费大量人力物力的情况。

5.1.1 哪些企业需要智能自动化方案(设备)

(1)需要降低人工成本的企业。从宏观面来看,我国正进入一个生产要素成本周期性上升的阶段,成本推动的压力趋于加大。劳动力价格不断上涨,中国廉价劳动力时代成为过去。随着全国各地城镇化的发展,东西部经济发展差距逐步拉近,原密集分布在东部沿海地区的劳动力逐渐分散,该地区的工厂招工也变得越来越困难。针对这种类型的企业,自动化方案的出现,能为企业有效地解决用人成本高的问题。智能自动化设备可以24小时不间断地从事生产作业,企业只需要培养少数管理这些智能自动化设备的技术人员就能完成生产的大部分工作,可从根本上解决企业对工人数量上的依赖。

(2)需要提高生产效率的企业。对于发展速度较快的企业,生产效率就是企业的源动力,是品牌的保证,生产订单按时按质完成交付到委托方的手里将带来更多的订单,如此可以形成企业经营的良好循环。要实现这一美好的愿景,企业需要改善生产设备,而将其智能自动化是一个必要也必经的趋势。通过生产经验的不断积累和优化,把智能自动化设备引入特定的时间人力高付出的生产环节，让智能自动化设备来自动完成，将极大地提高生产效率。

（3）需要提高生产质量的企业。产品的生产质量是企业的立业之本，也是长久优质经营的保证。传统生产的产品质量是由工人对生产过程、生产工具的熟练程度决定的，大量工人中由于个别人的发展和情感因素，流动性较大，因此，工人的素质就参差不齐了，因此经常导致产品的次品率高低不一，而这不利于企业利益的最大化。将设备依据实际情况进行定制是智能自动化方案顺利实施的必经之路，其能准确无误地完成生产的各项动作，确保产品的既定质量，减少浪费，从而提高企业在市场上的竞争力。

5.1.2　方案是否有必要、是否适合投放、如何满足要求

我国系统自动化程度相对较低，从而衍生人力短缺、流动率高、离职率高、人力成本逐渐增加等诸多恶性循环问题，因而，投放智能自动化方案（设备）来代替人工操作已经成为越来越多企业的不二选择。但如何让智能自动化方案（设备）既能有效地投放，又不增加企业的负担，或者不沦为一个巨大的摆设是个非常严肃的议题。以下对此进行简单分析，如表5-1所示。

表 5-1　方案是否有必要、是否适合投放、如何满足要求的分析

序号	议题	分析说明
1	关于是否有必要投放智能自动化方案	（1）作业环境差：如喷涂、焊接、石油、化工、造纸、原子反应堆等作业，考虑的应该不单只是成本还有安全，因为违反安全的后果难以弥补 （2）产品品质达不到要求：人工操作经常使产品品质不稳定，有人为个别误差抑或人工操作本身就达不到委托方要求 （3）超出人力负荷范围：产品较大或较重，人工操作困难，易发生安全问题 （4）产品的生产周期和寿命长：目的仅仅为节省人力的自动化，须针对投资报酬率ROI（Return of Investment）客观评估，只要ROI合理，此项目的通常是市场上实施智能自动化方案的最大的原因
2	关于是否适合投放自动化方案（设备）	（1）部件的稳定性：上游供应商部件的产品质量是不是稳定的。如果部件质量不稳定，设备加工出来的产品品质可能还不如人工，也可能会造成设备的频繁停机，这个因素在人工操作时并不明显，但常常是自动化失效的重大原因 （2）操作的复杂度：操作的复杂程度决定着自动化设备的成本和自动化设备技术的可行性。即使是工业机器人，复杂的组装作业也难以实现 （3）零部件的包装上料方式：如果想实现自动上料，需要更改原有的包装方式，以能让上料机械装置可以抓取到部件为原则，由于变更包装方式所带来的成本增加需计算到自动化成本中，但却经常被忽略 （4）部件的可分离性：如果想实现自动上料，需要评估部件的可分离性。尤其必须对一些异形小零部件的特殊性作考虑，才不至于变为高价的特殊工序

续表

序号	议题	分析说明
3	关于自动化设计如何才能满足智能模式的要求	（1）尽量使用单元任务模块化的小设备，而不是使用多任务的大设备；设备越复杂，成本越高，可靠性越差，而且应对需求变化的弹性也较低 （2）不盲目追求高速设备，设备的效率应以满足需求和保证产品的质量为前提原则 （3）尽量避免段落式批量加工的设备，段落式批量加工设备虽然在效率上具有一定的优势，但会阻碍生产流动，容易使生产停顿造成批量质量问题，或单一工站周期过长 （4）设备须具多元及模块功能，易于兼容、转移、改装、再利用

探讨完企业需要智能自动化方案的必要性原因，且在确认有必要性及生产环境合适性之后，就必须认真面对如何制定实施步骤。在此笔者基于自身的职业经验，逐项探讨智能自动化方案实施的几个具体阶段，并详细解析案例实施过程中的相关参数获取方法及实施步骤，期待能归纳出较通用的系统性方法，改善现阶段智能自动化方案成功率低下，且经常不符合期望的困境。依本书收集的几个实际案例综合汇总分析来看，虽然执行过程项目众多，但仍可归纳出必须的共同执行步骤，基本上可以概括为以下几个具体实施步骤（及注意事项），如图5-1所示。

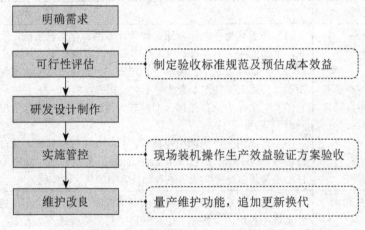

图5-1　智能自动化方案的实施步骤

以下就逐项重点步骤加以简述，并以本书所收集的实际案例将各个步骤分别具体解析陈述出来，以达到将范围广泛的智能自动化方案的执行步骤稍加系统化的目的。

5.2　明确需求

智能自动化方案的执行，必须严格按照委托方生产的产品类型、特点、工艺需求。也就是必须先确定智能设备产品开发项目需求的特点，如生产工艺、产能要求、作业环境等。智能自动化设备在前期方案设计中，很多委托方由于自身专长的不同，可能提供的信息不全，甚至工艺参数不能明确，会给项目后期带来很多不确定性。所以在对智能自动化方案进行评估时，首先需要明确企业的实际生产需求，提前就设备参数和性能需求与委托方进行良好沟通，对产品结构和设备性能有一个整体的了解，便于后期对设备进行专业设计。

在委托方和设计方对于实施自动化方案的前期沟通中，设计方应请委托方将其需求及期待的"系统分类"进行综合描述，之后，要将其（需求）概分为几个"状态"。而对此各种状态的掌握关乎方案实施的成败，因所有设计的规格参数都由此而来，设计方虽然有主导责任但切忌太多的"主观嵌入"。而这些状态是有迹可循的，所以依笔者经验，对于需求可能的状态分析如下。

（1）有具体定量的需求描述，有客观的量化数字为依据。

（2）有具体定性的需求描述，有客观行业通用标准或清楚的约定为依据。

（3）有初步定量定性需求描述但委托方自己对需求仍不明确，一般常见委托方对方案有过度不合理期待，或委托方需求遗漏未表述，以及设计方自有经验"主观嵌入"引导与委托方期待不符等状况。

（4）设计方尚未有攻克技术难点的经验但觉得难度在可控范围并觉得可行。（相反地，设计方能力也经常延伸，应用出更为多元化功能而超出委托方需求）。

（5）设计方能力资质不足，无法攻克技术难点。

其中（1）（2）两点是智能自动化方案设计最重要的参数来源，以客观的数字或具体定性的需求描述为依据，也是方案最终能成功的重要基石，而上述第（3）种状态则是对设计方本身经验资质的考验，除了在实施方案期间与委托方共同沟通磨合达成共识的综合能力外，对产品生产全制程工序的充分了解以及生产现场的仔细调研是绝对必要的。方案实施前及实施期间所有委托方与设计方的沟通及互动均在前三部分，如果分析处理不周全，轻则造成功能缺项和事后追加，极端严重者将导致方案实施的失败。这是双方都最不愿意见到的情形，因为发生时双方都已经有相当的资源及人力投入，所以一定伴随某种程度的经济损失。关于第（4）点，这样的状态可以说是整个非标自动化业界最常见的情况，也就是说，除了重复实施已经有经验的案例外，只要是第一次实施的案例，都某种程度在这个状态下。而第（5）点，则通常以更换设计方结束。

关于"明确需求"以下用本书中列举的实际案例，依上述归纳的状态分类，将所有设计方最终收集汇整的全部"需求"，作状态区分并加以辅助说明。借此方法，设计者可以凭借参考成功案例，系统化学习如何收集有效"需求"作为协助设计的有益参考，设计者也可以借此自我审视。设计者参照或采用部分已有的经验案例作参考是必要的，但切不可为了减轻设计的负担，抄袭或勉强套用规格不符的案例，并利用专业能力说服委托方接受这种不当且"主观嵌入"的设计。以下将对各实例中委托方的需求及预期效益进行解析（因以下实例都已具体实施完成，所有需求难点都已经攻克，所以在此仅作状态分类呈现不作技术探讨。）

 **实例 01**

MES 选择及实施需求解析

设计方评估委托方需求后直面挑战，打造委托方所需的智能制造平台。通过管理提升实现委托方的具体需求与期望。

1.定量的描述

设计前委托方具体定量的描述有客观的量化数字为依据，具体如下：

（1）精简人力15%；

（2）减少仓储面积23%；

（3）上架和备料效率提高30%以上；

（4）备料错误次数和先进先出发料错误次数降至0次。

2.定性的描述

具体定性的描述，有客观行业通用标准或清楚的约定为依据。

（1）账务实现实时更新；

（2）委托方希望引入更高效的MES系统，使生产现场整体达到透明化、协同化、智能化管理。

 **实例 02**

专用手机屏蔽盖贴装装置需求解析

1.具体定量的描述（有客观的量化数字为依据）

（1）贴装速度快：每个屏蔽盖贴装平均小于3s；

（2）贴装良率高：良率99.0%以上（所有不良项目不良率要低于1%而且目视不能检出任何不良，即不良程度要在目测能力以下）；

（3）双边供料适用多种屏蔽盖，空间满足标准盘料4个，带状料6～8个；

（4）具有4个托盘（tray）送料器和多个带式给料机可同时装载多种屏蔽盖（软件支持）；

（5）贴装精度40μm，采用相机识别定位；

（6）PCB定位采用Mark照相，精确定位（二次定位）。

2.具体定性的描述（有客观行业通用标准或清楚的约定为依据）

（1）屏蔽盖采用图像识别技术进行不良识别，杜绝不良品流入；

（2）预压屏蔽盖采用电流标定力矩模式控制压力；

（3）适用编带料上料贴装；

（4）与生产线对接实现线式生产，提高生产效率。

3.定性描述但仍不明确的需求或尚未攻克的技术（未实施前无法验证）

（1）保护 PCB，防止屏蔽盖弹开移位；加装夹板功能；

（2）贴装吸嘴泛用性：换线无须换吸嘴贴装头，节省换线时间；无须根据屏蔽盖外形再定制吸嘴，降低换线时间与成本（须进行创新设计）；

（3）采用完整复压技术（XY 方向辗压），防止屏蔽盖未密合。

由以上案例的需求分析中，可清楚地看出在智能自动化方案具体实施时，设计人员的综合能力在很大程度上决定了智能自动化的设计效果，设计人员需要培养沟通能力，与委托方进行有效沟通，通过沟通明确需求，将其作为设计图纸绘制的支持。要知道每一个具体数量（字）的制定都涉及反复的推测论证，等同标准的制定，且关乎方案实施的成败。参与方案设计需求收集的人员要具备扎实的功底及特定行业基础知识，能够清晰地了解委托方的需求，然后利用自身的理论知识和实践经验，提供合格的设计理念。尤其对产品需进行分析研究，明确其生产工艺、尺寸要求，了解设备设计的技术参数；当面对委托方对需求仍不明确，甚至对于委托方尚未考虑周全的需求，也要适度的引导，避免出现过度要求或缺项及事后追加。虽然实施后提升改善、更新换代在所难免，但经验不足造成无法追加的缺项，对于委托方及设计方都是重大的疏失，而委托方过度要求，如果不以正确的方式加以导正，轻则造成方案稼动不足的资源浪费，重则可能造成双方合约纠纷甚至导致方案实施失败。

5.3 可行性评估

可行性评估是方案初期最重要的环节，简而言之就是决定做或者不做。在需求提交后，自动化设计及测试人员，需要对项目实现可行性进行分析，而所需要分析的重点项目及主要工作内容主要是在对方案投入大量资源前进行，作尽可能详细的设计前预估及预判定，也类似于理论推演。如表 5-2 所示。

以下仍列举一些实际案例来做详细"可行性评估"说明。探讨可行性的分析对以下的成功案例而言，在此虽然有些本末倒置，但了解方案设计尚未开始的当时，设计方如何在可行性分析报告上做出具体的陈述，并做出初步可行的结论，是非常重要的。

表 5-2　可行性评估项目说明

序号	评估项目	评估内容说明
1	对项目综合可行性进行归纳	包括分析项目业务类型，进行归类判定如智能自动化开发案件、准自动化开发案件、委托开发案件、行业通用案例等，而后对开发周期、测试周期、稳定性、行业通用性等方面进行初步预估
2	对项目技术可行性进行整理归纳	聚焦探讨新设计在技术上是否可以实现，是否满足需求，包括是否是既有的技术，可否用既有的技术进行应用改造、是否可建模测试模拟等进行辩证并下初步结论
3	对项目资源可行性进行整理归纳	探讨委托及设计双方对支持方案提供的资源是否充足，包括成本、测试资源、硬件、时间、人力等。针对资源可行的分析，要尽量满足方案所有细节的需要，对于资源不满足，导致业务无法开展的方案作及时的项目挂起（意即停止）
4	对项目效益进行预估	在完全使用人工的情况下，所需要的时间和功能覆盖率。比对预期实现自动化后使用自动化所需要的时间和功能点覆盖效率提升之变化量，计算出预期收益后，再和实施自动化所需要的成本进行比对。现阶段仍不考虑自动化工具培训、自动化工具使用、资金成本等

　　一般而言设计开始前的可行性分析说明或报告，大多由资深设计人员主笔，可行性的"具体陈述"基于经验，主要针对委托方的需求做再确认的陈述，尤其要对未攻克的困难点加以陈述。因为是陈述而不是臆测，所以陈述的方法及内容都必须使用符合行业通用经验法则，可行的论述而都必须是可套用、可考证的论点，最常被使用的论述方法是拆解既有的技术片段，重组成对未攻克困难点的解决方案，如此便非常具体，再者直接针对困难点，使用操作型的设计方式陈述，也就是直接说明用什么做、怎么做，不可含臆测成分。而以下列举的案例解析内容即直接采自案例发生前设计小组所作的"可行性报告"原文。这为经验不足的新进设计者提供了很好的参考数据。但由于原文报告使用相当大量的设计专用词汇以及设计方法，对于非设计专业人员进行参考可能过于艰涩，所以请读者酌情参考。

 实例 03

MES 选择及实施可行性评估解析

1.可行性评估报告

作为典型的离散型制造企业，具备如下管理特点和挑战：

（1）采用多品种、多批量/单件的生产组织方式；

（2）委托方需求不容易掌握、交期短，临时插单现象频繁，终端制造商要能提供多种配置的产品供选择；

（3）产品升级换代迅速，生命周期短，变更频繁，版本控制复杂，对生产计划、物料计划等方面的协调配合要求非常高；

（4）产品质量管理受到普遍重视，质量控制要求高；

（5）终端产品具有售后维修管理需求，需记录管理产品的序列号和维修记录，还需根据序列号追踪原始生产状况，委托方致力于质量、成本、效率、柔性、敏捷、集成，打造具有综合竞争优势及具有委托方特色的卓越供应链。

（6）贯彻"品质至上、委托方满意"的质量方针，通过降低方案设计成本、管理成本、生产成本、采购成本、安装成本等实现产品成本的整体优化，满足国内和国际的交付要求。

为了实现这一目标，委托方希望不断地通过推动业务变革项目，开放思想，勇于变革，拥抱变革，优化流程和组织，完善制度和规则，并通过信息化系统落地固化，使公司的管理能力能够有质的飞跃，能适应公司的转型要求。制定规划打造预期的智能制造平台，并预期通过新的智能制造平台管理提升实现以下目标：

（1）精简人力15%；

（2）减少仓储面积23%；

（3）上架和备料效率提高30%以上；

（4）备料错误次数和先进先出发料错误次数降至0次；

（5）账务实现实时更新。

2.设备选型

基于以上委托方的期待及挑战，进行MES系统选型，力争将委托方的信息化管理水平提升到新的高度。通过MES系统建设，制定管理标准、固化执行流程并落实监控手段，支撑委托方整体战略目标的实现；以信息化项目为契机，梳理并建立委托方业务标准化，构建高效的内控业务流程。委托方最终选用设计方的新设计N2云智造系统，打造全程可视、过程可控、结果可溯、精益化与智能化相融合的委托方智能制造平台，实现"可视、可追、可控"的运营管理。基于设计方的MC制造核心平台，具有全云化的开发模式，源代码完全开放，企业可以方便地基于WisIDE开发引擎快速、简单地进行二次开发，满足企业个性化的需求，从而降低软件厂商因需求变更带来的成本支出。

 **实例 04**

智能仓储物流应用（行业通用系统研发）可行性评估解析

"可行性评估工作"共包含以下几项内容：现场调研、现状评估、委托方需求物流数据分析、现有流程分析。下面将分别进行阐述。

1.现场调研

了解委托方目前的作业流程；从码头收料（供应商原材料来料）、大仓入库（来料质量控制检验合格后入库）、线边仓备料（根据生产实时需求发料）、生产过程中的补料及生产结束后的下线料处理、半成品入库及半成品出库、成品入库及成品出库等流程进行详细的调研。主要调研内容包括：

（1）评估现有的作业流程优劣势；

（2）评估现有的作业过程中的瓶颈问题点；

（3）评估现有的流程耗费的人力；

（4）评估导入智能物流后带来的效益。

2.现状评估

在调研基础上，设计方根据现有的架构及流程针对委托方的智能物流项目进行全面的评估，总结经验与不足。智能物流评估将作为项目规划的出发点，使未来实施的智能物流项目能够真正基于现状进行制定，同时评估模型将为后续的智能物流项目扩展提供持续的指导与方向指引。

3.委托方需求物流数据分析

首先，项目组将全面收集现有工厂内的物流数据。包含如下数据：

（1）物料数据；

（2）作业流程；

（3）现有吞吐量；

（4）库存数据；

（5）运输数据；

（6）工效数据；

（7）仓储数据；

（8）其他数据，并分析目前物流中存在的薄弱环节。

4.现有流程分析

因此，为了更好地实现SMT智能物流的应用，前期需对委托方的整体作业流程、物料使用情况以及目前人员工作安排有充分调研，以保证尽快制作出符合委托方实际需求的智能物流解决方案，并达成建设目标。

设计方专业致力于SMT智能物料项目的整体规划，可为委托方提供全方位的智能物流整体解决方案，同时优化整个电子器件物流流程，最终实现物流共享经济平台化管理。

5.4　研发设计制作

智能自动化方案的研发设计制作，有别于传统机械设计，主要涉及产品的物流管理、3D 技术以及人机互动等新兴技术与新管理工具在工业产品生产过程中具体的应用。以智能自动化设备设计、生产、制造技术为例，其目前已经成为各行各业主要的技术手段之一，随着工业 4.0 时代的到来，工业生产都是以智能制造作为导向，这对智能自动化设备工艺的发展与应用也提出了全新的挑战。从工业智能自动化设备生产的现状上来看，仍然存在诸多的问题点，但新智能科技手段对智能设备设计制作也带来了助力。

5.4.1　智能自动化设备的技术发展问题

与其他的工业制造专业相比较而言，智能自动化设备的制造，在投入方面所需要的资金花费相对比较多，尤其对于以智能制造作为主要经营核心项目的企业来说，虽然有心系统化经营，但也由于市场机制尚未健全经常存在着研发范围过杂、部件加工链条不全、专业发展领域局限、自身经费不足等诸多问题，因此，智能自动化设备的发展现状与国家既定工业制造发展目标相差甚远，基本的硬件设备都还达不到相关的规范性要求，买方主要以国外技术、使用进口方案设备为首选，这与二十年前标准设备采用进口设备为首选的情形仍然相似。而国内智能自动化设备相关生产制造企业，受限于尚无成熟的经验技术能力，躁进的乱象也常让使用方裹足不前。

5.4.2　智能设备生产企业的定位问题

从智能自动化技术发展速度上看，智能自动化设备企业的设计研发和生产技术能力，要远远落后于应用面的发展创新速度，也就是供应不上高端生产需求。主要原因在于设计研发人员实践能力跟不上产业的创新速度。设计研发人员大部分由专业技术人员组成的，虽然有着过硬的理论知识基础，但是普遍对现代化产品生产的技术掌握程度不高，所以设计的结果就很难符合智能自动化设备产品目标。并非专业技术不够，更多在于专业应用经验成熟度不足，实践能力差，这跟行业中人才培养的环境有关。以时间点来看，我国已然成为工业生产大国，但智能化设备制造产业仍在起步阶段。对于专业人才的养成重视不够，是业界现状的难题。所以非标自动化有很长一段时间，大部分是依赖生产创新单位自行在体制内培养人员的设备设计制造能力。用自身的生产环境做实验基地，着实开发出不少高效的创新设备。另外在政府的大力帮助支持下，各大技术孵化中心、科研单位也有了不少佳作。但仅仅是这些小进步还远远不够，仍然无法成为设备供应市场的主力，因为没有健全的产业链就无法将好的智能自动化设备进行普及化。

5.4.3 设计思路应有的智能化革新

智能自动化方案，在设计模式上是按照委托方需求来制定的，由于方案功能集成的跨度越来越大，跨界跨公司的合作需求日益增加，众多设计研发企业的不同的团队、不同的设计师进行零组件的制作过程中，以往的方式都要经历相同重复的规划、交货期管理工作，加上产品的零件图纸通过确认等工序，可谓是非常的繁杂。如果设计思路不进行革新，沿用传统的设计思路不但会产生许多的浪费，而且也负荷不了如此重大的变化。当前社会属于精细化分工时代，跨界跨公司的合作无法避免，作为设计人员一定要善用智能科技手段及更加合适的方法，建立共同技术平台通过选择性价比高、交货期准时的专业零部件供应来提高设计效率。建立共同技术平台考虑图5-2所示重点。

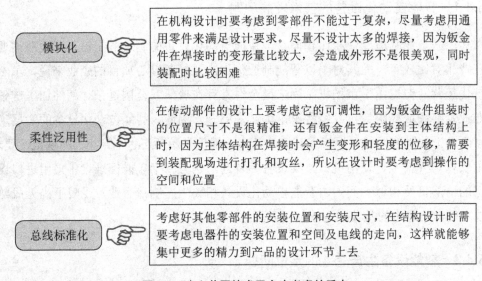

图5-2 建立共同技术平台应考虑的重点

模块化：在机构设计时要考虑到零部件不能过于复杂，尽量考虑用通用零件来满足设计要求。尽量不设计太多的焊接，因为钣金件在焊接时的变形量比较大，会造成外形不是很美观，同时装配时比较困难

柔性泛用性：在传动部件的设计上要考虑它的可调性，因为钣金件组装时的位置尺寸不是很精准，还有钣金件在安装到主体结构上时，因为主体结构在焊接时会产生变形和轻度的位移，需要到装配现场进行打孔和攻丝，所以在设计时要考虑到操作的空间和位置

总线标准化：考虑好其他零部件的安装位置和安装尺寸，在结构设计时需要考虑电器件的安装位置和空间及电线的走向，这样就能够集中更多的精力到产品的设计环节上去

5.4.4 智能控制技术的设计应用

在生产智能自动化设备过程中融入智能控制技术之后，运行过程中的稳定性、追溯性、安全性以及可控性都得到了极大提升，即将智能设备本身也当成产品，在制造过程中进行智能管控，也就是用智能控制技术来强化智能自动化设备的制造过程。将智能控制技术科学有效地应用于智能设备制造系统中，不仅有益于智能设备系统控制的稳定性和灵活性的提高，还能提高智能设备系统发现以及排除故障的速度。在智能自动化设备的实际制造中，一旦某一环节出现运行故障，智能控制系统就能迅速检测到该故障，并且做出及时、正确的应对措施。

除此以外，应用智能控制技术，可以帮助工作人员远程控制生产过程系统，工作人员的工作过程会变得更加安全，生产系统也可以变得更加可控。这种制造时与将来使用时的联动融合，对系统整体工作效率的提升大有裨益，使得智能控制技术在复杂的非线性系统中有着不可替代的重要地位，也正是智能化技术全面应用产业的重大体现。

5.4.5　集成技术强化设备设计制作

将多项集成技术应用于智能自动化设备中，不仅可以使系统的运行流程更加简洁，让运行效率得到很大提高，还可以节约系统运行中的成本，加强生产制造系统的整体性。有利于统一管理生产制造系统的各个环节，从而确保其运行可以和所有工序的不同需求相符合，提高企业的市场竞争力，也确保智能自动化设备生产企业可以在市场竞争中保持优势地位。而智能自动化设备是与常规的标准自动化机械设备相对应的一种针对不同委托方而智能客制化设计并制造的集成设备，且可以满足不同委托方现场实际需求的，但仍须注意因地制宜，一般由图 5-3 所列指标来衡量。

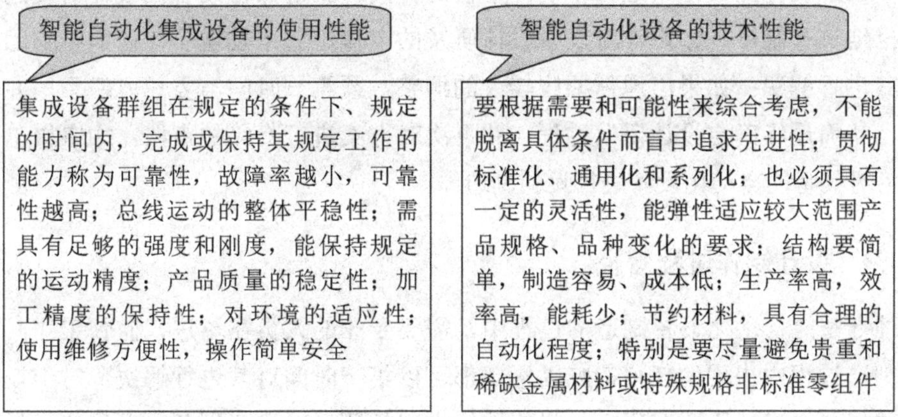

智能自动化集成设备的使用性能	智能自动化设备的技术性能
集成设备群组在规定的条件下、规定的时间内，完成或保持其规定工作的能力称为可靠性，故障率越小，可靠性越高；总线运动的整体平稳性；需具有足够的强度和刚度，能保持规定的运动精度；产品质量的稳定性；加工精度的保持性；对环境的适应性；使用维修方便性，操作简单安全	要根据需要和可能性来综合考虑，不能脱离具体条件而盲目追求先进性；贯彻标准化、通用化和系列化；也必须具有一定的灵活性，能弹性适应较大范围产品规格、品种变化的要求；结构要简单，制造容易、成本低；生产率高，效率高，能耗少；节约材料，具有合理的自动化程度；特别是要尽量避免贵重和稀缺金属材料或特殊规格非标准零组件

图 5-3　两大衡量指标

5.4.6　仿真技术在设计上的应用

现阶段我国应用智能自动化设备生产已经逐步和国际标准水平靠近。伴随着我国自主创新能力进一步提高，智能自动化设备生产技术的研究也已经开始更深入地进行。仿真建模技术是弥补关于智能自动化生产设备经验短板的利器。利用这项技术，可以在设备设计完成后制造前预先模拟测试，用来预测设备完成后在系统应用生产过程中的状态，若预测有瑕疵可以在前期进行修改，减少实际上线生产过程才发现错误的损失从而降低成本。仿真建模技术不但可以有效协助智能自动化设备设计制造，还可以在设备实施生产时，有效管理生产中庞大的数据互动信息，参照实际情况，构建出最合适的模拟操作环境，进而同步控制智能自动化生产系统。同时，当智能自动化设备发生故障时，还可以利用该技术开展模拟分析，从而帮助系统排除根本上的故障问题，推动系统运行效率实际的提升，科学有效地解决业界经验不足，需要长期尝试错误、累积经验的困境。

由于智能自动化设备当前还不能完全地进行大规模复制，因此企业就需要进行思维的转变，敢于创新确保产品的高质量，实现企业的发展。在智能自动化设备制造设计完成后，需请委托方前来对设备的各项参数以及工作性能进行测试，如果在测试过程中发现任何影响质量的问题，及时对其进行解决完善，保证在交付到委托方手上投入生产时的智能自动化设备自身质量。

5.4.7　设计审核

在上述内容都进行了之后，也不能够直接对智能自动化设备进行设计研发生产，还需要对于已经设计完的方案进行审核。审核的目的，就是保证设备在设计研发过程中可以有根据地进行制造。如果在对设备设计研发的审核过程中发现了任何的影响因素，应及时对其进行解决；如果出现需要比较大的调整，须第一时间与委托方联系，并与其进行协商，从而最终确定设计研发过程，并再次对方案进行最终的审核，如审核工作通过后，即可对其智能自动化设备进行设计制造。

5.4.8　设计制作过程管控

在进行智能自动化设备制造的过程中，需要专业的人员在场进行监督工作，以保障设备在制造过程中出现的任何影响因素，都可以第一时间对其进行解决。对于设备制造所采用的材料来讲，需要对所有材料的性能进行检测，以保证设备所采用的材料在制造完成后，可以起到应有的效果，从而最大限度上保证设备自身的质量。

5.4.9　交付后的设计分析

在设备产品交付完成后，还需要对设计过程及思路进行整合分析，在巩固自身设计知识的同时，还可对此类智能自动化设备的设计留下依据，也便于企业中的设计新手进行参考学习。

5.5　实施管控

自动化集成程度越高、越多元化，对于维修管理人员的自身素质要求就越高，设备故障点也越不好寻找。为提升集成自动化设备的使用效果，企业对员工的技术培养须更加专业化。集成自动化设备可以在生命周期内给企业制造更多的产品去创造利润，所以要做好自动化设备全方位周全合适的实施管控以保证设备的持续完好和生产效率。

5.5.1　智能化方案实施特点

当前智能化方案实施主要有图5-4所示几个特点。

 模块化　通过变化生产或试验产品的模具、工装以及结构形式，可以生产或试验不同的产品或性能，而无需更换设备。这对于多元化的工厂来说是一个便利条件，我们在切换不同产品时无需重复采购新设备增加资金投入；但实施的管控工作性质及工作量就必须相应高度柔性化

智能化方案实施注重安全性　自动化设备都有一套全方位的安全保护系统，能够在任何一个安全点被触发时停止设备的运行，这样可以保证设备和维修人员的安全。另一个好处是在加工或试验过程中，尤其在工厂很多不可逆行的制造工序中，加入智能化管控设计，受到威胁时可立即智能化方式停止，不但保护人员的安全，也最大限度保护产品不至于报废

网络化程度高　高度网络化是智能自动化设备最大的特征。生产的工艺条件、制程参数、物料安排、行程安排等，都可以通过网络将设备的状态信息和生产或试验的信息直接上传至实施管控指挥中心，以方便调度管理加工或试验工序的统一规划，以及库存管理、物流安排等方面的周边配合，这样可以让工厂整体流程秩序井然

图5-4　智能化方案实施特点

5.5.2　智能化方案实施管控常见问题分析

智能化方案实施管控常见问题如表5-3所示。

表 5-3　智能化方案实施管控常见问题

序号	问题	问题解析
1	管理标准缺乏统一性	自动化设备管理必须具备规范的检测标准，这是对其管理水平进行衡量的主要指标，如果管理员对自动化设备的检测标准缺乏规范和统一性，在海量信息冲击下对自动化设备的维护和管理必定形成灾难。如果局部文件与标准文件的说明不相符合，实践工作中，就无法遵循标准进行
2	控制硬件磨合问题	不同于一般标准设备，由于在智能化方案设备系统的运行过程中尚缺乏大量验证数据，有时会出现硬件磨合的问题，比如控制模块损坏、控制线路中断（线路通断和元器件损坏）、温度问题、压力传感器问题以及速度问题、计数传感器的失效等，导致设备运行条件不满足或监测值不能满足使用需求。如检测线的称重数量不准确，会影响后工序的车辆制动性能的检测数值，导致批量性的检测数据不合格等问题，对于关键性的检测数据，要按时向相关机关单位报检，定期对关键部位进行保养维护和验证监控，避免上述问题频繁发生

序号	问题	问题解析
3	控制技术与传统维护人员的矛盾	为了能够更好地满足现在市场需求，各企业都会定期引进新技术和新型设备，这就加大了技术维护人员的维护难度，尤其是设备的自动化程度越高，涉及各方面的专业知识的集成化程度就越高，维护人员掌握维护技术的难度就越大。随着机器人学、人工智能、移动电子信息技术等方面技术知识要求不断增加，技术维护人员的管理问题就会突显出来，人力是进行更替还是重新教育训练，都是经常会发生的棘手问题，也因此有代工管控操作维护的专业单位应运而生

5.6 维护改良

集成自动化程度越高，则操作应该越简单，但是维修却越复杂化，对于设备本身质量标准化及一致性要求就越高。而在线监控是集合传感、微电子、光电、计算机、通信、网络和信息等高新技术与自动化设备技术结合的综合性、跨多学科的一个新技术领域。在设计时采用智能监控理念，在其关键部件设计还须尽可能地保障正常设计使用年限周期内不会坏、不要维修，在保证稳定性的同时，各个相应辅助设施应有合理人性化的维护位置及维修时所需要的空间。这就使得设备的维护是以实施监控为常态，保养维护为任务，维修为辅助，做到定时、定量、定位，使每个环节都能够及时发现问题并解决问题，以减少停线时间。

5.6.1 建立科学又规范的维护管理制度

想要自动化设备正常并且稳定的工作，就必须有一套既科学又规范的维护管理制度来维护，只有这样，才可以确保设备能够正常运行。实现信号传输全数字化、控制功能分散、标准统一全开放，并且以这些参数和状态为依据，进行科学化的分析研究，把平时维护设备所用的工具及零配件，按照类别不同，进行详细分类，发现有不足的配件及工具要进行及时补充，保证维护工作可以顺利进行。

几个常用的提效方法如下。

（1）把微机处理器转入现场自动控制设备中，使设备自身具有数字计算和数字通信能力，信号传输精度高，可远程传输。

（2）制定一套完整的自我核查制度，对于有维护经验的管理人员所提出关于集成智能化设备运行状况的意见，要及时采纳并运用到工作中，通过大家共同探讨，制定出最完整有效的设备维护管理体系。

（3）要加强设备管理，实行分级保养、点检、巡检，应用可操作性强的管理制度。

（4）应加强对工控类设备的外接端口封堵、病毒查杀、数据备份等的实施，以确保管理到位。

5.6.2　采取革新维护智能化的措施

有别于一般传统维护，革新维护智能化的措施如下。

（1）预防性维护。预防性主动行性维护保养可以使一些设备问题在萌芽阶段被解决，比如说设备的接触不良、安装松动、清灰除尘等工作，对于螺丝紧固效果进行检查，这样可以使一些线路烧毁、电机烧毁、润滑不畅导致的轴承磨损等故障不会发生。预防性维护必须有一定的计划，根据维护项目的预防点来确定是周检、月检或是年检等，并将检查结果进行存档，下一次检查时要根据以往的检查记录来判断是否有变化或发现一些问题原因。

提醒您

　　预防性维护虽然和例行性维护保养类似，但其主动性和分级制是与传统的方式有所差别的，因为关于维护的项目、分类、周期等，都由系统的大数据配合实时监控系统决定，自动生成维护计划，而不是依照经验习惯衍生的传统例行性维护保养。

（2）推广状态检修。伴随着自动化控制技术不断进步，在线监测、故障诊断处理的系统也在不断发展，检修制度也得到了进一步更新与完善。状态检修的主要特点就是通过检测传感器和故障诊断信息网等，对于工作中的集成智能化设备的工作状态和电气运行参数等进行科学的预防检测，并最终决定是否要进行检修。因此，状态检修和传统的维修制度相比，显得更加占有优势，不但可以使设备的可靠性得到提高，还可以提升设备的使用率，最终增加企业的经济效益。

（3）经验维护的辅助。在大数据尚未完备的实施初期，经验维护是必需的。经验维护是有维护经验的管理人员根据以往日常大量维护情况进行总结得来，对于同类设备发生类似问题进行分析，总结出关键部件损坏的情况及设备现状。比如某种特殊机构非常规部件等，要及时更换及准备充足备件，这也是完备维护保养大数据系统的重要举措。

提醒您

　　企业应根据自身的实际情况，定期组织维护人员和管理人员要进行集成智能化设备安全运行的培训工作，对设备故障发生的规律和排除措施要进行认真的分析研究。除此之外，还要对维护人员和管理人员进行专业培训，培训日常所需的维护技术知识和有关于新技术和新维护工具的使用。

5.6.3　基于云端的集成设备远程维护

集成智能化设备的逐渐普遍，设备远程维护受到了前所未有的关注，为此，针对集成智能化设备在各行各业普遍应用及维护，已大多开发了基于云计算的集成智能化设备远程维护平台，平台由云端服务器及设备现场监控网络组成，通过网络协议把服务器与设备现场的监控网络连接在一起，而监控网络则由分布在设备现场的监控终端通过无线Wi-Fi衔接而成，实现设备现场各监控点与云端服务器实时交互数据。这样的平台依赖云计算对采集到的各行各业的、数据格式各不相同的海量数据进行整合、管理、存储以及挖掘，并在整个平台中提供计算服务，实现预测、决策，进而反向控制这些监控网络，达到通过远程维护平台对设备故障进行高效快速的诊断和制定解决方案的目的。

目前，国内一些先进网络公司推出设备管理云平台就是针对集成智能化设备进行远程监控、维护、管理的系统软件，为用户提供设备远程监控、远程维护、网络管理及高级业务功能，帮助委托方实现的设备信息化、生产数字化。其在组装类、电信类、工控类等多个行业获得了应用。但是在实现对数据采集和挖掘、监控信号智能分析辅助故障诊断、移动终端监控和远程操作上还存在不足，为此开发出基于云端的远程设备维护及节能控制服务平台对于提升企业售后服务质量和效率都很有必要。

同样，集成智能化设备维护属于电器产品售后服务的范畴，它贯穿于产品的整个生命周期，传统模式是厂家依靠在各地设立服务部门或派驻员工到现场服务，这样做不但服务成本高，人员分散无法做到专业对口的有效维护，而且委托方总是希望厂家能对设备提供全程的跟踪服务，并能及时对设备故障提出解决方案。因此售后服务的成功与否相当程度取决于生产商自身的实力，能否投入大量人力、物力、财力组建全国性的维护网点以及建立庞大的技术支持队伍是关键。对于一些中小规模的企业来说，这无疑会提高售后服务的成本，令企业管理者有所顾虑。而如果售后服务的质量和效率跟不上，必然会制约企业的业务发展。

结合云计算技术的新一代数据中心拥有更可靠和严谨的虚拟化平台实现支撑，而且这样的数据中心在规划、建设、运营、维护、管理等方面具备其特有的优势。通过远程服务平台可以对集成智能化设备进行能耗的实时监测、分析、控制。远程操作可以达到节能的效果。在远程控制下，节能环保具有高可靠性、高可用性、安全性、可管理性及高性能方面可以满足远程维护平台的发展需要。另外平台还可以用于远程视频会议，方便各分工厂、跨国企业不同生产基地、委托方与售后服务人员进行实时交流。在软件问题上，云平台提供了集成智能化设备更新软件下载，委托方可到云平台服务器上下载并自行安装。云平台服务不仅大大减少了售后服务成本，体现出节省资源（人力、物力、能源）的效果，同时还具有实时性。

5.6.4 改良更新换代

自动化设备的演进，几乎都是由客制化走向标准化的。所有高效、标准化的设备一定是由无数客制自动化设备，经过复制、更新换代、总结而形成。好的标准化设备甚至拥有冲击行业标准制定的能力。而智能自动化方案（非标自动化），也可以说是走向形成标准化智能设备的阶段性半成品。由于智能化设备不局限于单一设备，而且，集成技术的构成还包括软件、硬件、监控维护等复杂元素，所以形成标准化的路径也会比较漫长，甚至可能因为产品周期的变化，永远没有达到标准化的一天。因为标准化形成前，方案可能已经换代，更新甚至结束了。所以，阶段性标准化观念便被广泛制定及重视。行业的健康发展即是形成无数阶段性、高通用性的模具、零件、制造方法、程序等，使得行业大数据的建立更加高效，进而减少试错的过程及时间的浪费。

对智能化方案更新换代而言，也不外乎是日益标准化的过程。这通常是根据方案实施时问题的产生及克服问题的手段，互动之下产生结果，也可能是前期需求汇集时的缺项。由于原因非常繁杂，无法系统化进行分析探讨。此处也以本书更新换代案例为例，具体罗列进行补充说明。希望对读者能起到积极的参考作用。

 **实例 05**

专用手机屏蔽盖贴装装置

1. 基于委托方需求同意变更设计

为了未来的线性连续生产需求，委托方于测试中途提出新的要求，经工作小组评估讨论觉得更具通用性，于是同意变更设计：

（1）设备自身实现 PCB 直接进料；

（2）上料频繁的物料需要用自动托盘；

（3）自动收集空托盘；

（4）编带盖子可贴（飞达上料）；

（5）进 PCB 板导轨宽度可调；

（6）可加贴标签，并扫描二维码录入系统。

2. 改良更新换代后的成效

改良更新换代后设备自身实现 PCB 直接进料工作流程变更：

（1）无载具 PCB 拼板流入设备入板轨道，PCB 到位电眼感应到，贴装载具平台上升来定位并承载 PCB，Mark 相机拍照定位 PCB，贴装头开始预压屏蔽盖；

（2）预压屏蔽盖完成后，贴装载具平台整体水平横移过完整复压装置，完成屏蔽盖完整密合；

（3）PCB上的屏蔽盖完整密合后，贴装载具平台下降，PCB拼板则留在出板轨道上并流出设备；

（4）空贴装载具平台返回到初始位置，进行下一次贴装。

本设计变更技术以机械结构替代屏蔽盖贴装生产过程中的人工载具回流，来实现生产过程的循环，使屏蔽盖贴装生产效益实现很大的提升。变更设计的前三项为实施过程实践探讨出的改善，而后三项则是补充需求缺项。

智能自动化方案是没有固定的形态的，它是灵活的代名词，任何行业只需把生产经验结晶成一台或是一系列自动化设备，再搭载集成管控监控维护大数据等智能化科技手段，达到更高效高质量的产出即是好的方案。机械制造业是国民经济的基础工业，是工业化和信息化的基础工程，是衡量一个国家或地区综合经济实力和国际竞争力的重要标志，它的发展直接影响到国民经济各部门的发展，也影响到国计民生和国防力量的加强，因此，各国都把机械制造业的发展放在首要位置。装备制造业是国民经济发展的支柱产业，是国民经济中发展较完善、需求量最大的产业，我国要实现工业化和信息化，也必须依靠智能自动化制造业的支持。

第 ⑥ 章

自动化解决方案的系统分类

自动化解决方案的主要构成要素即自动化解决方案的系统分类，具体如下所示。

6.1　自动化解决方案（非标自动化）分类概述

自动化解决方案（非标自动化）的范围广泛，种类繁多，一般谈及自动化解决方案（非标）的分类，常见的分类方法有三种，如表6-1所示。

表 6-1　常见的非标自动化项目的分类说明

序号	分类方式	细类
1	从使用的功能上分	生产组装、打磨抛光、移载装置、焊接、测试、检测设备等
2	依自动化方案（设备）的集成形态上分类	非标装配线系列、非标自动化机系列、非标模块组装机生产系列、非标皮带线系列、非标倍速链系列、非标链板线系列、非标滚筒线系列、非标烘干线系列
3	根据生产制造产品所在行业及生产方式进行划分	（1）电子电器行业：如耳机自动组装机、LED灯自动组装机、点火器自动组装机、电器部件自动组装机、饮水器制冷片自动焊锡机、骨架自动插针机等 （2）汽车制造行业：轮毂自动打磨抛光、汽车保险丝组装机、汽车自动生产线、汽车连接器自动组装机、自动锁螺丝机等 （3）非标自动化设备：全自动绕线机、全自动焊锡机、自动组装机、自动测试机、全自动分切机、全自动激光打标机、自动封口机、自动锁螺丝机等 （4）连接器行业：麻花针自动生鼓腰机、线簧孔自动穿丝机、插针自动压接机、插针针径分选机、连接器自动组装机、连接器自动插针机、光纤自动组装机、插孔自动收口机、麻花针自动检测校位机、USB自动组装机、HDMI母座自动插端机、汽车连接器自动组装机等 （5）插头开关行业设备：插头弹片自动铆银点机、插头极片自动倒角铣槽机、微动开关自动组装机、墙壁开关插头插座、排插开关自动化组装机、接线端子自动组装机、插座三极模块自动组装机等 （6）五金配件行业：门窗传动器自动组装机、弹簧钢珠半自动组装机、合页自动组装机、门把手自动组装机、门把手自动打磨抛光机、月牙锁自动组装机、转向角自动折弯机、五金型材自动切割机等

序号	分类方式	细类
3	根据生产制造产品所在行业及生产方式进行划分	（7）泛用自动化流水线：自动化流水线、滚筒流水线、皮带流水线、链板流水线、烘干流水线、装配流水线、差速链流水线、插件流水线、组装流水线等 （8）机器人自动化设备：机器人自动化焊接、机器人自动打磨抛光、机器人自动化取料等

但是无论探讨完多少种分类方式，诸多问题仍然存在：

- 分类是否完整（似乎例外太多）？
- 如何判定从业人员专长领域落在哪一类？
- 方案提供商应该属于哪一类才能有专业表现从而不产生偏离风险？
- 对于从业人员及方案公司而言，什么能做，什么不能做？
- 如何选择合理经营范围，容易积累成熟经验，降低失败风险？

对于分类而言，似乎必须得依照设计、技术突破及实施能力作区分，才可以更具体符合从业人员投入领域的选择，以及方便企业方案设计实施作专业技术的积累及发展，也就技术领域专业化分类。尤其对于范围领域如此广泛的各行各业需求，若不具体在一定合理的范围内从事发展和经验积累，对于人员及企业都会带来很大的风险，对于方案的实施也不容易进入较成熟的阶段，增加实施的失败风险，企业也可能因此疲于奔命降低运营能力。

笔者在此将包括方案公司各种专业人力的专长方向、工作组布局方式、实施细节拆解区分、提供方案的各项组合设计等进行以下的构成要素分类，供有兴趣入行的专业从业人员、企业进行参考。分别是：

- 自动移栽，单元操作（人力、手工细部动作替代）；
- 机器视觉；
- 运动控制系统；
- 化学化工制程、材料科技应用的智能整合；
- 客制化生产管理软件；
- 客制化物流输送整合管理系统；
- 智能集成技术（成套、总线）。

以上分类涵盖一般智能自动化解决方案（非标自动化）主要的构成元素，且针对设计实施人员或企业的专业专长领域出发，而不受行业应用的限制，因此设计实施人员或企业的可发挥的范围可更加宽广，同一专长技术可以横向发挥在不同的行业，不受群集同行的竞争思维所束缚，也可避免单一行业过于封闭，提供不了足够的市场实施成功且有效率的解决方案。

过去也有相当多案例发生在不同行业共享相同解决方案的情形，毕竟在各行各业实施自动化解决方案的目的都是基本一致的。实施自动化解决方案的目的不外乎是：

- 节约人力、成本、资源；
- 提升改善效率、速度、产能、输出质量；
- 产品标准化、均一化；
- 新生产技术突破；
- 争取政府奖励资金、免税；
- 营造高阶产能；
- 适应加大的高低峰值变化环境；
- 弹性多元生产能力；
- 提高泛用自动化程度；
- 奠基工业4.0。

国内的制造业以前以人力完成生产为主，但是现在全球持续呈现的"用工荒"已经表明这种方式越来越不适合当今企业的发展，不仅会将企业拖向低效率、高支出的窘境，还会使企业的生产效率大大降低。以下针对上述专长技术领域分类作简略阐述。

6.2 自动移载、单元操作（人力、手工细部动作替代）

所谓自动移载即是一种自动搬运设备，可以把负载从一个工位搬运至另一个工位，同时根据实际需要，也可以方便旋转、翻转、上升下降，是自动化生产线上一种重要的机构（设备）。而单元操作就是模仿人的手部动作及行动能力，按给定的程序、轨迹和要求实现自动抓取、组装和操作的自动装置。

现代工业产品制造中，由于市场竞争的需要，企业在进行产品生产时具有高生产效率、高良品率和高安全性是基本的要求。而自动移载机构由于具有运行稳定、生产节奏快、智能化操作、可24小时连续运转、性价比高等优点，满足企业的高效率、自动化生产要求。而且新型结构设计简单，成本低廉，实现了工件输送的自动化，大大提高了压力机的工作效率，降低了工人的劳动强度和操作的危险性。

6.2.1 移载装置

现代工业产品制造中，由于市场竞争的需要以及人力成本不断攀升的趋势，企业在进行产品生产时必需要求具有高生产效率、高良品率和高安全性，而自动移载设备由于结构简单，成本低廉，而且实现了工件和物料输送的自动化，大大提高了工作效率，降低了工人的劳动强度和操作的危险性。例如：冲压移载适用于多任务序连续模的冲压工件在各工序间的移载；由数控系统控制，可以满足模具对移载自动化设备的各种运动轨迹要求；可以外置于冲床，与冲床间联动工作布置灵活，不占压机工作台面空间；能够大幅提高生产效率，减少冲压线上配备的工人成本，最重要的是可以避免人员受重大伤害；且具有运行稳定、生产节奏快、智能化操作、可24小时连续运转等优点，满足企业的高效率自动化生产要求。

（1）移载装置的结构。输送装置可以是由直联式电机减速机为动力的皮带或滚轮式输送装置，也可以是由内置电机的电动滚轮为动力组成的滚轮筒式输送装置。利用气动、液压或回转机构实现物品的移动、定角度回转、十字分流和转向输送。

（2）移载装置的选型。移载装置的选型应根据生产线物流/设备布局，依物品外形及尺寸大小和功能要求来确定，须保证被输送最小件物品不出现夹、掉现象。

移载装置一般可分成如下几类。

- 带式移载装置；
- 链式移载装置；
- 滚轮式移载装置；
- 自动吸盘式移载装置；
- 顶升转台移载装置；
- 平移式转台移载装置；
- 双向弯道皮带输送机；
- 工业机械手等。

对于被输送物品底部为平面物品如纸箱和塑料箱，一般选用带式顶升移载装置、链式顶升移载装置、滚轮式顶升移载装置、顶升转台移载装置、平移式转台移载装置或是双向弯道皮带输送机；对于底部为非平面较重物品如铁桶和木箱，一般配合工装载具选用滚轮式顶升移载装置、顶升转台移载装置或平移式。

（3）移载装置的特点。移载装置的特点如下。

- 结构简单、零部件少。因此故障率低，性能可靠，保养维修简单。
- 占地面积少。有利于客户厂房中生产线的布置，并可留出较大的库房面积。机器人可以设置在狭窄的空间，即可有效的使用。

- 适用性强。当客户产品的尺寸、体积、形状及托盘的外形尺寸发生变化时只需在触摸屏上稍做修改即可，不会影响客户的正常的生产。
- 能耗低，大大降低了客户的运行成本。
- 全部控制可在控制柜屏幕上操作即可，操作非常简单。
- 只需定位抓起点和摆放点，教示操作方法简单易懂。
- 安全性高。

6.2.2　单元操作：自动装配设备

单元操作是利用机械模仿人的手部动作，按给定程序、轨迹和要求实现自动抓取、搬运和操作的自动装置。特别是在高温、高压、多粉尘、易燃、易爆、放射性等恶劣环境中，以及高强度、笨重、单调、频繁的操作中代替人工作业具有优势，因此获得日益广泛的应用。一般由执行机构、驱动控制系统及检测装置三大部分组成。执行机构是分解并设计完成操作动作的所有硬体配置。驱动控制系统是使动作依设计执行方式、设计执行速度，顺畅进行的过程控制。检测装置则是检查操作是否完成，是否符合设计标准的再确认。

6.2.3　单元操作：装配机械手、机器人

工业机械手的是工业机器人的一个重要分支，大多用在自动化单元操作，其特点是可通过编程来完成各种预期的作业任务，在构造和性能上兼有人和机器各自的优点，尤其体现了人的智能和适应性。工业机械手作业的准确性和各种环境中完成作业的能力，在国民经济各领域有着广阔的发展前景。

工业机械手或工业机器人，虽不一定具备形式上的人形，但作为智能制造领域的重要支撑，对其研究的深度和广度不断推进，工业机器人已经从最初的替代手工作业的方式来从事简单、重复的工作内容逐渐向智能化过渡，能够对环境进行分析和调整，从事更加复杂的工作内容，并且工作质量和工作效率高于人工的操作方式。工业机器人是相对较新的电子设备，它正开始改变现代化工业面貌。实际的工业机器人由带有腕（或称为手臂）的主机身和机身端部的工具（通常是某些类型的夹持器）组成，同时也包括一个辅助动力系统。随着理论研究和实践操作方式进一步深入并投入实践领域，机器人必将有着更加广阔的发展前景。

现阶段在工业上，自动控制工业装配机械手、机器人系统有着广泛的应用，工业机器人、自动化装配机械手的技术涉及力学、机械学、电气、液压、自动控制、传感器和计算机技术等科学领域，是一门跨学科综合技术。目前在工业生产中多数应用的类型如下。

（1）直角坐标装配机械手。直角坐标装配机械手作为执行机构，控制方便，执行动作灵活，可以实现复杂的空间轨迹控制。现阶段多数自动化方案公司在多年数控技术、技术应用和产品研发基础上，已开发出了不少性价比优良的数控装配机械手，例如一系列多款数控涂胶机械手、机器人广泛应用在汽车、家电等行业，是汽车等行业重要的加工装备。直角坐标装配机械手、机器人也可以非常方便地用于组件、检测、探伤、包装、喷涂等一系列工作。特别适用于多品种、批量的柔性化作业，对于稳定，提高产品质量，提高劳动生产率，改善劳动条件和保障产品的快速更新换代起着十分重要的作用。

（2）大型重载型桁架装配机械手。进行重物搬运移载的大型重载型桁架装配机械手是组成现阶段自动化工厂的重要工具，取代了传统用途受限、体积庞大的固定式吊车（天车），其主要作用为搬运移载物体，然后细化到精确定位、装卡、换向、调整姿态、码垛、安装等。根据末端操作工具的不同，完成如搬运、上下料、码垛、拆垛、分类、装配、贴标、喷码、打码（软仿型）等一系列工作。有别于传统的固定式吊车，其特点为如下。

- 多自由度运动，每个运动自由度之间的空间夹角为直角。
- 自动控制的，可重复编程，所有的运动均按程序运行。
- 一般由控制系统、驱动系统、机械系统、操作工具等共同组成。
- 灵活，多功能，因操作工具的不同功能也不同，工作完成度高。
- 高可靠性、高速度、高精度。
- 可用于恶劣的环境，可长期工作，便于操作维修。

（3）单一专业用途专业机器人。具有一系列生产制造单元操作完整的功能设计，以使用最早、最大宗的焊接机器人为例，焊接自动化的研究经历了三个阶段，即示教再现阶段、离线编程阶段和自主编程阶段。随着计算机控制技术的不断进步，焊接机器人由单一的单机示教再现型向多传感、智能化的柔性加工单元（系统）方向发展，实现由第二代多元柔性向第三代智能化的过渡不断发展的目标。现阶段弧焊机器人系统不仅能实现空间焊缝的自动实时跟踪，而且还能实现焊接参数的在线调整和焊缝质量的实时控制。研究智能化焊接机器人技术改进，一方面是目前高技术产品复杂焊接工艺及其焊接质量、效率的迫切要求；另外，随着人类探索空间的扩展，在极端环境，如太空、深水以及核环境下的焊接制造也对发展自主智能型焊接机器人提出了强烈的技术需求，仍有待于在实际焊接制造过程中完善和发展。关于针对特殊焊接构件的特种焊接机器人，如爬行式焊接机器人、焊接专用机构等也在研究开发中。此类机器人还有喷涂机器人、包装机器人、清洗机器人等，在各行各业应用广泛且数量不断增加，也是现阶段进展最大的柔性加工单元操作的主要应用。

（4）综合服务机器人。进一步讨论综合服务机器人也就是前三项机器人应用的集成，再加上本身规划有移动能力，是新的阶段实现智能化单元操作的关键技术。综合服务机器人是为了进一步满足工业生产和现代化生产的需求而在努力突破中的重要智能化设备，也是机器人学在生产制造单元操作的集大成。通过对综合服务机器人智能化的研究，掌握其发展历程、内容，在实践领域的应用，以及现阶段所要解决的技术难题，才能够根据应用的需要来进行针对性的调整，进而提高工业应用的深度和广度，为工业生产制造单元操作的智能化发展做出贡献。

6.3　机器视觉

随着工业 4.0 时代的到来，机器视觉在智能制造业领域的作用越来越重要，机器视觉是一门学科技术，广泛应用于生产制造检测等工业生产制造领域，用来保证产品质量、控制生产流程、感知环境等，也是集成自动化解决方案的核心构成要素。机器视觉系统是将被摄取目标转换成图像信号，传送给专用的图像处理系统，根据像素分布和亮度、颜色等信息，转变成数字化信号；图像系统对这些信号进行各种运算来抽取目标的特征，进而根据判别的结果来控制现场的设备动作。

6.3.1　什么是机器视觉

机器视觉就是用机器代替人眼来做测量和判断的一个系统应用。简单地理解机器视觉，初期是一门在工业生产过程中代替人类视觉自动对产品外形特征做检测（100%全检）的技术。什么是外形特征？例如：形状识别；颜色识别；高精度尺寸测量；定位/位置测量；表面缺陷检测；字符识别 OCR/OCV；一维二维码（1D/2D Code）识别等。追求零缺陷、高品质、附加值的产品已成为企业应对竞争的核心，为了赢得竞争，可靠的质量控制不可或缺。由于生产过程中速度加快，产品工艺高度集成，体积缩小且制造精度提高，人眼已无法满足许多企业外形质量控制的检测需要。机器视觉代替人类视觉自动检测产品外形特征，实现 100%在线全检，已成为解决各行业制造商大批量高速高精度产品检测的主要趋势。

6.3.2　机器视觉应用的产业链和行业

近期工业自动化中机器视觉技术的发展不断更新迭代，使得其在智能制造中的地位也是日渐突显，推动了工业自动化、人工智能、智能制造等行业的进步，为各个领域都带来更强劲的发展动力。

（1）机器视觉的产业链。机器视觉的产业链涵盖如下。

- 基础原创技术；
- 软、硬件部件或子系统开发；
- 系统集成商或方案提供，并衍生出一系列新兴产业的方案提供商、代理商、零售商；
- OEM设备、整机开发者；
- 外围技术合作伙伴；
- 协会、媒体和政府机构；
- 最终用户；
- 培训、咨询、安装维护等机器视觉服务提供商。

（2）机器视觉应用的行业。机器视觉应用已经普及各行各业的生产，大量产业的联机生产中，由于有着非常多的不可逆的化学反应，或者现代化的质量管理需要的全程监控及追溯等，对机器视觉技术的依赖日趋深入。常见必然应用的行业如下。

- 电子/半导体：液晶显示器LCD、键盘、连接器、锂电池、印刷电路板PCB、集成电路IC、芯片、发光二极管LED、光伏等
- 汽车：零件检测、装配、机器人引导、2D码释读等；
- 纺织/塑胶：验布、注塑机、模具监视等；
- 医疗/医药：液体药品、注射器、包装等；
- 五金：冲压、精密五金件、五金外壳等；
- 食品：密封、生产信息、包装质量、食品安全等；
- 包装：瓶盖、瓶体、瓶标、载带、日化产品等；
- 印刷：书籍、报章杂志、钞票、防伪票据、商标、卡片、电子器件等；
- 科研：教学实验室建设、科研演示项目等。

6.3.3 机器视觉所带来的好处及效益

为什么要引入机器视觉呢？机器视觉更能节省时间、降低生产成本、优化物流过程、缩短机器停工期、提高生产率和产品质量、减轻测试及检测人员劳动强度、减少不合格产品的数量、提高机器利用率。人类视觉是最后几个被取代的感官之一，在很多情况下人类视觉越发不能满足要求如：高速、高精、超视、微距、客观性、无疲劳、环境限制等多方面。机器视觉自动检测与人工检测的对比如表6-2所示。

表 6-2　机器视觉自动检测与人工检测的对比

项目	机器视觉自动检测	人工检测
效率	高	低
速度	快	慢
精度	高精度	受主观影响，精度一般
可靠性	检测效果稳定可靠	易疲劳，受情绪波动
工作时间	24 小时不停歇工作	工作时间有限
信息集成	方便信息集成	不易信息集成
成本	成本不断降低，一次性投入	人力和管理成本不断上升
环境	适合恶劣、危险环境	不适合恶劣和危险环境

6.3.4　机器视觉的组成部分

机器视觉三个主要部分为：光学系统、图像处理系统、执行机构及人机界面。具体说明如下。

（1）光学系统（眼球结构）。光学系统是机器视觉系统中不可或缺的部分，是用于采集适于处理的图片信息，如果没有适合的光学系统采集适于处理的图片，则难以有效地完成图像检测，甚至直接导致检测的失败。因此，适合的光学系统是成功完成机器视觉应用的前提条件。一个典型的光学系统包括光源、相机、镜头。而光学系统的基本要素有分辨率、像素、光圈、焦距、景深和视野（FOV&DOV）、光源与成像（亮场和暗场）、相机和光源工作距离等重要参数。光学系统的深入研究及应用已有百年，一般自动化方案都只作光学系统合适度匹配，所以此处不作进一步原理解释。

（2）图像处理系统。图像处理系统是机器视觉系统的核心，光学系统取得图像后，我们需要对图像进行处理分析和计算并输出，检测结果。图像本身只能在图像处理后找到图像中所需的特征，以便进一步执行其他命令动作。图像处理系统包括软件和硬件两部分，目前市场主流的机器视觉图像处理系统有两种，如图 6-1 所示。

PC Based 系统

PC Based 系统采用 PC 作为处理平台，通过图像采集卡和模拟相机或直接通过数字相机采集图片，依托 PC 处理平台，处理速度快，可运行复杂的图像处理算法；可带多个相机；可根据用户要求自行开发处理程序和用户界面。但由于其开发工具为高级编程语言，开发周期长，难度大，维护成本较高。等同自行重新开发完成新的应用模块

嵌入式系统（智能相机）

嵌入式系统将相机、图像采集模块、处理器、存储器、通讯模块、I/O 集成一体，稳定性更高，开发周期较短，难度相对较低，但由于其硬件结构限制，通常只能带一至两个相机，程序开发不如 PC Based 系统灵活，运行速度和算法复杂度不如 PC Based 系统。等同购入公版模块，方便但用途受限

图 6-1　两种图像处理系统

　　两种系统各有利弊。检测点数少，检测要求可能发生变化，项目周期紧急的应用更适合选用嵌入式系统；检测点数多，速度要求高，检测要求相对稳定，项目周期宽松的应用更适合选用PC Based系统。开发平台、应用软件、图像处理软件是否先进是机器视觉应用成功的关键。

　　图像处理算法基础知识如表6-3所示。

表6-3　图像处理算法基础知识

序号	算法知识	说明
1	定位（locating）	由于被测物体每次相对相机视野的位置会有不同，所以在被测物体上相对固定的检测区域的坐标应该建立在被测物体上，这就需要用一些软件算法来实现，完成软件定位后，只要被测物体在相机视野范围内，无论发生位移还是角度转换，检测区域都能跟随发生相应位置变化，准确完成检测
2	灰度（grey scale）	目前除颜色检测外的大部分视觉检测可由黑白图片完成，黑白图片定义从纯白（255或100）到纯黑（0）分为256或100级，称之为灰度
3	对比度（contrast）	对比度指的是一幅图像中明暗区域最亮的白和最暗的黑之间不同亮度层级的测量，差异范围越大代表对比越大，差异范围越小代表对比越小
4	斑点（blob）	blob是图像中定义在黑色或白色背景中，连通的最大白色或黑色区域
5	边缘（edge）	边缘定义为在查找方向上一定宽度内像素灰度和的差分值大于阈值的界限
6	模板匹配（patten match）	模板匹配为图像处理中最基本、最直接但也是最笨、耗时最多的算法，模板匹配通常先训练一个标准模板（像素和轮廓两种模式），然后再在指定的区域中寻找到与之匹配的图形，通常输出相似度及坐标值。设定模板的规则：唯一、特征明显
7	光学字符识别/校验（OCR/OCV）	OCR/OCV算法即是根据训练过的字符，根据字符的大小自动将每个字符从图片中"切割"下来，与训练好的字符库中的字符图形进行匹配，根据其匹配度来识别字符
8	ID识别	机器视觉亦有专门的ID识别算法用以识别各类1D/2D码，进而与数据库通讯，构建生产信息可追溯系统。目前我们的ID识别算法可识别：Code 3 of 9；Code 128；Interleaved 2 of 5；Reduced Space Symbology（RSS）；UPC/EAN；Post Net；Planet Code；Pharma Code；UPU-57；Data Matrix；QR Code；PDF417；Composite Symbology（CS）等数十种码。并可在各种高噪音、低对比度状况下稳定读码
9	测量（gauge）	机器视觉可通过各种测量算法完成高重复性精度的（点—点，点—边，边—边，圆直径，角度等各类几何形式）测量。可重复性精度/标定/补偿/给测量带来影响的各种因素
10	拟合（fitting）	机器视觉可通过拟合算法将不同的点拟合成直线、圆，用以作进一步定位、计算
11	图像预处理（image preprocessing）	在运用各种图像处理算法之前，我们可以考虑是否有合适的图像预处理算法可将ROI区域的对比度改变得更适合处理，巧妙地运用图像预处理算法可大大提高图像检测的效率和稳定性

（3）执行机构及人机界面（运动控制系统）。在完成所有的图像采集和图像处理工作之后，我们需要输出图像处理的结果，并进行动作（报警、剔除、位移等），并通过人机界面显示生产信息，并在型号、参数发生改变时对系统进行切换和修改工作。作为工业机器人的核心部件之一，机器人控制系统对机器人的性能有决定性的影响。它的运动控制相当于自动化的一个分支。使用伺服机构装置驱动，例如液压泵，以线性地执行或电机来控制机器的位置以及速度，随着当前机器人技术的提升，机器人的精度及速度都已达到非常高的水平了。

机器视觉不是单一的应用。三个部分缺一不可，选取合适的光学系统，采集适合处理的图像，是完成视觉检测的基本条件，开发稳定可靠的图像处理软件是视觉检测的核心任务，可靠的执行机构和人性化的人机界面是实现最终功能的临门一脚。机器视觉技术使机器具有感知外界的眼睛，使机器具有与人类相同的视觉功能，从而实现各种检测、判断、识别和测量功能。现在机器视觉的软硬件产品逐渐演变为产品生产和制造各阶段的重要组成部分。因此，这对系统的集成提出了更高的要求。很多自动化公司需要集成的生产自动化系统，需要集合机器视觉与多种工业生产器械共同协同运作，比如工业机器人。它广泛应用于状态监测、成品检验和质量控制等多领域。随着技术的不断进步，机器人与人之间的视觉差距正在逐渐缩小。视觉技术的成熟和发展使其在工业制造中得到越来越广泛的应用。

6.3.5　机器视觉在工业生产中的应用功能

机器视觉在工业生产中的应用如图6-2所示。

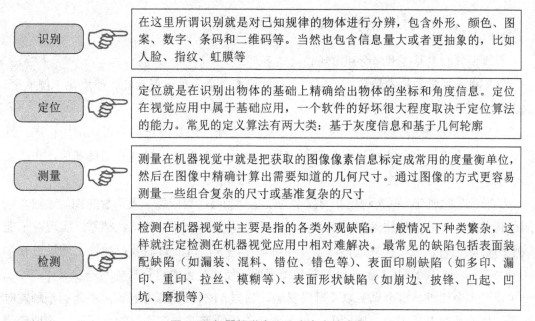

图6-2　机器视觉在工业生产中的应用

虽说机器视觉在中国已经开展近20年，然而难以实现自动化这个问题始终没有得到有效解决，只能由人工进行目检，其主要原因是传统图像技术壁垒。传统图像技术主要通过模板匹配的方式，采用的二值化、滤波等形式进行检测，依赖人工设定缺陷特征，然而产品的缺陷问题存在随机性、复杂性以及缺陷与背景的相似性等特性，传统视觉方法对其束手无策，检测效果大打折扣。

近几年随着深度学习的快速发展，AI落地场景遍地开花，大家通过深度学习技术逐渐开始解决一些工业缺陷检测问题，然而AI在工业领域却一直处于不温不火的状态，其主要原因：工业离散型特点，工业每个行业都有细分，每个细分产品都有所不同，AI公司需要深入各个细分行业进行了解摸索。从技术角度上说，要将AI落地工业，需要的不仅仅是深度学习及图像处理技术。深度学习依赖于图像，如何设计成像方案获取适合深度学习使用的图像便是第一道难题，市场上有较多的成像工程师，但大多数的工程师习惯于拍摄出适用于传统的图像处理的，而不是AI学习所需的图像数据。需要既懂AI技术，同时又对相机镜头光源等成像精通的工程师，从而获取适合用于深度学习训练的产品缺陷图像。另一方面，由于不同行业的产品缺陷大小形状各不相同，复杂无规律，如果没有丰富的视觉设计经验，往往需要耗费大量精力去测试算法模型，如此一来便造成漫长的开发周期，而已经无法满足习惯图像检测周期较短的制造业。在完成获取图像，训练好模型之后，如何将基于AI的缺陷检测系统与工业生产线连接，如何与PLC通讯，形成一套完整的系统架构，将其快速落地部署，亦是挑战之一。可见，一个AI检测项目的落地，不仅仅要对行业、对客户有足够的理解，技术上从成像、AI训练检测到产线部署，更是需要多方面的技术人才互相配合。

6.3.6　机器视觉的主要技术趋势和市场趋势

机器视觉的主要技术趋势和市场趋势如下。

（1）机器视觉的技术趋势：高速化、高分辨率、全彩色、低功耗、模块化、傻瓜化、先进数字网络化、智能化特殊应用等。

（2）机器视觉的市场趋势：价格下降、使用方便，用高质量向中低端应用扩展，性能提高、可靠性提高，能解决复杂高端问题，行业应用大量增加且分工精细化，在产业链中重新定位并与相关技术结合更加紧密、更加多元化。

机器视觉的现况，基于深度学习技术的视觉控制器，集成像、人工智能AI、学习、检测部署于一体，已能够快速对产品缺陷进行图像采集、处理、训练、部署，实现对工业缺陷的检测。而且应用模块成熟，带有相机、光源等接口，只需要在软件上通过对相机（CMOS）、光源、触发传感器等进行简单配置即可使用，无需进行额外的开发设计。可以一次设置多个相机、多个光源以及触发机制，根据AI学习训练的要求，不断调整触发时间等，从而获取更适用的缺陷图像，极大便捷工程师前期采集图像的使用。大量地应用在表面质量检测、工件尺寸测量和定位、各种标识的识别等。随着全球市场对于生产制造行业的产品质量要求的提高，产品的外观检测已经成为制造商越来越重视的环节之一。

6.4　运动控制系统

6.4.1　什么是运动控制系统

运动控制系统也可称作电力制动控制系统。运动控制系统的任务是通过对电动机电压、电流、频率等输入电量的控制，来改变工作机械的转矩、速度、位移等机械量，使各种机械按人们期望的要求运行，以满足生产工艺及其应用的需要。运动控制系统的控制对象为电动机，其目的是控制电动机的转速、转角和位移等，要控制转速、转角和位移，唯一的途径就是控制电动机的电磁转矩，使转速变化率按人们的期望规律变化。因此，转矩控制的能力及精度是运动控制的根本问题。

6.4.2　多门学科相互交叉综合

现代运动控制已成为电机学、电力电子技术、微电子技术、计算机控制技术、信号检测与信息处理技术等多门学科相互交叉的综合性学科，多门学科相辅相成，关系密切，如表6-4所示。

表 6-4　运动控制由多门学科相互交叉综合组成

序号	学科	说明
1	电机学	电动机是运动控制系统的控制对象，电动机的结构和原理决定了运动控制系统的设计方法和运行性能，新型电机的发明就会带出新的运动控制系统
2	电力电子技术	以电力电子器件为基础的功率放大与变换装置是弱电控制强电的媒介，是运动控制系统的执行手段。在运动控制系统中作为电动机的可控电源，其输出电源质量直接影响运动控制系统的运行状态和性能。新型电力电子器件的诞生必将产生新型的功率放大与变换装置，对改善电动机供电电源质量，提高系统运行性能，起到积极的推进作用
3	微电子技术	微电子技术的快速发展，各种高性能的大规模或超大规模的集成电路层出不穷，方便和简化了运动控制系统的硬件电路设计及调试工作，提高了运动控制系统的可靠性。高速、大内存容量、多功能的微处理器或单片微机的问世，使各种复杂的控制算法在运动控制系统中的应用成为可能，并大大提高了控制精度
4	计算机控制技术	计算机系统控制主要核心技术有：计算机控制、计算机仿真、计算机辅助设计 （1）计算机控制技术的应用使对象参数辨识、控制系统的参数自整定和自学习、智能控制、故障诊断等成为可能，大大提高了运动控制系统的智能化和系统的可靠性

序号	学科	说明
4	计算机控制技术	（2）在工程实际中，对于一些难以求得其精确解析解的问题，可以通过计算机求得其数值解，这就是计算机数字仿真。计算机数字仿真具有成本低，结构灵活，结果直观，便于贮存和进行数据分析等优点 （3）计算机辅助设计（CAD）是在数字仿真的基础上发展起来的，在系统数学模型基础上进行仿真，按给定指标寻优并进行计算机辅助设计，已成为运动控制系统常用的分析和设计工具
5	信号检测与信息处理技术	运动控制系统的本质是反馈控制，即根据给定和输出的偏差实施控制，最终缩小或消除偏差，运动控制系统需通过传感器实时检测系统的运行状态，构成反馈控制，并进行故障分析和故障保护。由于实际检测信号往往带有随机的扰动，这些扰动信号对控制系统的正常运行产生不利的影响，严重时甚至会破坏系统的稳定性。为了保证系统安全可靠的运行，必须对实际检测的信号进行滤波等处理，提高系统的抗干扰能力。此外，传感器输出信号的电压、极性和信号类型往往与控制器的需求不相吻合。所以，传感器输出信号一般不能直接用于控制，需要进行信号转换和数据处理

6.4.3　运动控制系统的硬件组成

运动控制系统是以电动机为控制对象，控制器为核心，以电力电子的功率变换装置控制执行机构，在符合控制理论设计指导下组成的，电气传动机械作动控制系统。运动控制系统多种多样，但从基本结构上看，一个典型的现代运动控制系统的硬件主要由上位计算机、运动控制器、功率驱动装置、电动机、传感器、反馈检测装置和被控对象等几部分组成。电动机及其功率驱动装置作为执行器，主要为被控对象提供单元操作所需动力。

6.4.4　运动控制的发展及趋势

运动控制系统的发展经历了从直流到交流，从开环到闭环，从模拟到数字，再进入基于单台PC的伺服控制网络系统，以及基于网络及移动信息技术运动控制的发展过程。每个过程的发展都在很大程度上促进并改变着运动控制系统的发展。与交流运动系统相比，直流运动系统控制简单、调速性能好，长期以来占统治地位，当前已经发展得相当完善。随着微电子技术的发展，国际上全数字直流运动控制系统已经非常的普遍。直流运动控制系统以其优异的性能在近一段时间内不会被完全淘汰，交流运动控制系统代替直流运动控制系统还需要经历一个漫长的过程。

（1）直流调速系统。直流调速系统，调节直流电动机的转速有三种方法。

- 改变电枢回路电阻调速阀；
- 减弱磁通调速法；
- 调节电枢电压调速法。

直流调速部分主要是单闭环、双闭环直流调速系统和以全控型功率器件为主的直流脉宽调速系统等。

直流调速系统存在着以下的缺点。

- 直流电动机结构复杂、成本高、故障多、维护困难且工作量大，经常因为火花大而影响生产，同时对其他设备也造成不同程度的电磁干扰。
- 机械换向器的换向能力限制了电动机的容量、电压和速度，接触式的电流传输又限制了直流电动机的应用场合。
- 电枢在转子上，电动机效率低，散热条件差，冷却费用高。为了改善换向能力，减小电枢的漏感，转子变得粗短，影响了系统的动态性能。

（2）交流调速系统。交流调速系统有异步电动机和同步电动机两大类。

交流调速部分主要包括基于异步电动机稳态模型的调速系统、基于异步电动机动态模型的高性能调速系统以及串级调速系统。异步电动机调速系统分为三类：转差功率消耗型调速系统，转差功率馈送型调速系统，转差功率不变型调速系统。同步电动机的转差率恒为零，同步电动机调速只能通过改变同步转速来实现，由于同步电动机极对数是固定的，只能采用变压变频调速。

（3）由开环到闭环的发展是控制系统发展的必然。直流运动系统的闭环控制作为交流运动控制系统的基础，交流运动控制系统的控制就是模拟了直流运动系统的闭环控制功能。交流运动控制系统在当前的应用领域逐渐扩大。运动控制系统在要求成本低、控制精度不高的场合大多运行于开环状态。当前的开环控制模式主要有调压、调频以及变压变频，其中变压变频可以分为交/交变频和交/直/交变频。传统的电动机的状态只有正转、反转和静止这三种状态，不能产生转速的变化。应用变频器调速后，使电动机的转速变化自如，赋予了运动控制系统新的活力，过去运动控制中的难题由此迎刃而解。

随着电力电子技术的进步，新一代全数字通用变频器可以组成恒压频比的开环调速运动控制系统，此系统具有较刚性的机械特性和较好的调速性能，可满足很大部分中小型生产机械的一般调速要求，达到节能、提高产品质量和生产效益的目的，由于这部分交流运动系统量大面广，因此，速度开环控制的运动控制系统是运动控制的主要部分。但开环控制仍存在很多的弊端：电流无法控制，无法做到对运动系统的有效的保护；系统的控制精度不高等。为了实现系统的稳定、可靠和高精度，运动控制必须实现系统局部的闭环控制以减少开环的缺点。对于不同的运动控制系统，闭环的模式也须不一样。为了实现速度的控制，可以采用电流环和速度环两环结构；为了实现位置的跟踪，应采用位置环、速度环和电流环的三环结构。当前，流行的闭环控制模式主要分为矢量控制

（或磁场定向控制）和直接转矩控制。

进入20世纪80年代后，因为微电子技术的快速发展，电路的集成度越来越高，对运动控制系统产生了很重要的影响，运动控制系统的控制方式迅速向微电子控制方向发展，并由硬件控制转向软件控制，智能化的软件控制成为运动控制系统的一个发展趋势。基于PC的运动控制卡，具有很大的优势，很多的科研院所开发的运动控制卡，可以协调多轴运动控制系统，使得系统具有良好的控制性能。

随着进入21世纪，保守的生产模式和生产效率已经满足不了现代企业对物资的需求。我国在运动控制系统的许多方面有待进步，产品与研究开发能力尚需进一步发展，包括电力电子器件和微电子器件，还有装置生产中工艺和基础设备。随着互联网、自动化设备技术的应用已经普及许多领域，刺激并带动材料技术、电力电子技术、控制理论、计算机技术、微电子技术的快速发展，以及电动机制造工艺水平的逐步提高，同时伴随着制造业的不断升级和"柔性制造技术"的新兴发展，使核心技术之一的"运动控制系统技术"迎来又一大好的发展时机。

提醒您

从业者必须学习许多新的知识或必须结合多方专业进行策略联盟、共同合作，这样才能更好地从事这一学科的研究与开发，以及加速产品的更新换代。

6.5 化学化工制程、材料科技应用的智能整合

这里即将谈论的化学化工制程、材料科技应用整合的出发点，并非探讨化学化工行业的制程及材料科技应用，而是探讨发生并穿插在各行各业生产制造中，不可回避地应用了化学化工制程及化学材料科技的生产应用。例如：电子组装业中锡膏印刷、回流焊接、波峰焊接，三防漆喷涂；光学行业、LCD显示器行业使用的各式蒸镀、溅镀、遮光涂墨；PCB行业更是全制程涉及化学材料及化工程序，如光阻、显影、蚀刻、剥膜、黑棕化、电镀。虽然在很多行业这些制程不是主要生产制程，但由于无法避免，所以也经常成为现代化智能生产集成管理上的痛点及自动化技术突破的难点，所以在此将化学化工制程及材料科技应用列为自动化方案实施的重要分类（要素）加以论述。

化学化工制程、材料与工艺也是范围广泛，涵盖了冶炼、药物生产、食品加工、材料化工、印刷业等多行业；也大量应用于光学、电子、半导体、电机等众多行业产品生产、组装、制造的各个关键或辅助制程。

6.5.1 化学化工制程概述

化学化工制程是指化工生产过程中各类化学反应操作，如氧化、硝化、裂解、聚合等。化工生产过程的特点是产品从原料加工到产品完成，流程都较复杂，并伴有副反应。工艺内部各变量间关系复杂，操作要求高，关键部分设备停机就会严重影响全厂生产。大多数物料是危险的粉末、液体或气体状态，在密闭的容器、管道、反应器与热交换器等内部进行各种反应、传热、传质等过程。"三传一反"被认为是化学工程学科的理论基础，即质量传递、动量传递、热量传递（"三传"）和化学反应工程（"一反"）。

这些过程经常在高温、高压、易燃、易爆、有毒性、有腐蚀性、有刺激性臭味等条件下进行。化学反应过程中所需的化工原料，首先送入输入设备，然后将原料送入前处理过程，对原料进行分离或精制，使它符合化学反应对原料提出的要求。化学反应后的生成物进入后处理过程，在此将半成品提纯为合格的产品并回收未反应的原料和副产品，然后进入输出设备中贮存。同时为了化学反应及前、后处理过程的需要，还有从外部提供必要的水、电、汽以及冷量等能源的公用工程。有时，还有能量回收和废水、废气、废弃物处理系统等附加部分。依现代控制要求光靠人工操作已经无法适应了，必须借助仪表与控制系统来完成操作。

我国的化学工业内部分类比较复杂，化学工业部门起初只有无机化学和有机化学工业两种类型。其中前一类型主要有酸、碱、盐等基础化学原料工业；后一类型主要有合成纤维、合成橡胶、农药化肥等简单化学应用工业。随着行业的发展，各细分的类别相互融合、共同发展，逐步形成酸、碱、农药化肥、有机原料、合成橡胶、感光材料、合成洗涤剂等门类繁多、较进阶的化学工业。目前，随着新技术新材料的发展，化学工业对于国民经济的贡献日益增多、多年以来，化学工业对于改进工业生产工艺，发展农业生产，扩大工业原料，巩固国防，发展尖端科学技术，改善人民生活以及开展综合利用都有很大作用，是国民经济中的一个重要组成部分。可是随着化学工业的发展，在化学工程与工艺等领域为了精准控制及人员安全逐渐发展出了新的趋势，即是生产"自动化"趋势。新的发展趋势对化学工程与工艺等领域提出了新的挑战与要求，化学工程与工艺的自动化发展不仅能够丰富化学工业的基础理论知识，而且能够顺应时代发展潮流，推动化学工业走向新高度。

6.5.2 化学化工自动化控制

化学化工自动化控制是一门综合性的技术学科，它综合利用自动控制器仪表学科，以及计算机学科的理论服务于化学工程。化学化工生产过程，往往是在密闭的管道和设备中，连续地进行着物理或者化学变化，常常具有高压、高温、有毒、易燃、易爆等特点，因此，必须借助于各种仪表等自动化装置进行自动化的生产，才能保证生产的稳定、可靠、安全。

（1）化工自动化控制的定义。化工自动化控制是指在化工企业的整个生产管理过程中，以化工过程为控制对象，运用自动化控制技术，采用独特的控制算法和控制方案，实现控制理论、工程技术和时间的合理协调，从原料的加工到成品的产出，整个化工过程纳入自动化控制系统，实现对化工过程中对温度、压力、流量、液位等模拟量的自动化控制。其特点是在无人直接参与的前提下，利用外部控制设备或装置使被控对象或过程按照预定规律自动运行。

（2）实现化工自动化控制的条件。实现化工自动化控制不仅需要有高质量、高品质的技术服务，而且要求含有成套的自动化控制系统。要实现化工自动化控制具体需具备以下几点条件。

- 采用先进的自动化控制设备及系统，能对温度、压力、流量与液位四大过程参数进行有效控制，比如DCS分散控制系统、PLC可编过程控制器。
- 制定出相应科学、合理的实施方案，打造其控制平台。
- 拥有高素质操作人员，可对其进行科学管理与操作。

（3）化工自动化控制与一般控制的主要区别。化工自动化控制与一般控制的主要区别动态过程控制与反馈。一方面，在过程控制中将各种工艺参数衡算所需要的平衡状态看作是稳态，当生产达到稳态时，若出现干扰，控制变量会偏离稳态，但可以在控制作用下回到稳态，这种将受到干扰后偏离稳态又回到稳态的过程称为动态过程。另一方面，化工自动化控制的效果与发展与信息反馈有着密切联系。在自动化控制系统中，当控制器采取控制措施后，能够把预期的控制效果信息送回控制器进行信息数据比较，以决定下一步怎样进行校正。这种控制预期效果信息又重新传送到控制器的过程称为反馈。反馈是提高控制质量的重要措施，通过改变反馈信息的大小、形式与规律，对控制质量产生不同的影响。

（4）化工自动化控制涉及的技术。化工自动化控制技术涉及很多现代技术，比如控制理论技术、仪表技术、计算机技术等，利于化工生产实现检测、控制、管理等，从而增加产量、减少消耗、生产高质量的产品。当前的化工自动化控制技术多以社会与市场为导向，借助科研力量，在实践过程中循序渐进有效进行。

化工自动化系统主要由软件、硬件、应用三大系统组成，并逐渐转变适应现代信息技术的发展要求，演进成为集管理与控制于一体的计算机集成综合自动化系统。伴随着过程控制体系经历五次（PCS、ACS、CCS、DCS、FCS）的变革，化工企业自动化控制由单体向总体发展，由独立子系统向网络多元化系统发展，化工自动化控制技术水平越来越高，使化学工业生产经济效益得以大大提高。

化学化工自动化一般是化工、炼油、食品、轻工等化工类型生产过程自动化的简称。在化学化工设备上，配备上一些自动化装置，代替操作人员的部分直接劳动，使生产在不同程度上自动地进行，这种用自动化装置来管理化工生产过程的办法，称为化学化工自动化。

6.5.3　危险化学品生产及使用中应用自动化的必要性

化学品具有易燃、易爆、易腐蚀、有毒、有害、放射性等特征；生产、使用、运输的危险性及应有的注意事项要求较高；需采取特殊防护措施，一般情况下，危险化学品有爆炸品、易燃固体和液体、压缩气体及液化气体、有毒品、腐蚀品等类别。对于化工生产的自动化控制高安全标准要求也势必成为首要考虑内容，毕竟安全生产是凌驾于一切的前提。

近年来的不断发生的重大化学事故及重大伤亡灾难，都透露出化学品生产及使用企业普遍存在不少的问题。国家以及各省市地区相继出台了一系列危险化学品安全生产工作指导意见，督促危险化学品生产企业对生产装置进行自动化升级、改造。自动化控制系统的使用给危险化学品安全生产带来了极大便利的同时，也带来了新的安全隐患，安全生产形势依然严峻。所以在智能集成自动化解决方案中涉及化学化工制程及材料应用也成为最不可轻忽、须倍加重视的事。

6.6　客制化生产管理软件

企业生产管理软件是近年来在自动化智能化解决方案中最突出也是变动最大的部分。现在使用企业生产管理软件的用户非常多，也已经普遍成为各类现代生产企业智能化改造的首选切入点。现在的企业生产管理软件适用性、高效管理性能够帮助企业节约很大的开支，例如人力资源方面、传统生产质量记录，还有生产设备串联管理等，这都说明了企业生产管理软件在我们企业生产经营过程中的重要性。

6.6.1　企业生产管理软件在生产过程中的重要性

信息化社会带来的产业变革，社会的发展经济的进步，已不再允许企业还停留在手工化。为了提高产量，大部分企业开始了机械化的进程，这表示企业在进步，社会在发展，这是身不由己的变革，如果一个企业还停留在手工化，其竞争力就比同行少了很多，比如通过电脑来进行账目管理、人力资源管理自然比传统的手工管理高效得多。

还有在管理方式上面，或许传统管理方式能够传承人类手工管理的优良美德，但在我们查找商品仓储库存的数量信息或销售业绩情况时，这就是一件吃力且折磨人的事，需要我们进行加减乘除的一连串简单运算，最终还有可能因为一时的失误出现不知道已经加减到哪一条信息的情况，而不得不从头再来一次。而在应用了企业生产管理软件之后，用户只需要点击想要得到的统计结果，一切运算操作全交由计算机系统后台执行操作。这使我们不得不承认企业生产管理软件的重要性。

企业管理软件还能为企业节约成本开支，不管是仓库库存管理，还是财务资金管理，抑或是客户关系管理等，统统都可以在一个企业管理软件系统中轻松实现，为企业减少大量人力资源、纸及人力传递转运工具的费用开支。通过了解企业管理软件的重要性，发现现代企业已经离不开管理软件的辅助了，相信将来的管理软件更智能的发展会为企业创造更多的利益。

6.6.2 生产型企业实现软件管理的必要性

生产制造业有些虽然自动化基础比较好，从20世纪80年代中期引进的自动化设备，如数控多头钻床、CNC钻床、光绘机系统、电测设备等系统大量被引进使用在生产上，但由于信息化技术尚未有效发展应用，所以有相当部分存在自动化"孤岛"现象，严重阻碍了从设计到加工的信息物理化进程（互联互通），成为企业快速响应市场的瓶颈之一。因此，对科技制造自动化信息集成具有迫切需求。早期应用的若干管理信息系统"各自为政"，数据不能共享，信息汇总统计效率极低，影响经营决策效率，因此迫切需要建立现代化的企业生产经营管理信息系统。

生产管理软件能够在下工单、采购、组装、生产、品检等多个环节管理产品的批次，在存货库存上区分出不同的批次，保证先进先出。生产管理软件能够对销售、采购单据与报表中出现的价格金额信息做到依人授权，没有取得授权的人无法看到价格信息；生产管理软件还能够实现对销售价格、采购价格输入的管控，使企业能够做到对价格的有效管理。制订科学的生产与采购计划，合理安排生产与采购。对于按订单生产的制造企业，在遇到临时插单的情形，可以在生产管理软件里面将销售订单直接转成生产订单，通过模拟生产确认物料是否足够，快速安排生产，最大限度地满足企业灵活多变的实际需求。

6.6.3 企业生产管理软件的选择（ERP、MES）

生产管理软件又可称制造执行系统、生产进度管理软件、生产流程管理软件、生产信息管理软件，车间现场设备管理软件，如ERP、MES系统。它帮助制造型企业优化生产管理，实时监控生产、质量情况，对产品全生产周期进行全方位管理。

（1）企业资源计划ERP。ERP是Enterprise Resources Planning，企业资源计划，是指建立在信息技术基础上以系统化的管理思想进行企业决策及为员工提供决策运行手段的生产管理软件。

企业生产管理ERP的基本任务，就是在生产活动中，根据经营目标、方针和决策，充分考虑企业外部环境和内部条件，运用计划、组织、控制等职能，将输入生产过程的人、财、物、信息等生产要素有机地结合起来，经过生产ERP系统转换过程，以尽可能少的投入生产出尽可能多的符合市场和消费者需要的产品和劳务，并取得最佳的经济效益和良好的社会效益。所以生产ERP系统至关重要。

企业生产管理，就是利用企业生产ERP系统结合销售订单、采购订单、生产操作的纽带，各环节只有密切配合，才能保证产品按质、按量、按期完成。企业生产管理效益的提高，在很大程度上受到企业生产ERP系统的影响。企业生产ERP系统可以按需生产，就是按照客户的需要来制订计划和组织生产，按期、按质、按量、按品种向市场和用户提供所需的产品和劳务。企业生产ERP系统还要严格按照经济生产的原则，就是用较少的劳动消耗和资源占用，生产出尽可能多的满足市场需要的产品和劳务。因为只有生产出的成果超过生产中的消耗，也就是使产出大于投入，企业才能增加积累，生产才能不断发展。因此，提高经济效益，是企业生产管理的出发点和根本目的。

（2）生产制造执行系统MES。制造企业关心三个问题"生产什么？生产多少？如何生产？"，而ERP回答的是前两个问题。"如何生产"（可以生产什么？在什么时间生产什么？在什么时间已生产什么？质量如何？效益如何？）由生产现场的过程控制系统"掌握"。对于"计划"如何下达到"生产"环节，生产过程中变化因素如何快速反映给"计划"，在计划与生产之间需要有一个实时的信息通道，MES（制造执行系统）就是计划与生产之间承上启下的"信息枢纽"。只有在MES提供了详尽的生产状况反馈后，ERP才能有效地运作计划的职能。

MES是企业生产制造平台的重要组成部分，它能帮助企业有效地组织、管理和优化产品的生产制造平台。运用MES生产过程管理软件后的明显效益如下所示。

- 优化现场规划，提高现场管理水平，降低现场管理成本；
- 建立透明化（目视）管理，打开现场管理黑箱，提高管理效率；
- 推行"生产自动化"，提高过程质量控制能力；
- 做到设备运行宏观动态显示；
- 在线生产品种动态显示；
- 计划下达顺序调度优化生产排程；
- 现场故障报警监视；
- 设备故障停线时间、故障原因显示说明；
- 质量问题的停线原因显示说明；
- 零件供应短缺停线原因显示说明；
- 多维度报表分析显示；
- 对决策"如何生产？"进一步的生产管理决策制定，提供进一步的具体的动态实际量化参考。

（3）如何选择ERP、MES管理软件。生产型ERP、MES管理软件在软件市场中，由于进销存及财务管理的市场应用较早，也是软件中最容易推广的部分，现在所有的ERP、MES管理软件公司都已经在功能上差不多了，更多是价格上的竞争，软件产品上已经达到了同质化程度。生产型企业在选择ERP、MES管理软件时应注意以下几点。

① 只选对的，不选贵的。现在很多中小企业在选择ERP、MES管理软件时，认为只要是耗资巨大的就一定是好的，是无所不能的，这是很多中小企业选择ERP、MES管理软件时所犯的通病，他们认为花了这么多钱，ERP、MES管理软件就理所当然地能为企业解决所有的问题。这种不务实的想法，不仅会误导ERP、MES管理软件的选择，而且给以后ERP、MES管理软件项目的实施带来困难。因此，中小企业在选择ERP、MES管理软件时，不是"只选贵的，不选对的"。

② 进行需求分析，找出企业自身存在的问题。企业在决定选择ERP、MES管理软件时，应该对企业进行充分的调研，找出目前企业无效低效的管理环节，也就是企业在选择的ERP、MES管理软件要解决什么样的问题。如果中小企业一直沿用传统的管理模式，这样会严重影响公司的管理效率和经营效率，企业在面临外部巨大的竞争压力和内部效率提高的压力不得不实施ERP、MES管理软件，只有借助先进的技术手段、现代化的管理理念，对企业落后的经营方式和固定的管理模式进行深层次的改革，才能赢得市场，才能在竞争中优胜。但是在企业选择ERP、MES管理软件时必须对自身的管理模式进行深层次的分析和冷静思考，并对企业自身的人力、物力、财力进行可行性分析，才能促使企业能正确选择ERP、MES管理软件。

③ 量体裁衣，选择最适合自己的ERP、MES管理软件。企业选择ERP、MES管理软件时结合自身的需求，是ERP、MES管理软件成功实施的关键。不同的ERP、MES管理软件拥有不同的功能、性能和可选特征，性价比是最好的考虑指标。对于不同的生产型企业对于ERP、MES管理软件有着不同的需求，同样地，ERP、MES管理软件供应商生产的ERP、MES管理软件也往往支持不同的生产类型，或者在某种类型上有特殊的优势，例如电脑技术开发有限公司主要定位为电子、电器、塑料、五金、机械行业等离散型制造业及多公司流通行业。

因此，对于选择ERP、MES管理软件的企业来说，应明确自己的生产类型，定义出该类型对ERP、MES管理软件的具体要求，然后在满足这些要求的ERP、MES管理软件供应商中选择ERP、MES管理软件。

④ 选择成熟的ERP、MES管理软件，提升企业实力。ERP、MES管理软件是非常复杂的软件，在其中的关联错综复杂，任何一个ERP、MES管理软件都难免存在漏洞，只是程度不同。ERP、MES管理软件的成功应用与软件自身的功能和可靠性有很大的关系。目前国内ERP、MES管理软件和国外ERP、MES管理软件竞争激烈，国内、国外的软件一般都具有全面集成、技术稳定、功能灵活等特点，但是国外ERP、MES管理软件设计

过于复杂，维修费用过高，而国内 ERP、MES 管理软件在购置和维护方面的费用相对较低。

⑤ 根据实际选择 ERP、MES 企业生产过程管理平台的硬件。生产管理平台部分功能描述如下。

- 生产进度跟踪
- 工序流转管理、流水线管理、拉线管理
- 机台管理设备管理
- 生产流程定义
- 不良缺陷定义
- 生产过程质量监控追溯
- 任务单、流程卡、派工单管理
- 上料防错
- 批号批次序列号精准管控
- 标准作业指导书（SOP）电子化
- 不良自动报警
- 防错防采防重防漏提醒，控制
- 预警提醒报警

- 生产报表
- 计划实际产量分析
- 制造成本统计分析
- 工时统计
- 计时计件工资自动计算
- 测试设备数据自动采集分析（需定制）
- 车间物料配送管控、追溯
- 仓储管理系统
- SAP O、racle、通达等 ERP 数据对接（需定制）
- 自定义提醒：自动弹窗口、短信、邮件、广告牌、报表等（定制）

企业应根据实际生产过程管理需求设计应用表 6-5 所示的时兴的通信技术及信息收集硬件。

表 6-5　通信技术及信息收集硬件说明

序号	名称	说明
1	条码扫描枪/条码打印机	企业根据实际需求设计一维码或二维码。打印贴标到产品进行条码扫描，软件自动计数，防错，提高效率
2	PDA 数据采集器/手持机	扫描、录入、查询集一体，企业根据需要选择
3	RFID 技术	射频识别 RFID 技术，又称无线射频识别，是一种通信技术，可通过无线电讯号识别特定目标并读写相关数据，而无需识别系统与特定目标之间建立机械或光学接触
4	电子广告牌	有助于实现车间可视化。生产计划数量、完成数量、生产达标率，质量达标率等显示到广告牌上
5	测试设备、测试工具	生产过程管理软件可直接读取测试设备或测试工具的检测数据用于分析，如：电子尺、质量检测设备、电子磅秤等
6	产线呼叫按灯系统	产线呼叫按灯系统是一个声光多媒体的柔性自动化控制系统，可以用来指示生产状态（例如，哪一台机器在运转），异常情况（例如，机器停机，出现质量问题，工装故障，操作员的延误，以及材料短缺等），以及需要采取的措施，如换模等

序号	名称	说明
7	人机交互终端	人机交互终端，也称工位智能交互终端，车间信息智能交互终端，是一种面向生产车间，基于MES和各种智能终端，利用数据库技术、5G网络技术，物联网技术等现代信息技术，实现车间管理层和车间执行层之间的数据和信息通信及控制管理。信息技术可以改变传统的生产数据、相关信息的下达、传递、反馈和处理模式，实现无纸化、实时化的车间数据、信息交互和控制的智能化管理
8	流水线感应自动计数系统	该系统运用于流水线生产，每日生产数量较大，条码扫描无法满足的工厂，如红外线感应自动计数、光感应自动计数等

综上所述，生产型企业为避免在选择ERP、MES管理软件及硬件应用的风险，必须做好自身的需求分析，找出自己的关键问题，这样才能针对制造企业理想的生产管理系统做出好选择。

6.7 客制化物流输送整合管理系统

曾经仓储及物流是各自独立分开的两个行业，而对于企业内部而言仓储及物流也通常分作两个部门。随着经济全球化和信息化进程的不断加快，全新的管理理念，相互融合高效的仓储及物流具有广阔前景和增值功能，不管是企业内部自行建立的系统，还是委托外部机构方式，正在全球范围内迅速发展，掀起生产型企业内"智能化仓储及物流革命"，提供更高效率、多功能、一体化的综合性服务。目前，国际上普遍把企业内提升仓储及物流效率称为"降低成本的最后边界"，其重要性已成为排在降低原材料消耗、提高劳动生产率之后，号称"第三利润源泉"。以下的各项物流及仓储相关新技术应用及探讨，也主要以生产型企业内"智能化仓储及物流"的新设计、新应用作为主要说明方向。

6.7.1 物流信息化新方向——智能车间生产物流调度系统

在物流信息化系统设计方面，每个企业通常会同时希望实现多个不同的作业目标。这些作业目标构成了物流表现的主要方面，其中多包括快速响应、最小变异、最低库存、整合运输、质量，以及生命周期支持等。现代化的物流信息化系统设计需要完成的工作很多，设计前需要分析出企业物流的核心问题，从核心问题入手来提高物流的现代化水平，增加企业经济效益。

（1）何谓自动化物流系统。自动化物流系统是指在一定的时间期限和空间范围内，通过一定的控制方式，调度运输物料和相关的输送设备、仓储设备。实现人员之前的通信联系，由这些动态要素构成的具有特定功能的有机整体就是自动化物流系统。它包括了自动导引运输车（AGV）、自动立体仓库、自动输送机系统和电控系统、计算机管理系统。自动化物流系统是一个现代化的高新技术产业。因为物流系统一般采用分布式的多种进程相互监控的管理方式，以满足其高新技术和可靠性的需要。采用AGV可以将复杂的物流系统进行分解，形成面向服务对象的多个物流中心，这个物流中心又包含着AGV和自动立体仓库。

（2）智能车间生产物流调度系统。物联网技术是制造业转型升级，实现智能制造的基础。在推动智能制造实施过程中，物联网正从工业领域的局部工序扩展到车间、工厂，从提质增效扩大到推动制造和物流业务模式的转变。智能制造以智能车间为载体，在设计、供应、制造和服务各环节实现端到端无缝协作。智能物流可以进行感知、思维、推理、路径规划和决策等，是连接供应和制造的重要环节，也是打造智能工厂的基石。当前，智能制造和智能物流正处于整合过程中，如何管理制造和物流的复杂流程，协同生产调度和物流调度，以实现智能制造和智能物流的集成是面临的一个重大挑战。

通过设备上装配传感器、射频RFID读写器和通信模块，输送线和RGV（有轨穿梭小车）/AGV上安装传感器和通信模块等物联网技术，面向智能车间的自动生产调度和自动物流调度需求，研发了智能车间生产物流调度系统，实现了智能制造和智能物流的集成。其中目标包括三个方面：最大化资源利用率、最小化库存、最小化生产周期。除了以上三方面目标以外，还要满足智能车间的生产调度和物流调度需求，主要包括三方面特点和需求：柔性、多约束和变动性。由于这些目标及需求之间存在冲突，不可能同时达到各个目标的最佳状态，因此需要在各个目标之间取得平衡，因此在不同企业中会需要不同的设计创新进而为企业带来效益。

① 智能车间生产物流调度系统的创新点。基于物联网技术，智能车间生产物流调度系统实现了智能生产和智能物流的发展，与传统制造车间的生产和物流相比，主要创新点包括以下几点，如表6-6所示。

表6-6 智能车间生产物流调度系统的创新点

序号	创新点	说明
1	缓冲区动态调度	为避免在制品托盘断供，距离在制品托盘入口较远的生产设备动态建立缓冲区，确保在制品托盘及时供应和均衡分配
2	路径冲突调度	在制品托盘在路径上产生路径冲突时，可对相关在制品托盘进行重调度，以消解冲突
3	设备故障自适应	需要在制品托盘的生产设备故障后，不再对其供应在制品托盘；其他生产设备故障后，输送线上运往该生产设备的在制品重调度到其他可用的并行生产设备
4	设备上线/下线自适应	生产设备下线后，输送线上运往该生产设备的在制品重调度到其他可用的并行生产设备
5	手动规划自适应	可接受手动调度目标点，并自动消解路径冲突

序号	创新点	说明
6	批次控制	生产设备批次切换时，完成旧批次清场并进入下一工序的生产设备后，再调度新批次在制品，确保两个批次的在制品不混批
7	电子地图	以"电子地图"呈现整个车间状态，对生产设备上线状态、重要交互信号以及所有设备重要参数和报警信息进行实时动态显示
8	基于电子标签的信息追溯	通过电子标签，记录每个在制品托盘经过的生产设备编号、进入时间、离开时间等，实现全流程追溯

② 智能车间生产物流调度系统的效益分析。智能车间生产物流调度系统可增进效益列举如下。

- 降低物流费用、减少产品成本。物流费用在产品成本中占有相当比重，企业物流合理化可以提高物流作业效率，减少运输费用及仓储包装费用，从而直接达到减少成本的目的。
- 缩短生产周期、加快资金周转。通过合理制订生产计划使物流均衡化，同时减少库存、减少物流中间环节可以有效地缩短生产周期，使进厂的原材料在较短的时间内，形成产成品供给用户。
- 压缩库存、减少流动资金的占用。库存控制是企业物流合理化的重要内容，库存控制的目的是通过各种控制策略和控制方法使企业的原材料、中间在制品和成品库存在满足生产要求的前提下，把库存控制在合理范围之内。
- 通过物流改善提高企业的管理水平。

物流系统涉及企业的各个领域。在物流科学的系统观念指导下，从整体效益着眼，对物流环节的任何改善都会对企业管理水平的提高起促进作用。仅就库存控制来看，一定量的库存是维持生产连续性的必要条件。但是库存过多不仅占压流动资金，而且掩盖企业管理中的许多矛盾，如某部门工作效率不高，劳动纪律松弛，各部门之间配合不协调等。

此处主要讨论智能车间生产物流的调度系统，实现了智能制造和智能物流的集成，为制造企业智能制造和智能物流整合提供了理想解决方案，提升了制造企业的生产效率和物流效率。生产模式由人工操控设备和在制品转向操控智能调度中心，达到以下目标。

- 生产流程规范可控、车间生产人员的体力劳动强度降到最低；
- 系统自动确保生产不混批，实现全流程追溯；
- 提升物流效率，减少生产设备断供，提高设备利用率；

- 优化物流路径，减少物流运输成本；
- 整体优化车间生产效率和物流效率，提高车间产能。

6.7.2　智能化仓储管理解决方案

（1）智能化仓储管理的重要性。仓储管理的物资种类、数量在不断增加、出入库频率剧增，仓储管理作业也已十分复杂和多样化，传统的人工仓库作业模式和数据采集方式已难以满足仓储管理的快速、准确要求，会严重影响企业的运行工作效率，成为制约企业发展的一大障碍。现代物流以整合流程、协调上下游为己任，静态库存越少越好，其商业模式也建立在物流的总成本考核之上。传统的仓储业是以收保管费为商业模式的，希望自己的仓库总是满满的，这种模式与物流的宗旨背道而驰。由于这两类仓储管理在商业模式上有着本质区别，但是在具体操作上如入库、出库、分拣、理货等又很难区别，所以在分析研究时必须注意它们的异同之处，这些异同也会体现在信息系统的结构上。

智能化仓储管理的内容应该包括三个部分：仓储系统的布局设计、库存最优化控制、仓储作业操作。这是三个层面的问题，彼此又有联系。仓储系统布局是顶层设计，也是供应链设计的核心。就是要把一个复杂纷乱的物流系统通过布局设计改造成为"综合运输配送"的枢纽，也就是以仓库为基地的配送中心。在相应的信息系统设计中，表现为"联库管理"的模式，分为集中式、分布式和混合式三类，其中配送中心的选择和设计是整个系统布局的关键。

随着制造环境的改变，产品周期越来越短，多样少量的生产方式，对库存限制的要求越来越高，因而必须建立及执行供应链管理系统，借助电脑化、信息化将供应商、制造商、客户三者紧密联合，共担库存风险。对于企业的发展来说，不仅需要考虑扩大经济发挥的规模，还需要重视提高仓库里备件备品数量的有效性。这是由于企业具有的备件备品是保证生产与进步的关键因素，但又不可因此过度积压资金成本造成损失。立足当前我国企业仓储管理的现状，过去的仓储管理工作已经无法适应现代化社会发展对于企业仓储管理工作的需要。随着市场经济改革的日益完善，企业管理工作中涉及的内容也逐渐复杂起来，特别是仓储管理工作开始呈现出多元化与复杂化的特征。

当前，我国的经济正在快速发展，目前自动化仓储技术还无法普遍适应社会各方面发展的需要。因此，相关人士一直在探究与更新仓储技术。现阶段，随着智能系统的研究，企业仓储管理工作逐渐趋于智能化。各个企业开始运用巷道式堆垛机为核心的立体型仓库。交通部门与物流中心开始大量运用智能化的仓储技术。智能化仓储管理工作不仅有利于加快物流运输的速度、准确度，具备智能化的特征，同时，还有利于进行仓库各步骤的管理工作，互相联系，增强数据和信息的实时性、可靠性与有效性，有利于缓解人工劳动压力，从根本上促进企业仓储的智能化。

智能化仓储管理系统以集中服务为切入点，针对企业仓储管理特点与发展需求进行了节点移动，有利于对仓库各环节管理基本数据和信息的采集与检验，有利于对仓储过程中各项工作指令数据进行采集，从而确保仓储管理工作达到标准，提高数据录入的真实性、完整性和及时性。在一定的范围内，企业仓储采取智能化管理，为工作人员提供了完整的物品信息，有利于掌握物品准确的位置，从而提高企业仓储管理的质量与效率。

（2）智能化仓储管理的功能。智能化仓储管理工作在本质上，是企业在仓库管理的过程中，形成一套完善的智能化仓储体系，以此达到仓储管理的规范化与智能化目的。智能化仓储系统中共有两个方面，分别是硬件与软件。规划与形成自动化仓储管理系统时，会划分出管理层、监控层、服务层与执行层。解决方案指的是，借助服务层来体现出系统服务器中的相关数据，促进管理层与局域网来配对物品的信息。借助执行层来达到和监控系统分享信息的目的。管理层的目的在于管理整个系统，推动自动化仓储管理系统中进行严格的货位管理。同时，进行货物报表查询、货物出入库次数管理、系统故障分析以及日常维护保养等工作，有利于及时下达指令进行信息传递和交互，实现企业仓库监控管理。监控层作为仓库管理的心脏，主要承担着管理系统指令的控制、接收、转发和分解等重任，平衡企业其他设备执行命令控制。为更好地对信息进行跟踪和处理，需要在执行层对仓储管理各环节执行作业指令，并依次完成各项指令任务。智能化仓储管理的功能如图6-3所示。

主要包括建立备品货位明细表、周期库存资金统计表、出入库信息记录表、采购计划表等，建立货物编码、部门、用户编码、库存量等档案，建立运行记录，比如设备故障和报警记录、作业执行情况等

为提高系统运行的自动性和灵活性，分析货位安排的合理性，确保货位存取始终处于高层货架受力均衡和高效运行状态中。作业计划功能是接受备品出入库和供应商材料等信息，从而制订出合理的生产计划，单项处理或批量处理作业单。作业调度功能有效提高堆垛机的效率，避免因一台机器出现故障而影响企业仓库相关环节的作业，同时预测备品的储存周期，针对堆垛机出入库特点，合理分配货位

首先将接收的作业信息、堆垛机状态、故障信息等以动态图形的形式显示在监控界面中，并将接收到的仓库管理系统的作业单转化为指令，存入待发任务队列中，并向堆垛机发送。其次针对企业仓储管理实际需求，通过自动化仓储管理系统，封锁某条巷道或者通过指令使堆垛机停止和返回。最后，通过计算机屏幕和声卡，系统或者设备故障发生声光报警。部分故障发生后，故障设备会自动停用并封锁，并及时将故障信息传递给仓库管理员，有利于管理员迅速调整作业计划，避免故障设备打乱正常工作流程，并通知维修人员尽快维护

图6-3 智能化仓储管理的功能

（3）智能化仓储管理模式（可以简单概括为八个关键管理模式如下）。

- 智能化仓储管理应具备资讯追溯能力，前伸至物流运输与供应商生产出货状况，与供应商生产排程计划出货状况相衔接。
- 智能化仓库在收货时确认进料状况，包括在供应商送货时，仓库应及时找相关部门查明原因，确认此货物是否今日此时该收进，并仔细清点，确认无误，方可收进。收货扫描确认时，如系统不接授，应及时找相关部门查明原因，确认此货物是否收进。
- 智能化仓库应具备货物的查验能力，特别管制，严控数量，对于物料储存时限进行分析并设定不良物料处理时限。
- 物料进仓，每一种物料只能有一个散数箱或散数箱集中在一个栈板上，暂存时限自动警示，尽量做到储位（bin-location）管制。
- 拣料依据工令消耗顺序来，做到先进先出，能做到依信号指示拣料则属上乘，拣料时最好做到自动扫描到扣账，及时变更库存信息告知中央调度补货。
- 仓库发料依据工令备拣单发料，工令、备料单与拣料单以三合一为佳，做到现场工令耗用一目了然，使用自动扫描系统配合信息传递运作。
- 整理盘点始终遵循散板散箱散数先行原则，对于物料要进行分级分类，从而确定各类物料盘点时间，定期盘点可分为日盘/周盘/月盘。
- 以整包装退换为处理原则，处理时限与处理数量应做到达到整包装即退。

当今时代是知识与技术相融的时代。企业必须提升自身的竞争实力，才能在激烈的市场竞争中实现发展。企业不仅需要考虑增加市场发展的空间，还需要提高仓库内备件备品的数量。但是这会增加仓储管理工作的难度。库存的最优控制部分是确定仓库的商业模式的，即要（根据上一层设计的要求）确定仓库的管理目标和管理模式，如果是供应链上的一个执行环节，是成本中心，多以服务质量、运营成本为控制目标，追求合理库存甚至零库存。因此精确了解仓库的物品信息对系统来说至关重要，所以要解决精确的仓储管理。随着科学技术的逐渐进步，自动化仓储管理技术应运而生，应用的范围也在逐渐扩大。企业在进行仓储管理的过程中，会充分利用到新兴的科学技术，特别是计算机技术，以此提升仓储管理工作的效率与水平，进而推动企业的长期、稳定发展。

6.7.3　智能仓储管理系统设计原则及思路

智能仓储管理系统（WMS，Warehouse Management System）设计目标是：采用先进的计算机技术、网络技术、数据库技术，以高效的信息处理体系为基础，实现管理手段的科学化、现代化和规范化管理。通过多年的高速发展，智能仓储管理系统（图6-4）为商业连锁管理体系提供强力支撑。WMS可帮助高速发展的企业实现跨越式发展，实现以下目标。

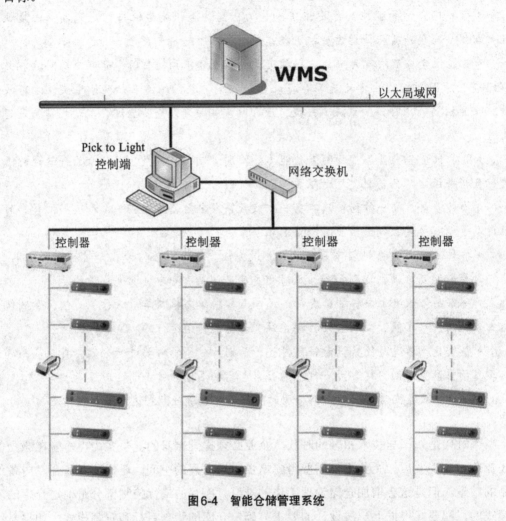

图6-4　智能仓储管理系统

（1）企业物流体系的建设和重组，建立健全企业现代物流体系，打造高速、高效、高质物流及供应链体系。WMS以条码、射频、二维码等数字技术为基础，形成高效可控的管理链条。尤其是成熟的条码管理体系，将促进公司管理模式的转变，从传统的依靠经验管理转变为依靠精确的智能数字分析管理，从事后管理转变为事中管理、实时管理，加速了资金周转，提升供应链响应速度，这些必将增强公司的整体竞争能力。

（2）无线热点覆盖、射频技术应用、电子标签联动响应等现代物流技术，让数据采集方式及时、过程精准管理、全自动化智能导向，提高工作效率。物流连锁体系，在仓储管理这一重要的环节实现对数据的准确、及时的控制。WMS以全智能自动化控制体系作为工作流导向，以信息流为基础，完成过程精准管理。从单一工站终端要货环节开始，有效跟踪数据，并形成要货模型，通过要货分析，根据配送线路及存储方式完成任务分配，利用现代物流设备和技术完成货物分拣，最终通过任务单送达工站并形成有效数据反馈。这一切都由 WMS 完成，不用人为过多干预，每个环节根据任务分配情况做出响应即可。

（3）采用功能划分，从库区到货道再到库位，精确定位管理、状态全面信息化监控，充分利用有限仓库空间。物流管理体系中，收货库区的自动分配，拣货环节物品的定位及补充、出货环节的集货和线路分配等环节都离不开精准的定位管理，仓储状态的全面监控。只有有效利用有限的仓位空间，提高仓储能力，才能为企业的物流的高速流转提供保证，而依靠人工是无法完成这些物品准确的调配的，那么就要依靠先进的物流管理技术和信息系统来增强。

（4）货品上架和下架全智能，按先进先出自动分配上下架库位，避免人为错误。WMS在自动计算最佳上架、下架货位的基础上，支持人工干预，提供已存放同品种的货位、剩余空间，并根据避免存储空间浪费的原则给出建议的上架、下架货位并按优先度排序，操作人员可以直接确认或人工调整。

（5）实时掌控库存情况，合理保持和控制企业库存。库存实时情况，工站线边（线边仓）提供实时临时缓冲库存和供应链体系的无缝连接，对缩短供应链、提高企业商品有效供给避免造成浪费具有重要意义。WMS依托自动传输平台技术和供应链系统，将商业连锁体系打造成为无缝物流体系。配送 WMS 提供高效配送支持，订单通过供应链体系联动发出，极大地提高了有效物流的响应速度。

（6）通过对流程各个环节信息的自动采集，实现对物流过程全方位管理。WMS支持自动补货。结合商业连锁管理、流程管理控制各个环节的信息自动化采集，进行智能化、集约化、模式化、透明化管理。比如：通过自动补货算法，形成自动补货模型，针对经营业态情况，制定不同补货模式；通常采用"胖中心、瘦终端"的集约化管理方式；提供要货优化，通过自动备货功能，实现智能任务分配；通过动态货位管理和电子标签系统不仅确保货位的使用效率，也提高了拣选的准确和效率；利用实时货位库存监控功能不但使拣选面存货量得到保证，而且能提高仓储空间利用率，降低货位蜂窝化现象出现的概率。系统能够对货位通过深度信息进行逻辑细分和动态设置，在不影响自动补货算法的同时，有效地提高空间利用率和控制精准度。这个管理环节，数据传递和采集都由WMS自动完成，大大提高了管理的精准度和效率，实现物流全程的智能化操作。

6.7.4 RFID 在物流仓储以及生产上的应用

基于消费者需要高水平的服务和具有竞争力的价格，因此需要设置配送中心来进行集中配送，这样可以更有效地组织物流活动，控制物流费用；集中存储物资，保持合理的库存；提高服务质量，扩大销售；防止出现不合理运输。为了完成这些目标，传统的仓储管理面临图6-5所示几个方面的问题。

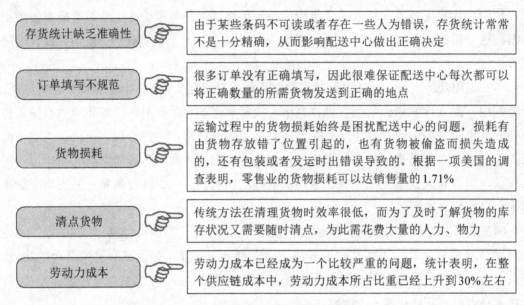

图6-5　传统仓储管理面临的问题

仓储管理及精确定位在企业的整个管理流程中起着非常重要的作用，如果不能保证及时准确的进货、库存控制和发货，将会给企业带来巨大损失，这不仅表现为企业各项管理费用的增加，而且会导致客户服务质量难以得到保证，最终影响企业的市场竞争力。所以全新基于射频识别（RFID）的物流系统方案，用来解决精确仓储管理和实时物流定位问题将是智能物流仓储系统的未来主流趋势。

基于RFID的仓储管理系统设计应严格遵循该项目中所涉及的各项技术规范，最大限度地利用现有计算机的最先进技术，遵循实时性、整体性、稳定性、先进性、可扩充性和可维护性的原则（如图6-6所示），建立经济合理、资源优化的系统设计方案。

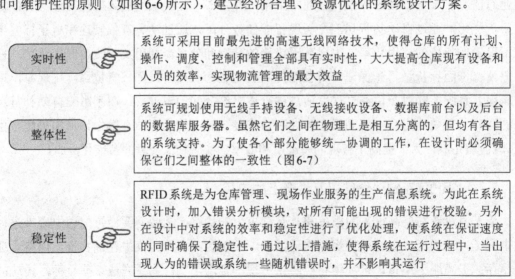

 先进性 👉 基于RFID的仓储管理系统是集计算机软硬件技术、无线网络技术、互联网络技术、条码自动识别技术和数据库技术为一体的智能化的系统。可配合电子商务子系统采用业界最流行的计算机三层结构体系，采用Java语言，提供XML接口

可扩充性和可维护性 👉 根据软件工程原理，基于RFID的仓储管理系统维护在整个软件的生命周期中所占比重是最大的。因此提高系统的可扩充性和可维护性是提高此系统性能的必备手段。此系统采用结构化、模块化结构，可根据需要修改某个模块、增加新的功能，使其具有良好的可维护性。系统还预留有与其他子系统的接口，使此系统具有较好的可扩充性

图6-6　基于RFID的仓储管理系统设计原则

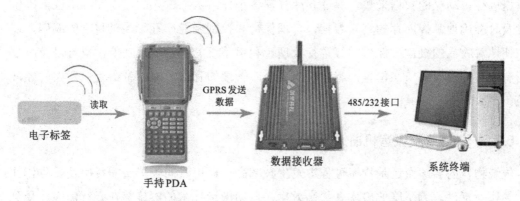

图6-7　集计算机、无线网络、互联网、条码自动识别、数据库技术

现代化的仓储管理需要配备自动化和省力化的物流装备与技术，还应具备现代化的物流管理信息系统和现代化的管理手段，射频识别技术在配送中心仓储管理中的应用将会带来革命性的变化。基于RFID的仓库管理系统（WMS）的广泛应用为提高分销中心的运营效率提供了有效的技术支持。

采用RFID技术后，将为企业带来多项效益，具体如下。

- 节省人工采集数据成本；
- 自动化的仓库管理作业，提高工作效率；
- 减少管理成本和人为差错；
- 更精确的进、销、存控制；
- 增进合作伙伴关系；
- 快速响应顾客需求，扩大产品销售量。

据自动识别中心会员Accenture咨询公司分析，采用RFID可以：减少库存资金10%～30%；库存空间利用率提高约20%；降低劳动力成本10%～40%；加快拣货、送货速度约10%；减少因偷盗、保管不善造成的损失约50%；增加销售额2%～10%；运输成本

降低2%～13%；发运准确度达到95%（托盘运输的公司可以超过99.9%的准确度）；计费性退货减少约80%；在生产制造环节应用RFID技术，可以完成自动化生产线运作，实现在整个生产线上对原材料、零部件、半成品和产成品的识别与跟踪，减少人工识别成本和出错率，提高效率和效益。特别是在采用JIT（Just-in-Time，准时制生产方式）的流水线上，原材料与零部件必须准时送达到工位上。采用了RFID技术之后，就能通过识别电子标签快速从品类繁多的库存中准确地找出工位所需的原材料和零部件。RFID技术还能帮助管理人员及时根据生产进度发出补货信息，实现流水线均衡、稳步生产，同时也加强了对质量的控制与追踪。基于射频识别的仓库管理系统是在现有仓库管理中引入RFID技术，对仓库到货检验、入库、出库、调拨、移库移位、库存盘点等各个作业环节的数据进行自动化的数据采集，保证仓库管理各个环节数据输入的速度和准确性，确保企业及时准确地掌握库存的真实数据，合理保持和控制企业库存。通过科学的编码，还可方便地对物品的批次、保质期等进行管理。利用系统的库位管理功能，更可以及时掌握所有库存物资当前所在位置，有利于提高仓库管理的工作效率，带给企业巨大的经济效益。

6.7.5　先进物流搬运机器人——AGV

传统物料的装卸搬运是物流过程中发生频率高、耗用时间长、所需费用及反复作业量大的作业活动。为了降低成本并提高效率，自动搬运技术的实施势在必行，因此受到越来越多的关注。在众多的搬运技术中，AGV系统以其独有的优越性，成为实现物料自动搬运的最佳解决方案。

AGV从发明至今已经近70年的历史，随着应用领域的扩展，其种类和形式变得多种多样。常常根据AGV自动行驶过程中的导航方式将AGV分为图6-8所示几种类型。

电磁感应式引导一般是在地面上，沿预先设定的行驶路径埋设电线，当高频电流流经导线时，导线周围产生电磁场，AGV上左右对称安装有两个电磁感应器，它们所接收的电磁信号的强度差异可以反映AGV偏离路径的程度。AGV的自动控制系统根据这种偏差来控制车辆的转向，连续的动态闭环控制能够保证AGV对设定路径的稳定自动跟踪。这种电磁感应引导式导航方法目前在绝大多数商业化的AGV上使用，尤其是适用于大中型的AGV

视觉引导式AGV是正在快速发展和成熟的AGV，该种AGV上装有CCD摄像机和传感器，在车载计算机中设置有AGV欲行驶路径周围环境图像数据库。AGV行驶过程中，摄像机动态获取车辆周围环境图像信息并与图像数据库进行比较，从而确定当前位置并对下一步行驶做出决策。这种AGV由于不要求人为设置任何物理路径，因此在理论上具有最佳的引导柔性，随着计算机图像采集、储存和处理技术的飞速发展，该种AGV的实用性越来越强

 激光引导式AGV ☞ 该种AGV上安装有可旋转的激光扫描器,在运行路径沿途的墙壁或支柱上安装有高反光性反射板的激光定位标志,AGV依靠激光扫描器发射激光束,然后接受由四周定位标志反射回的激光束,车载计算机计算出车辆当前的位置以及运动的方向,通过和内置的数字地图进行对比来校正方位,从而实现自动搬运。目前,该种AGV的在生产制造业的应用越来越普遍。并且依据同样的引导原理,若将激光扫描器更换为红外发射器或超声波发射器,则激光引导式AGV可以变为红外引导式AGV和超声波引导式AGV

图6-8 AGV的类型

此外,还有铁磁陀螺惯性引导式AGV、光学引导式AGV等多种形式的AGV。

由于生产制造业上,激光引导式AGV即将成为主流,所以此处也以激光引导式AGV为探讨对象。激光引导式AGV输送系统主要由AGV控制系统、AGV单车、AGV充电系统、其他辅助器材组成。

(1)AGV控制系统。AGV控制系统主要由管理监控计算机、自动调度软件等软件以及无线AP(接入点)、定位反光板、综合布线等组成。AGV控制系统主要功能如表6-7所示。

表6-7 AGV控制系统的功能

序号	功能	说明
1	货物出库输送	操作人员在呼叫终端呼叫所需托盘,物流管理系统自动从立体库调出相应的托盘,由出库输送系统送至规定的AGV取货站台。库物流管理系统向AGV监控管理计算机发送取货请求,计算机根据请求调度距离最近、空闲的AGV小车到对应取货站台,取走货物托盘、送至指定的站台,完成货物出库输送
2	余料返回输送	操作人员在呼叫终端呼叫余料托盘回库。物流管理系统向AGV监控管理计算机发送取余料托盘请求。计算机根据请求调度距离最近、刚卸完货的AGV小车到对应取货站台,取走余料托盘、送至余料托盘回收站台,完成余料托盘回收输送。此任务通过调度优化被复合在出库的任务中
3	空托盘回收输送	操作人员将空托盘码垛放在空托盘站台,在呼叫终端呼叫空托盘回库。物流管理系统向AGV监控管理计算机发送取空托盘请求。计算机根据请求调度距离最近、刚卸完货的AGV小车到对应取货站台,取走空托盘,送至空托盘回收站台,完成空托盘回收输送。此任务通过调度优化被复合在出库的任务中

(2)AGV单车。AGV单车主要由机械车体、激光导航扫描器、车载操作面板、车载安全防护系统及安全保护装置[激光安保护装置、安全环(接触式、二级响应)、报警及提示装置、急停装置、其他安全保护装置]所组成。如表6-8所示。

表6-8 AGV单车的组成

序号	组成部分	说明
1	机械车体	由根据运送物料架的形式所设计的车体机械结构(叉车、背负、下潜等)及驱动装置、顶升装置共同组成

序号	组成部分	说明
2	激光导航扫描器	激光扫描器的主要功能是发射和接收激光的光束，并计算出AGV小车到反射板的方位。当它侦测到方位时，就将此信息传送到车载控制器中。此外。扫描器还检测自己的状态，将任何检测到的错误都报告给车载控制器
3	车载操作面板	它的作用是提供了访问车载控制器内部信息的接口途径。通过它可查看车载控制器应用程序中变量参数的状态信息
4	车载安全防护系统及安全保护装置	（1）在每台机头部位安装激光安全检测装置，将监测区域分为减速区和停止区。当障碍物进入减速区时，AGV小车以预先设定好的速度减速运行；当障碍物进入停止区时，AGV小车立即停止，并可根据具体的运行路线进行改变 （2）为了最大限度地保护工作人员、AGV及其他机器设备，每台AGV小车的前端通常设置了二级安全保护装置接触式安全环。万一出现激光安全检测装置失灵或障碍物较低情况，当物体接触车体前的接触式安全环时，内置的微动开关会立即触发，使AGV紧急停车 （3）车体上急停按钮位于车身上便于识别、操作的位置，通过"手按"等简单的操作就可实现紧急停止的功能。紧急停车后，操作人员解决完毕异常状况后，释放急停按钮，表示AGV小车的故障已解除 （4）其他安全保护装置通常是只指AGV小车装有光电安全装置和接触式安全探测，负责AGV小车后退时的安全保护。或安装状态监视装置，可监视AGV小车的内部运行状态信息，当AGV小车发生异常时，能够显示AGV小车的错误状态信息码。另一方面，AGV系统监控机制也实时地显示AGV系统的异常错误信息

（3）充电系统及充电方式。充电系统及充电方式主要有以下几个重点，如表6-9所示。

表6-9 充电系统及充电方式的重点

序号	重点	说明
1	自动充电机	主要负责AGV小车的自动在线充电，当地面充电连接器与AGV车载充电连接器相连时，可自动对AGV小车的镍镉快充电池进行充电。充电机使用须性能稳定可靠
2	充电方式	充电机充电流程为AGV在线自动充电采用快充模式，首先采用恒流定压充电方式，也就是设备先以恒定的电流对电池组进行充电，电流的大小由用户设定；电池组随着恒流充电电压不断上升，当电池组电压达到用户设定的电压值时，设备自动对电池组进行恒压补充充电而电流值不断减小，直至快充电流值小于设定值的40%或快充时间到结束。从开始的恒流充电到后来的定压充电，整个充电过程全部由智能充电机的控制中心来自动完成
3	电池选择	电池选择须具有以下几个考虑：电池充放电循环可靠性高；电池内阻低；电池充电时间短；维护使用方便；电化学性能稳定；满足AGV对电池的高循环能力、高性能、易于维护等方面的要求
4	充电方式与充电站的设置原则	在一般情况下，AGV小车的容量在低于一定的值才去充电站充电，但是在一段时间内AGV需要频繁运行，所以拟设定两个充电档值，当小车处于空闲状态时，虽然AGV小车电池容量没有达到必须充电的档值，AGV管理系统也可以调度小车进行充电，当充电完毕或有任务时小车就可以投入运行，在最大限度上提高运输效率。AGV充电完全由AGV管理监控主机和地面智能充电站监控

（4）其他辅助器材、建筑及公用工程。动力配电系统供电体制是为确保设备和人身的安全，可遵循行业标准规范采用三相五线制供电。确保工作零线 N 与保护零线 PE 除在变压器中性点共同接地外，不再有任何电气连接；中控室电源独立供电，不应与其他电气设备共享；接地措施：单设地线，设备接地电阻小于 3 Ω，管理室计算机地线接地电阻小于 1Ω，将安全接地和信号接地分开，设备接地安全可靠。中控室使用面积要求、室温要求、湿度要求、地面要求、中控室应有防静电措施、预留走线沟管等，均已形成行业规范，有标准可遵循。

综上所述，AGV 是物流系统中最柔软和智能的运输系统。其主要优势是占用面积小，自动化程度很高，运用灵活度高，其施工操作方法也比较简单。

6.7.6　自动立体仓库

自动立体仓库系统（AS/RS：Automated Storage/Retrieve System）是指能够自动储存和取出物料的系统。它使用多层货架，能在巷道内的任何货位储存和取出货物的搬运车，以及计算机控制和通信系统，可以直接与其他生产系统相连。自动化体仓库在物品运输、管理，以及最大限度利用仓库空间、及时获得精准数据等方面有比较突出的优势。主要可分为四个系统，如图 6-9 所示。

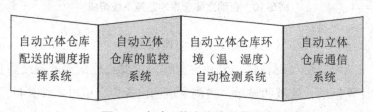

图6-9　自动立体仓库的四大系统

（1）自动立体仓库配送的调度指挥系统。根据自动化仓储管理的特点，可以设定一个多层、大容量的货物存放仓库系统，根据需要决定高度并设置高中低多层面空间利用系统，在货物存放有变动的情况下，按照企业发展需求随时进行调整。多层面立体仓储设计大大节省了仓库空间，有利于出入输送机对货物的移动与搬运，从而提高货架层的利用率。另外，自动化仓储管理实现了货品种类、数量等信息的自动核对和记录，企业管理人员只需要对仓库计算机进行查询，就可以获取需要的信息与数据。各种仓储设施为仓储现代化提供了基础条件，而监控和调度指挥系统则是实现现代化目标的必备工具。必须综合运用现代化科学管理方法和现代信息技术手段，合理有效地组织、指挥、调度、监督物资的入库、出库、储存、装卸、搬运、计量、保管、财务、安全保卫等仓储的各项活动，才能达到高质量、高效率，才能取得较好的经济效益。

（2）自动立体仓库的监控系统。监控系统由电视监视系统、安全防范系统、总控制室组成，如图 6-10 所示。它与仓储业务计算机管理信息系统结合，实现对仓储业务的现代化管理。

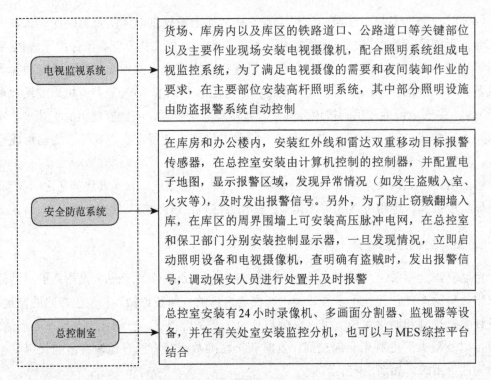

图6-10 自动立体仓库的监控系统组成

（3）自动立体仓库环境（温、湿度）自动检测系统。有些仓库的温、湿度条件要求比较严格，可安装温、湿度巡检仪，分别检测库内主要点位的温、湿度数据，各点的测量数据传送到计算机进行处理和显示，当测量值超出规定范围时，计算机发出警示信息，提醒管理人员进行处置。有条件的仓库可由计算机自动启动库房内的调温、调湿设备，使库房温、湿度恢复到规定的范围内。

（4）自动立体仓库通信系统。这里主要指用于调度指挥的通信设备，使总控室的命令能通过有线或无线方式传送到作业现场，完成调度指挥的功能。以上几个子系统构成了以主控室为中心，以计算机网络和通信技术为手段的监控和调度指挥系统，将物流中心的数据处理业务纳入计算机管理，安全防范工作纳入图像监控。物流中心的管理人员只要打开监视器，就能看到仓库内外各个地方的图像信息，通过通信系统就可以进行指挥调度。

6.8 智能集成技术（成套、总线）

随着工业装置的智能化、连续化、高参数化，对自动化产品的要求不断提高。为了达到工业设备的数据传递、信息共享、协调操作、优化操作、故障处理、安全启停、稳定运行、低碳经济等要求，必须把各种不同规格的信息、仪器、仪表、产品和系统无缝地集成为一个协调的集成信息系统。如何处理这些仪器仪表产品系统之间的数据传递、信息共享、协调操作等以满足用户的要求已经成为一项十分重要的技术，即系统集成技术。另外，以提出整体解决方案为目标的应用技术和以优化软件、先进控制算法为代表的应用软件也已成为新的发展趋势。这些技术的发展都为用户带来明显的经济效益。

6.8.1　成套自动化

发展成套自动化技术从产品和技术上都是基于集成和解决方案的理念（非标自动化），虽有其阶段性发展的必然，但发展速度引人注目。现实中的工厂自动化改造，很难把各种功能严格分开。市场竞争要求成套自动化技术不再仅仅是提供PLC或DCS局部的控制模式和独立的信息系统，且要求将自动化控制、安全保护、生产和设备管理、生产调度、优化等信息系统全集成在一起，几乎集成了所有自动化控制、管理功能，从产品和技术上具备了这个基础。成套自动化构架使DCS自身的技术进一步横向集成，纵向集成，形成区域系统，为整体自动化解决方案奠定基础。

成套自动化系统正在变得越来越灵活，越来越智能，能够自动调整它们的行为来最大化产能，或者最优化生产成本。在各行各业的成套自动化系统能够自动调整局部生产线的速度，来适应任何属于特定生产批次的关键制约环节的活动。在自动化生产中，成套自动化系统能够自动对生产线速度做出小幅的调整，进而提升单独加工线的综合平衡，最大化整个制造系统的效率。

6.8.2　现场总线、工业总线

（1）现场总线。现场总线是国际电工委员会IEC 61158标准定义，现场总线是指安装在制造或过程区域的现场装置与控制室内的自动控制装置之间数字式、串行、多点通信的数据总线。应用在生产现场，在测量控制设备之间实现双向串行多节点数字通信技术。现场总线技术是在20世纪80年代中期发展起来的，是计算机技术、通信技术、控制技术（即3C技术）发展汇集成的结合点，是信息技术、数字化、智能化网络发展到现场的结果。现场总线亦称为工业控制网络，已经成为控制网络技术的代名词。

现场总线以测量控制设备作为网络节点，以双绞线等传输介质为纽带，把位于生产现场、具备了数字计算和数字通信能力的测量控制设备连接成网络系统，按公开、规范的通信协议，在多个测量控制设备之间，以及现场设备与远程监控计算机之间，实现数据传输与信息交换，形成适应各种应用需求的自动控制系统。（三要素：网络节点、传输介质、通信协议。）与一般的电信网和一般的计算机网络相比，现场总线控制系统特别强调可靠性和实时性，现场总线的数据通信是以引发物质或能量的运动为最终目的。

大体来说，工业中常用的现场总线包括STD总线、VME总线、PXI总线、VXI总线、PCMCIA总线、PMC总线、Compact PCI总线等。随着人们对标准化、开放性和技术的面向未来性认识的不断提高，Compact PCI/PXI 技术得到了越来越广泛的关注。与此同时，Compact PCI/PXI 技术也逐渐被国内市场接纳和认同，应用气氛十分活跃。目前，Compact PCI/PXI 的系统已广泛且成功地应用于汽车测试、半导体测试、功能性测试、航空设备测试以及军事应用。开放的软硬件架构，永远是各种解决方案的趋势。在工业自动化领域，Compact PCI/PXI 应用成绩显著。到目前为止，Compact PCI/PXI 在自动化领域的应用已经由试验、观望阶段进入了普及时期。

现场总线的特点在于其公用性，即它可以同时挂接多个模块改设备。在微型计算机系统中，利用总线可以实现芯片内部、印制电路板各模块之间、机箱内各插件板之间、主机与外围设备之间或系统与系统之间的连接与通信。现场总线设计的好坏会直接影响整个微机系统的性能、可靠性、可扩展性和可升级性。由于现场总线公用性的特点，必须解决物理连接技术和信号连接技术。物理连接包括电线的选择与连接、用于缓冲的驱动器、接收器的选择与连接，还包括传馈线的屏蔽、接地和抗干扰等技术。信号连接包括基本信号相互间的时序匹配和总线握手逻辑控制问题。毕竟通信只是整个系统中的一个部分，一般系统还必须完成诸如数据采集和控制的功能。

（2）工业总线。工业总线就是在生产制造模块之间或者各式生产设备之间传送信息、相互通信的一组公用设备群组及信息信号线和网络布局的集合，是设备群组在主控系统设备的控制下，将发送设备发送的信息准确地传送给某个接收设备的信号载体或公共通路也就是智能集成技术的神经网络。工业总线，具有高噪声抑制、宽共模范围、长传输距离、冲突保护等特性，但还需要考虑合理的应用和网络布局、连续的信号通道、周全的保护措施等，在设计之初就应有总体规划。随着光纤通信和以太网技术的发展，各芯片厂商对新器件的开发，在工程应用中采用经典方法与新器件联合使用的措施，可以收到更好的效果。近几年，工业总线无论是在网络通信领域、工业自动化领域还是测试和测量自动化领域，都成为生产自动化智能集成的重要概念及构成要素。

6.8.3 智能集成技术

过去工业控制领域都是一些不同的独立体系，而现今自动化技术发展打破了各自为政的枷锁，从技术上为系统集成创造了条件。在5G时代，生产过程自动化不仅是把控制系统作为控制、操作和生产运行的工具，随着市场竞争不断加剧，在节能减排、安全环保、挖潜增效、低碳经济驱使下，要求自动化技术将过程信息和整个集团的生产管理、执行等信息系统集成在一揽子解决方案中，大家有很深的体会。

我们看到现在全球有影响力的自动化公司及其技术，如 Siemens 的全集成自动化、Rockwell 的集成架构、Emerson 的 Plant Web（工厂管网）、ABB 的 Industrial IT（工业信息系统）等，各公司纷纷推出了全集成架构新的系统理念，它们代表着自动化行业的走向。现场总线和工业以太网技术的发展和推广应用，为全集成自动化体系架构的形成和发展奠定了通信的基础。

另外从自动化编程语言、现场总线、工业以太网等各种自动化标准的推广应用，也为全集成体系架构奠定了的基础。自动化行业对新技术、新需求融合吸纳的速度和程度超出了人们的预期，目前自动化还没有走向完全的标准化。这决定了工业自动化市场不可能出现由单一力量独统江湖的局面，自己大而全是不可能的。任何一个产品都不可能大而全，只有走集成化道路，同时掌握了特定领域行业知识、技术，才能为用户提供先进的自动化集成平台和解决方案。

（1）在自动化应用领域，从市场需求上看，需要提供整体自动化解决方案。市场的客观需求推动着自动化的发展。由于我国经济的迅速发展，生产装置迅速向智能化方向发展，生产装置的变化能够带来明显的生产效率提高、原料消耗减少、劳动力成本降低等。生产装置的智能化对自动化系统要求更高、更全面、更复杂，要求设备之间具有更好的协调性。因此市场需求迫切希望自动化供应商能够解决生产设施智能化和连续化面临的所有自动化技术问题，提供整体自动化解决方案。当今的自动化产品和技术具备了集成的基础和整合的基础。全集成自动化解决方案实现生产过程的管理、控制、安全、优化，使生产更有序、更安全、更经济，既提高了生产效率，又节约了成本，这必然需要多种技术和功能的集成，没有一个系统是大而全的，肯定是靠集成、靠整合。

从产品和技术上走集成模式，为市场提供"全集成自动化解决方案"是自动化行业发展的明显特征。现在，自动化供应商集成高品质的硬软件产品体系，从现场仪表到控制系统，从监控软件到优化控制软件，从生产综合自动化到企业管理信息化，都致力于为用户提供从底层到上层的完整的工业自动化整体解决方案。传统的自动化仪表公司过去主要是现场仪表业务（产品公司），而现在已从过去单纯的仪表销售业务，向"仪表成套+控制系统+工程实施+应用研发"提供整体解决方案转变，通过业务转型和拓展，为用户提供全集成自动化的解决方案。表现形式：产品自下向上发展，由现场仪表扩充DCS。由此可见，我国主要自动化公司和系统集成商的业务转型和发展模式能够提供从现场仪表到控制系统的全套产品，既做产品公司，也做工程公司，能给用户提供整体自动化解决方案，分别根据自身的优势，以不同的战略方向向自动化系统集成和产业服务型的深度和广度发展。

（2）智能集成技术自动化行业发展的必然要求。国内外知名的自动化公司几乎都是不但做现场仪表业务，也做DCS、PLC等系统业务，既做产品销售，也做项目实施和工程技术服务，能给用户提供智能集成（全集成）的自动化技术解决方案，产品集成能力、方案设计能力、工程服务能力和实力都较强，不仅是产品销售公司，更是提供解决方案的技术公司，能够提供从信息管理系统、控制系统到现场仪表的全套产品，能给用户提供整体自动化解决方案。

值得注意的是，近几年自动化系统制造商不再把自己仅仅看作是DCS的供应商，而是针对用户的某一个项目综合需求，从控制方案的制定开始，包括设计选型、系统集成、硬件采购、软件配置、现场调试、开车投运，直到验收，全过程都由其承包。它们既是咨询公司，又是解决方案供应商，更是系统集成商和服务商。这种做法进一步满足了用户的要求，同时也要求供应商对用户的工艺、控制难点、不同类型仪表的功能和性能都要十分了解。

许多综合性的自动化集团成立了专门针对某些行业的"解决方案"公司。例如Emerson集团在兼并了Westinghouse的自动化部后，将其DCS和工程人员统合改为"电力和水处理解决方案公司"。霍尼韦尔、西门子、HIMA等也都致力于成为广大用户可信赖的合作伙伴，帮助用户提高产品产量、质量、效益，保证产品安全、环保、低碳，为用户提供具有竞争力的自动化解决方案和服务，为用户创造价值，依托产品全集成，提供专业化的解决方案。随着技术的发展，最终用户自己做系统、自己做方案的能力会越来越弱，综合性的方案解决者在未来的市场竞争中将会起着越来越重要的作用。所以自动化供应商都定位在专业化的解决方案上。首先通过专业化的解决方案为客户创造价值，为客户的生产过程提高效率、可靠性、方便性、安全性，已经成为当今自动化行业最突出的发展趋势。

（3）解决方案的需求趋势使得系统集成商的价值进一步提升。目前，几乎所有的知名自动化公司都在走系统集成之路。系统集成业务涉及现场仪表、控制系统和管理系统三个层面的解决方案，包括：仪表成套、控制系统、工程大包和交钥匙项目及EPC、MAV、MIV项目，以DCS/PLC控制系统、仪表成套、产品集成和工程服务为业务重点。随着市场的成熟，竞争加剧，并且用户的需求也在向中高端发展。这使得解决方案进入越来越多人的视线，解决方案的供应商或者战略层面的自动化伙伴越来越受欢迎；而在客户端，对这一趋势的认识也逐渐深刻，很多自动化公司逐步进行了业务转型，通过培育和提升系统集成能力、工程技术能力、服务能力、销售能力和产品能力，实现从"产品"向"解决方案"的业务转型，实现从"产品公司"向"方案公司"的转变，以现有产品促进和发展集成业务，同时在系统集成业务的发展过程中推动和丰富公司的产品线，"以集成带产品，以产品促集成"，为广大的客户提供性价比优越的一揽子自动化解决方案和专业化的工程服务。而这种趋势之下，系统集成商的作用愈发凸显。

智能集成技术业务是一种很强的技术行为，强调技术和工程设计能力，以解决方案为中心，是技术含量很高的行为，技术是系统智能集成业务的核心，有其复杂性、综合性和专业性，对从业人员的专业技术能力和素质要求较高，强大的工程技术能力是开展系统智能集成业务的有力保障和支撑。

第 ⑦ 章

智慧产权专利申请

专利作为一种无形资产，具有巨大的商业价值，是提升企业竞争力的重要手段。企业将科研成果申请专利，是企业实施专利战略的基础。专利的质量与数量是企业创新能力和核心竞争能力的体现，是企业在该行业身份及地位的象征。企业通过应用专利制度可以获得长期的利益回报。企业拥有专利是申报高新技术企业、创新基金等各类科技计划、项目的必要前提条件。

7.1　专利的分类

一项发明创造必须由申请人向政府主管部门（在中国，是中华人民共和国国家知识产权局）提出专利申请，经政府主管部门知识产权局依照法定程序审查批准后，才能取得专利权。一般发明创造包括三种类型，分别是：发明、实用新型和外观设计专利。

7.1.1　发明专利

针对产品、方法或者产品、方法的改进所提出的新的技术方案，可以申请发明专利；《专利法》所称发明是指对产品、方法或者其改进所提出的新的技术方案。其特点是：

首先，发明是一项新的技术方案，是利用自然规律解决生产、科研、实验中各种问题的技术解决方案，一般由若干技术特征组成。

其次，按照性质划分，发明权利要求有两种基本类型，分为产品权利要求和方法权利要求。产品权利要求包括人类技术生产的物（产品、设备），方法权利要求包括有时间过程要素的活动，又可以分成方法和用途两种类型。专利法保护的发明也可以是对现有产品或方法的改进。授予专利权的发明，应当具备新颖性、创造性和实用性。新颖性是指该发明不属于现有技术；也没有任何单位或者个人就同样的发明或者实用新型在申请日以前向专利局提出过申请，并记载在申请日以后（含申请日）公布的专利申请文件或者公告的专利文件中。创造性是指与申请日以前在国内外为公众所知的技术相比，该发明具有突出的实质性特点和显著的进步。实用性是指该发明能够制造或者使用，并且能够产生积极效果。

7.1.2 实用新型专利

针对产品的形状、构造或者其结合所提出的适于实用的新的技术方案，可以申请实用新型专利；《专利法》所称实用新型是指对产品的形状、构造或者其结合所提出的适于实用的新的技术方案。实用新型与发明的不同之处在于：第一，实用新型限于具有一定形状的产品，不能是一种方法，也不能是没有固定形状的产品；第二，对实用新型的创造性要求相比发明较低。产品的形状是指产品所具有的、可以从外部观察到的确定的空间形状。对产品形状所提出的技术方案可以是对产品的三维形态的空间外形所提出的技术方案。产品的构造是指产品的各个组成部分的安排、组织和相互关系。产品的构造可以是机械构造，也可以是线路构造。机械构造是指构成产品的零部件的相对位置关系、连接关系和必要的机械配合关系等，线路构造是指构成产品的元器件之间的确定的连接关系。

7.1.3 外观设计专利

针对产品的形状、图案或者其结合以及色彩与形状、图案的结合所做出的富有美感并适于工业应用的新设计，可以申请外观设计专利。外观设计是指产品外观的设计方案。它与发明或实用新型完全不同，即外观设计不是技术方案。我国《专利法》第二条中规定：外观设计，是指对产品的整体或局部的形状、图案或者其结合以及色彩与形状、图案的结合所做出的富有美感并适于工业应用的新设计。可见，外观设计专利应当符合以下要求：

（1）是指形状、图案或者其结合以及色彩与形状、图案的结合的设计；

（2）必须是对产品的外观所作的设计；

（3）必须富有美感；

（4）必须是适于工业上的应用。

7.2 专利权的主要特征

专利权的客体就是专利法保护的对象，也就是依照专利法授予专利权的发明创造。我国《专利法》第二条规定：本法所称的发明创造是指发明、实用新型和外观设计。因此，专利权的客体应该是发明、实用新型、外观设计三种专利。专利权是由国务院专利行政部门依照法律规定，根据法定程序赋予专利权人的一种专有权利。它是无形财产权的一种，与有形财产相比，具有图7-1所示主要特征。

所谓独占性亦称垄断性或专有性。专利权是由政府主管部门根据发明人或申请人的申请，认为其发明创造符合专利法规定的条件，而授予申请人或其合法受让人的一种专有权。它专属权利人所有，专利权人对其权利的客体（即发明创造）享有占有、使用、收益和处分的权利

所谓专利权的时间性，即指专利权具有一定的时间限制，也就是法律规定的保护期限。各国的专利法对于专利权的有效保护期均有各自的规定，而且计算保护期限的起始时间也各不相同。我国《专利法》第四十二条规定：发明专利权的期限为20年，实用新型专利权的期限为10年，外观设计专利权的期限为15年，均自申请日起计算。

所谓地域性，就是对专利权的空间限制。它是指一个国家或一个地区所授予和保护的专利权仅在该国或地区的范围内有效，对其他国家和地区不发生法律效力，其专利权是不被确认与保护的。如果专利权人希望在其他国家享有专利权，那么，必须依照其他国家的法律另行提出专利申请。除非加入国际条约及双边协定另有规定之外，任何国家都不承认其他国家或者国际性知识产权机构所授予的专利权

图7-1　专利权的主要特征

7.3　专利检索、信息

7.3.1　专利检索

检索即查检寻找图书、资料等。在知识产权领域，系为判断发明、实用新型或外观设计的新颖性和创造性，或为确定商标是否满足注册条件，查找与其相关的现有技术、抵触申请或在先权利的行为。检索依不同目的又分为表7-1所示几种方式。

表 7-1　检索方式

序号	检索方式	说明
1	对比检索	也称专利技术方案检索，是针对某一特定技术领域中采用特定技术手段解决特定技术问题的一种具体技术应用方案，检索包括专利文献在内的全世界范围内的各种公开出版物，其目的是找出影响被检索技术方案的新颖性或创造性对比文件
2	专题检索	也称专利技术主题检索，是针对具有某一相同特定技术领域或某一相同特定技术领域内相同特定技术范围的多个技术方案集合的技术主题，检索专利文献，其目的是找到与被检索技术主题相关的参考文献
3	法律状态检索	对一项专利或专利申请当前所处的状态所进行的检索，其主要目的是了解该项专利是否授权，授权专利是否有效，专利权是否转移，是否存在许可备案情况，以及与法律状态相关的信息

序号	检索方式	说明
4	同族专利检索	以某一专利或专利申请为线索，查找与其同属于一个专利族的所有成员的过程。同族专利检索的信息特征主要是：申请号（包括优先申请号）和文献号。同族专利检索得到的信息为同属于一个专利族的所有成员的文献号
5	专利引文检索	查找特定专利所引用或被引用的信息的过程，其目的是找出专利文献中刊出的申请人在完成发明创造过程中曾经引用过的参考文献或专利审查机构在审查过程中由审查员引用过并被记录在专利文献中的审查对比文件，以及被其他专利作为参考文献或审查对比文件所引用并记录在其他文献中的信息
6	专利相关人检索	查找某申请人（优先权人）或专利权人或发明（设计）人等拥有的或某代理人、代理机构代理的专利或专利申请的过程

7.3.2 专利信息

一切专利活动所产生的相关信息的总和，集技术、法律、经济信息于一体，是一种复合型的信息源，包括文献型专利信息和非文献型专利信息。信息资源包括主要国家和地区的专利文献信息资源，专利文献信息资源获取方式可以是以下任何一种：

（1）建立专利信息数据库；

（2）配置专利信息数据资源镜像系统；

（3）授权访问国内外商业专利数据库信息资源，远程调用主要国家、地区或者国际组织的专利管理部门建立的免费专利信息数据库的信息资源。

信息安全：应保证专利信息资源使用过程与结果的自身信息安全，包括自身信息及过程中的技术、商业机密等信息。

7.4 各国专利法对专利申请的要求

7.4.1 专利申请的文件要求

根据各国专利法的规定，发明人在提出专利申请时，必须对发明的内容加以说明，并具体指出要求保护的范围（claims）。必要时还要附具图样对其发明加以解释。例如：美国专利法规定，发明人在提出专利申请时，必须向专利局提交：说明书（specification）、图样（drawing）、宣誓书或声明书（oath or declaration）。其中最重要的是说明书。按照美国法律的规定，申请人的说明书中，应包括发明的名称，对发明的叙述，对制造及使用发明的方式、方法的说明，以及发明人认为实施自己发明的最佳方式（best mode）。对于上述情况，申请人必须如实披露，并应做到足以使一般具有专业技术的人能够实施发明的程度。此外，申请人还必须在说明书中明确而具体地提出他所要求给予专利保护的范围。由于申请的内容相当复杂，如果不符合法律的要求，往往会被专利局驳回，因此，发明人一般都委托专利律师或专利代理人代为申请。

7.4.2　专利申请的审查要求

各国对专利申请的审查有不同的要求，基本上实行两种不同的制度。有的国家实行形式审查制，即只审查专利申请书的形式是否符合法律的要求，而不审查该项发明是否符合新颖性等实质性条件。有些国家则实行实质审查制，即不仅审查申请书的形式，而且对发明是否具备新颖性、先进性和实用性等条件进行实质性的审查，只有具备上述专利条件的发明，才授予专利权。中国和世界上大多数国家采用实质审查制。

7.4.3　专利申请原则

按照专利法的基本原则，对于同一个发明只能授予一个专利权。当出现两个以上的人就同一发明分别提出专利申请的情况时，有两种处理的原则：一个是先发明原则，一个是先申请原则。先发明原则是指，同一发明如有两个以上的人分别提出专利申请，应把专利权授予最先做出此项发明的人，而不问其提出专利申请时间的早晚。但由于在采取此项原则时，在确定谁是最先发明人的问题上往往会遇到很多实际困难，因此，目前在世界上只有美国、加拿大和菲律宾等少数国家采用这种专利申请原则。所谓先申请原则，是指当两个以上的人就同一发明分别提出申请时，不问其作出该项发明的时间的先后，而按提出专利申请时间的先后为准，即把专利权授予最先提出申请的人，中国和世界上大多数国家都采用这一原则。

7.4.4　专利的申请流程与提交文件

各国专利的申请流程与提交文件各不相同，以我国为例，如表7-2所示。

表 7-2　专利的申请流程与提交文件

专利类别	申请审批流程	申请文件
发明专利	专利申请→受理→初审→公布→实质审查请求→实质审查→授权	（1）请求书：包括发明专利的名称、发明人或设计人的姓名、申请人的姓名和名称、地址等 （2）说明书：包括发明专利的名称、所属技术领域、背景技术、发明内容、附图说明和具体实施方式 （3）权利要求书：说明发明的技术特征，清楚、简要地表述请求保护的内容 （4）说明书附图：发明专利常有附图，如果仅用文字就足以清楚、完整地描述技术方案，可以没有附图
实用新型专利	专利申请→受理→初审→公告→授权	（1）请求书：包括实用新型专利的名称、发明人或设计人的姓名、申请人的姓名和名称、地址等 （2）说明书：包括实用新型专利的名称、所属技术领域、背景技术、发明内容、附图说明和具体实施方式。说明书内容的撰写应当详尽，所述的技术内容应以所属技术领域的普通技术人员阅读后能予以实现为准

专利类别	申请审批流程	申请文件
实用新型专利	专利申请→受理→初审→公告→授权	（3）权利要求书：说明实用新型的技术特征，清楚、简要地表述请求保护的内容 （4）说明书附图：实用新型专利一定要有附图说明 （5）说明书摘要：清楚地反映发明要解决的技术问题，解决该问题的技术方案的要点以及主要用途
外观专利	专利申请→受理→初步审查→公告→授权	（1）请求书包括外观专利的名称、设计人的姓名、申请人的姓名、名称、地址等 （2）外观设计图片或照片：至少两套图片或照片（前视图、后视图、俯视图、仰视图、左视图、右视图，如果必要还要提供立体图） （3）外观设计简要说明：必要时应提交外观设计简要说明

7.5 专利申请实操步骤及文件写作

按照规定，申请实用新型专利，应当提交实用新型专利请求书、权利要求书、说明书、说明书附图、说明书摘要、摘要附图。申请文件应当一式两份申请前需要填写各种各样的申请表。这些都是固定格式的，在国家知识产权局的网站上可以下载。

7.5.1 专利申请实际操作步骤

先看《实用新型申请撰写示例（说明书）》，写出与你专利相对应的各部分内容。之后，检查确认无误后，将相关部分复制到上面几个文档（《权利要求书》《说明书》《说明书附图》《说明书摘要》《摘要附图》）中，最后，再填写实用《新型专利请求书》《申请后提交文件清单》及《费用减缓请求书》。最后整理好就可以上交国家专利局申请。

7.5.2 专利申请文件的写作重点及注意事项

（1）关于实用新型的名称。名称是需要保护的专利的最具概括性的描述。名称应简明、准确地表明实用新型专利请求保护的主题。言简意赅，个个词语切中要害。名称中不应含有非技术性词语，不得使用商标、型号、人名、地名或商品名称等。

> **提醒您**
>
> 名称应与请求书中的名称完全一致，不得超过25个字。除了《说明书》内部需要统一外，名称与《实用新型专利请求书》《费用减缓请求书》等相关文档中相应的专利名称描述也要严格保持一致。

（2）关于格式。专利申请中有一些常用的固定式格式，比如《说明书》中："所属技术领域……本实用新型涉及……尤其是……（或者：其特征是……）。"要简要说明其所属技术领域或应用领域，目的是便于分类、检索及其他专利活动的进行。

（3）关于背景技术。这里就是指出现有问题，引证文献资料。可以指出当前的不足或有待改进之处或者你的发明创造中有什么更有利的东西等。应提供一至几篇在作用、目的及结构方面与本发明密切相关的对比资料，简述其主要结构或组成或工艺等技术构成，必要时可借助附图加以说明，并客观地指出其不足之处及其原因，为了方便专利审查专家们更方便地审核你的专利，要注明出处。如提供不出具体的文献资料，也应对现有技术的水平、缺点和不足作介绍。

（4）关于发明内容说明。内容说明需要"严格按照示例文档中的要求"来写，具体如下。

- 技术方案应当清楚、完整地说明实用新型的形状、构造特征，说明技术方案是如何解决技术问题的，必要时应说明技术方案所依据的科学原理；
- 撰写技术方案时，机械产品应描述必要零部件及其整体结构关系；
- 涉及电路的产品，应描述电路的连接关系；
- 机电结合的产品还应写明电路与机械部分的结合关系；
- 涉及分布参数的申请时，应写明元器件的相互位置关系；
- 涉及集成电路时，应清楚公开集成电路的型号、功能等。

技术方案不能仅描述原理、动作及各零部件的名称、功能或用途。写出实用新型和现有技术、现有产品进行比较，结合技术内容说明自己发明创造的优越性及积极效果。如结构简化、加工方便、生产效率提高、环境污染减少等。

（5）关于附图说明。"附图说明"处应写明各附图的图名和图号，对各幅附图作简略说明，必要时可将附图中标号所示零部件名称列出。附图中的标号应写在相应的零部件名称之后，使所属技术领域的技术人员能够理解和实现，必要时说明其动作过程或者操作步骤。

（6）关于具体实施方式说明。"具体实施方式"处应当对照附图对实用新型的形状、构造进行说明，实施方式应与技术方案相一致，并且应当对权利要求的技术特征给予详细说明，以支持权利要求。

提醒您

如果有多个实施例，每个实施例都必须与本实用新型所要解决的技术问题及其有益效果相一致。这些常用的格式，符合刻版常规即可方便检索，不适合过度"发明"或"创造"。

（7）关于说明书附图。关于说明书附图的要求如表7-3所示。

表7-3　关于说明书附图的要求

序号	项目	要求
1	附图的编号	每一幅图应当用阿拉伯数字顺序编图号。比如：图1，图2，……
2	附图的标记	（1）附图中的标记应当与说明书中所述标记一致。附图标记当使用阿拉伯数字编号，申请文件中表示同一组成部分的附图标记应当一致。但并不要求每一幅图中的附图标记连续，说明书文字部分中未提及的附图标记不得在附图中出现 （2）有多幅附图时，各幅图中的同一零部件应使用相同的附图标记 （3）附图中不应当含有中文注释 （4）除一些必不可少的词语外，图中不得有其他的注释
3	附图的绘制	（1）附图应使用制图工具按照制图规范绘制，剖视图应标明剖视的方向和被剖视的图的布置。剖面线间的距离应与剖视图的尺寸相适应，不得影响图面整洁（包括附图标记和标记引出线）。图中各部分应按比例绘制 （2）图形线条为黑色，图上不得着色。应当使用制图工具和黑色墨水绘制，线条应当均匀清晰、足够深，不得着色和涂改，不得使用工程蓝图 （3）附图应当尽量竖向绘制在图纸上，彼此明显分开。当零件横向尺寸明显大于竖向尺寸必须水平布置时，应当将附图的顶部置于图纸的左边。一页图纸上有两幅以上的附图，且有一幅已经水平布置时，该页上其他附图也应当水平布置 （4）一幅图无法绘在一张纸上时，可以绘在几张图纸上，但应另外绘制一幅缩小比例的整图，并在此整图上标明各分图的位置
4	图的大小及清晰度	应保证在该图缩小到三分之二时仍能清晰地分辨出图中的各个细节，并适合于用照相制版、静电复印、缩微等方式大量复制

（8）关于权利要求书。关于权利要求书的要求如表7-4所示。

表7-4　关于权利要求书的要求

序号	关键点	要求
1	每条由一句话构成	需要简洁、精炼，突出需要保护的关键点。每一条都是一个"框"，如果有人侵犯了专利，就凭这个"框"来认定专属权利是否受侵犯。只允许在该项权利要求的结尾使用句号
2	有固定的格式	一项实用新型应当只有一个独立权利要求。除第一条权利要求外，其他的权利要求为从属权利要求。从属权利要求应当用附加的技术特征，对所引用的权利要求作进一步的限定
3	权利要求书应当以说明书为依据	权利要求书应使用与说明书一致或相似的语句，从正面简洁、明了地写明要求保护的实用新型的形状、构造特征，如：机械产品应描述主要零部件及其整体结构关系；涉及电路的产品，应描述电路的连接关系；机电结合的产品还应写明电路与机械部分的结合关系；涉及分布参数的申请，应写明元器件的相互位置关系；涉及集成电路，应清楚公开集成电路的型号、功能等

序号	关键点	要求
4	权利要求的提出	应尽量避免使用功能或者用途来限定实用新型；不得写入方法、用途及不属于实用新型专利保护的内容；应使用确定的技术用语，不得使用技术概念模糊的语句，如"等""大约""左右"……；不应使用"如说明书……所述"或"如图……所示"等用语
5	权利要求书中使用的科技术语	应当与说明书中使用的一致，可以有化学式或数学式，必要时可以有表格，但不得有插图。不得使用"如说明书……部分所述"或者"如图……所示"等用语

（9）关于说明书摘要。说明书摘要应写明实用新型的名称、技术方案的要点以及主要用途，尤其是写明实用新型主要的形状、构造特征（机械构造和/或电连接关系）。摘要全文不超过300字，不得使用商业性的宣传用语。摘要附图必须是从说明书附图中选出的一幅。

（10）关于文档中内容的格式问题。所有文档尽量要求都是打字或印刷。特别是说明书、权说明书摘要、权利要求书。字迹应当整齐清晰，黑色，符合制版要求，不得涂改，字高应当在3.5～4.5mm，行距应当在2.5～3.5mm。如果相关文档有两页及两页以上，每页末的下部正中位置必须有页码。建议在页眉右侧加上"第N/M页"的字样（其中N为当前页的序号，M为总页数），但字体大小应与页末下部正中位置的页码文字大小保持一致。

7.6 专利申请文件范本

专利创意主要分为两大来源。第一大类，科研单位、学校、团体或个人理论孵化，进而衍生新的应用方式或相对于现有方式的重大改变，包括新材料、新技术、硬件、软件以及创新管理方式等成为专利形成的基础，并非一定是即刻需求或实用计划方案，但往往好的结果会带来科技上产业上、生活上、的重大变革。第二大类，由企业因市场发展的主流方向以及方案实践中委托方（客户）的需求及期待进而促成的创新改变，这可以说完全相同于实施智能化自动化方案的理由，而前者第一大类多为发明专利，后者第二大类则以实用新型专利为主。

就本章编写讨论智能化自动化专利申请案例解析这个主题而言，在此主要是集中探讨第二大类实用新型专利的创意产生及申请过程。以下将以第11章实际案例"模组化异型零件插件机"的机构主体申请专利时三个不同典型的专利创意在同一机构中，一系列实际专利申请为例，解析如何申请及检索实用新型专利。"一种泛用吸嘴"代表因需要而在完全无前例可循的情况下尝试的创新；"一种全方位检测插件针脚的系统"将曾经在不同领域或不同行业，已成熟应用的程序或机械结构，拿来作崭新应用进行尝试。

7.6.1 实用新型专利申请的创意来源

参照第11章实际案例"模组化异型零件插件机",根据委托方具体需求分析来看,具体需求如下:

(1)真正运用工作站原理进行插件生产流程控制;

(2)具有智能按压贴插件效果以解决用现有设备(贴片机)的盲点问题;

(3)将吸取机制与按压机构分离,达到泛用效果;避免生产不同产品而定制不同插件头,不用更换吸嘴、夹爪即可生产不同产品,泛用性大,投资效益高;大大降低生产成本及时间周期;

(4)两组交替联动机械臂,双边供料增加效益;工位生产配置,贴装头;

(5)可实现同时吸取两个至多个相同插件,因此缩短行程时间,大大提高速度及生产效率;

(6)独立升降平面复压插件时使用电流标定力矩模式,贴装时可有效保护PCB;

(7)可兼容配合多种入料方式(振盘、飞达、管料和托盘……);

(8)零件采用四组相机识别定位(PCB定位、针脚定位、组件定位);可追加激光定位系统协助针脚辨识及零件反光的克服;

(9)可离线预先建立标准的零件数据库,实现快速便捷的编程,减少换线编程时间;

(10)以标准化工作站形式取代人力,弹性调配,适合少量多样产品,真正达到自动化线性生产的便利性;

(11)专业生产设计,泛用、性价比高,设备投资不再昂贵。

由于现有工序人力操作已有相当时间,委托方的各种经验值、产能、产量、人为疏失、问题点,以及各式防止人为疏失的管理措施、SOP、注意事项等均非常完备。要求也非常具体、量化、全面。而具体需求中的"将吸取机制与按压机构分离,达到泛用效果;避免生产不同产品而定制不同插件头,不用更换吸嘴、夹爪即可生产不同产品,泛用性大;可追加激光定位系统协助针脚辨识及零件反光克服;真正运用工作站原理进行插件生产流程控制"部分即为此次申请以下三项专利的出发点及实用新型专利申请的创意来源。

7.6.2 实用新型专利申请的文案范本

【范本】▶▶▶
....

一种泛用吸嘴

1.说明书摘要

本实用新型公开一种泛用吸嘴如图7-2,包括主腔体、小头吸嘴、泛用压套、中心轴；所述主腔体设置沿其轴向延伸贯通的中心孔；所述中心轴一端设置小头吸嘴，另一端可移动地位于主腔体的中心孔中；所述泛用压套设置沿其轴向延伸贯通的中心孔；所述泛用压套经其中心孔套设在中心轴中部外侧，且一端抵接在主腔体上。本实用新型不仅可以提高插件零件适用范围，又可以用泛用压套提高插件零件完整性，使生产效益实现很大的提升。

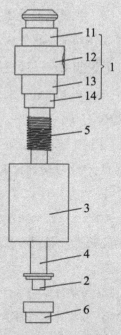

2.摘要附图

专利申请书中摘要附图如图 7-2 公开一种泛用吸嘴。

3.权利要求书

（1）一种泛用吸嘴，其特征在于包括主腔体、小头吸嘴、泛用压套、中心轴；所述主腔体设置沿其轴向延伸贯通的中心孔；所述中心轴一端设置小头吸嘴，另一端可移动地位于主腔体的中心孔中；所述泛用压套设置沿其轴向延伸贯通的中心孔；所述泛用压套经其中心孔套设在中心轴中部外侧，且一端抵接在主腔体上。

图7-2 一种泛用吸嘴
摘要附图

（2）根据权利要求（1）所述的泛用吸嘴，其特征在于所述泛用吸嘴还包括缓冲机构；所述缓冲机构在小头吸嘴和主腔体之间可位移地安装在中心轴上。

（3）根据权利要求（1）所述的泛用吸嘴，其特征在于所述泛用吸嘴还包括吸嘴套；所述吸嘴套套设在小头吸嘴外侧。

（4）根据权利要求（1）所述的泛用吸嘴，其特征在于所述泛用吸嘴还包括限位螺钉；所述中心轴另一端沿其轴向设置限位槽孔；所述限位螺钉用于限制中心轴在限位槽孔的轴向长度范围内移动。

（5）根据权利要求（2）所述的泛用吸嘴，其特征在于所述主腔体包括第一柱体、第二柱体、第三柱体、第四柱体；所述第一柱体、第二柱体、第三柱体、第四柱体依次连接，且一体成型；所述第二柱体半径分别大于第一柱体半径、第三柱体半径；所述第四柱体半径小于第三柱体半径。

（6）根据权利要求（5）所述的泛用吸嘴，其特征在于所述小头吸嘴与中心轴连接处沿中心轴径向设置凸起部。

（7）根据权利要求（6）所述的泛用吸嘴，其特征在于所述缓冲机构包括压缩弹簧；所述压缩弹簧套设在中心轴外侧，其一端抵接在主腔体的第四主体底部，另一端抵接在小头吸嘴与中心轴连接处的凸起部。

（8）根据权利要求（5）所述的泛用吸嘴，其特征在于所述泛用压套的一端抵接在主腔体的第二柱体底部。

4.说明书：一种泛用吸嘴

（1）技术领域：本实用新型涉及插件零件插装的吸嘴技术领域，尤其涉及一种泛用吸嘴。

（2）背景技术：在PCBA加工领域，插件机一般是通过专用吸嘴吸取插件零件，再通过XYZ移动机构驱动吸嘴，但现有的吸嘴还存在如下问题：

① 现有插件机吸嘴在插装过程中，与PCB板是刚性接触，容易损坏吸嘴和PCB板；吸嘴在短时间内受到非常大的冲量，容易对吸嘴造成一定不可修复的损伤，如吸嘴易变形、破损，一旦发生，就会出现吸嘴取料不正等现象，导致插装偏差，出现生产不良；

② 当插件零件的产品种类过多时，需定制大量插件吸嘴，成本高；

③ 当插件零件的产品种类过多时，插件吸嘴太多，管理困难；

④ 更换产品就需更换吸嘴，消耗大量时间。

综上可知，所述吸嘴，实际中存在不便的问题，所以有必要加以改进。

（3）实用新型内容：本实用新型的目的是提供一种泛用吸嘴，不仅可以提高插件零件适用范围，又可以用泛用压套提高插件完整性，使生产效益实现很大的提升。为实现上述目的，采用以下技术方案：一种泛用吸嘴，包括主腔体、小头吸嘴、泛用压套、中心轴；所述主腔体设置沿其轴向延伸贯通的中心孔；所述中心轴一端设置小头吸嘴，另一端可移动地位于主腔体的中心孔中；所述泛用压套设置沿其轴向延伸贯通的中心孔；所述泛用压套经其中心孔套设在中心轴中部外侧，且一端抵接在主腔体上。较佳地，所述泛用吸嘴还包括缓冲机构；所述缓冲机构在小头吸嘴和主腔体之间可位移地安装在中心轴上。较佳地，所述泛用吸嘴还包括吸嘴套；所述吸嘴套套设在小头吸嘴外侧。较佳地，所述泛用吸嘴还包括限位螺钉；所述中心轴另一端沿其轴向设置限位槽孔；所述限位螺钉用于限制中心轴在限位槽孔的轴向长度范围内移动。较佳地，所述主腔体包括第一柱体、第二柱体、第三柱体、第四柱体；所述第一柱体、第二柱体、第三柱体、第四柱体依次连接，且一体成型；所述第二柱体半径分别大于第一柱体半径、第三柱体半径；所述第四柱体半径小于第三柱体半径。较佳地，所述小头吸嘴与中心轴连接处沿中心轴径向设置凸起部。较佳地，所述缓冲机构包括压缩弹簧；所述压缩弹簧套设在中心轴外侧，其一端抵接在主腔体的第四主体底部，另一端抵接在小头吸嘴与中心轴连接处的凸起部。较佳地，所述泛用压套的一端抵接在主腔体的第二柱体底部。

采用上述方案，本实用新型的有益效果是：

① 小头吸嘴不仅可以提高插件零件适用范围（小头吸嘴吸取面积小），又可以用泛用压套提高插件零件的完整性，使插件机的插件工作更方便，使生产效益实现很大的提升；

② 无需定制大量专用吸嘴，方便管理；

③ 缓冲机构和吸嘴套均能增加小头吸嘴吸取的插件零件与PCB板的弹性接触，避免损坏吸嘴和插件零件；

④ 结构简单实用，性能稳定，方便维修更换，降低生产成本。

5.附图说明

图7-3为本实用新型的爆炸图；

图7-4为本实用新型泛用压套与吸嘴套末端未平齐的立体图；

图7-5为本实用新型泛用压套与吸嘴套末端未平齐的结构示意图；

图7-6为本实用新型泛用压套与吸嘴套末端平齐的立体图；

图7-7为本实用新型泛用压套与吸嘴套末端平齐的结构示意图；

其中，附图标识说明：1主腔体，2小头吸嘴，3泛用压套，4中心轴，5压缩弹簧，6吸嘴套，7限位螺钉，11第一柱体，12第二柱体，13第三柱体，14第四柱体。

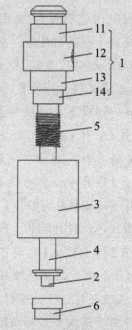

图7-3 实用新型的爆炸图

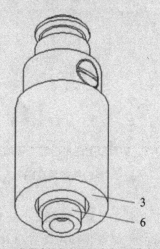

图7-4 实用新型泛用压套与吸嘴套末端
未平齐的立体图

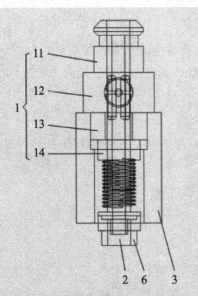

图7-5 实用新型泛用压套与吸嘴套末端
未平齐的结构示意图

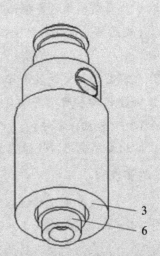

图7-6 实用新型泛用压套与吸嘴套末端
平齐的立体图

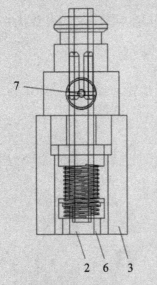

图7-7 实用新型泛用压套与吸嘴套末端
平齐的结构示意图

6.具体实施方式

以下结合附图和具体实施例,对本实用新型进行详细说明。

参照专利附图说明图7-3至图7-7所示,本实用新型提供一种泛用吸嘴,包括主腔体1、小头吸嘴2、泛用压套3、中心轴4;所述主腔体1设置沿其轴向延伸贯通的中心孔;所述中心轴4一端设置小头吸嘴2,另一端可移动地位于主腔体1的中心孔中;所述泛用压套3设置沿其轴向延伸贯通的中心孔;所述泛用压套3经其中心孔套设在中心轴4中部外侧,且一端抵接在主腔体1上。其中,所述泛用吸嘴还包括缓冲机构;所述缓冲机构在小头吸嘴2和主腔体1之间可位移地安装在中心轴4上。所述泛用吸嘴还包括吸嘴套6;所述吸嘴套6套设在小头吸嘴2外侧。所述泛用吸嘴还包括限位螺钉7;所述中心轴4另一端沿其轴向设置限位槽孔;所述限位螺钉7用于限制中心轴在限位槽孔的轴向长度范围内移动。所述主腔体1包括第一柱体11、第二柱体12、第三柱体13、第四柱体14;所述第一柱体11、第二柱体12、第三柱体13、第四柱体14依次连接,且一体成型；所述第二柱体12半径分别大于第一柱体11半径、第三柱体13半径；所述第四柱体14半径小于第三柱体13半径。所述小头吸嘴2与中心轴4连接处沿中心轴4径向设置凸起部。所述缓冲机构包括压缩弹簧5；所述压缩弹簧5套设在中心轴4外侧，其一端抵接在主腔体1的第四柱体14底部，另一端抵接在小头吸嘴2与中心轴4连接处的凸起部。所述泛用压套3的一端抵接在主腔体1的第二柱体12底部。

本实用新型工作原理在于小头吸嘴2固定在中心轴4一端上，利用压缩弹簧5及小头吸嘴2和主腔体1之间的滑配机构，压缩弹簧5的弹性可以避免小头吸嘴2与被吸取插件零件的刚性接触造成插件零件表面损伤。当小头吸嘴2吸取插件零件移动到插件位置，插件动作开始时，中心轴4下压到一定高度后，压缩弹簧5开始受力收缩；中心轴4在主腔体1中朝主腔体1的方向移动，小头吸嘴2收缩回泛用压套3中；当小头吸嘴2端部收缩至与泛用压套3底端部在同一平面时泛用压套3底端部接触小头吸嘴2吸取的插件零件，加大了插件零件一瞬间的接触面积，提高插件零件的完整性（泛用压套3与插件零件进行接触，增加了整个泛用吸嘴与插件零件的接触面积，即减少了插件零件与泛用吸嘴在短时间内的冲量）；中心轴4继续下压，完成插件零件的插件动作。吸嘴套6套设在小头吸嘴2外侧，吸嘴套6质地是软的，其材质为橡胶；而小头吸嘴2是金属材质。在插件过程中，为防止小头吸嘴2直接与插件零件刚性接触，其导致碰上插件零件表面，所以要在小头吸嘴2上装一个软材质的吸嘴套6来与插件零件接触。本实施例中的小头吸嘴2与吸嘴套6不是平齐的，而是要比吸嘴套6回缩1mm左右的距离。泛用压套3对插件零件的作用，在一些较大的插件零件上更为明显，因吸嘴较小（吸嘴过大会干涉插件零件上的元器件），其吸取的只是插件零件的很小面积，在插件时无法维持整个插件零件的平衡，更无法很好地减少插件零件与泛用吸嘴在短时间内的冲量。以上仅为本实用新型的较佳实施例而已，并不用于限制本实用新型，凡在本实用新型的精神和原则之内所作的任何修改、等同替换和改进等，均应包含在本实用新型的保护范围之内。

7. 检索

检索关键词为"插件AND吸嘴"，检索匹配150条结果，如图7-8。检索到中国专利CN204721729U，一种异型插件机的吸嘴（申请日2015年5月22日，授权公告日2015年10月21日，以下简称对比文件4）。本申请与对比文件4中的区别主要在于：本申请的小头吸嘴不仅可以提高插件零件适用范围（小头吸嘴吸取面积小），又可以用泛用压套提高插件零件的完整性，使插件机的插件工作更方便，使生产效益实现很大的提升。

综上，本技术主题相对对比文件4具有上述区别技术特征，没有在其他对比文件公开，并且相对现有技术也不存在技术启示，因此，本技术主题具有一定的创造性，但是由上述技术特征，在其他领域有一定的应用，因此，判断创造性不够突出。

图7-8 检索关键词"插件AND吸嘴"网站页面截图

结论，本技术主题具有新颖性和一定的创造性，但是由于技术不够突出，可能会达不到发明专利创造性的审查标准，因此，建议申请实用新型专利。

本申请的专利名称为"一种泛用吸嘴"，于2017年8月9日交给专利局并获得申请号CN201720991227.6，并于2018年5月25日授权公告，公告号为CN207410681U。

第 ⑧ 章
智能制造与高新（国家）技术企业的推动

在当前发展环境下，对于实施智能化自动化方案项目的需求越来越迫切，发展领域和方向也呈现多样化。过去资源（初级原料输出）型的发展模式及破坏环境所带来的发展都是不可取的，对于长期的发展有害无益。智能化自动化方案项目在实践中，国家、地方政府、科研机构与高新技术企业应密切联系，共同来制定发展智能化自动化方案项目，拟定智能化自动化方案项目计划，让智能化自动化方案项目在高新技术企业实现落地、投产，实现产业化的转变，在实践中完善具体的智能化自动化，并进行改进，促进科技创新工作的开展，同时应将推动高新技术企业的发展，作为当前制造业发展的主要方向。

8.1　国家高新技术企业认定

8.1.1　什么是高新技术企业

高新技术企业是指在《国家重点支持的高新技术领域》内，持续进行研究开发与技术成果转化，形成企业核心自主知识产权，并以此为基础开展经营活动的企业。它是知识密集、技术密集的经济实体。

如今，经济飞速发展，高新技术企业不断涌现，导致世界经济竞争格局发生了重大变化。目前，高新技术的发展水平已成为衡量一个国家综合国力的重要因素，它对一国的政治地位和经济实力有着决定性作用。

8.1.2　国家高新技术企业认定的法规

在中国的高新技术企业认定工作是从20世纪90年代初开始的。当时，为了建立中国的高新技术产业，促进高新技术企业快速发展，国务院于1991年发布《国家高新技术产业开发区高新技术企业认定条件和办法》，授权原国家科委组织开展国家高新技术产业开发区内高新技术企业认定工作，并配套制定了财政、税收、金融、贸易等一系列优惠政策。1996年将高新技术企业认定范围扩展到国家高新区外（国科发火字〔1996〕018号）。1999年根据新的形势要求，再次修订了国家高新区内高新技术企业认定标准（国科发火字〔2000〕324号）。

8.1.3 国家高新技术企业认定的机构

科技部、财政部、税务总局组成全国高新技术企业认定管理工作领导小组，领导小组下设办公室，办公室设在科技部。

（1）领导小组主要职责具体如下。

① 确定全国高新技术企业认定管理工作方向，审议高新技术企业认定管理工作报告；

② 协调、解决认定及相关政策落实中的重大问题；

③ 裁决高新技术企业认定事项中的重大争议，监督、检查各地区认定工作；

④ 对高新技术企业认定工作出现重大问题的地区，提出整改意见。

（2）办公室主要职责具体如下。

① 提交高新技术企业认定管理工作报告；

② 组织实施对高新技术企业认定管理工作的检查；

③ 负责高新技术企业认定工作的专家资格的备案管理；

④ 建立并管理"高新技术企业认定管理工作网"；

⑤ 领导小组交办的其他工作。

（3）各省、自治区、直辖市、计划单列市科技行政管理部门同本级财政、税务部门组成本地区高新技术企业认定管理机构，根据本办法开展下列工作：

① 负责本行政区域内的高新技术企业认定工作；

② 接受企业提出的高新技术企业资格复审；

③ 负责对已认定企业进行监督检查，受理、核实并处理有关举报；

④ 选择参与高新技术企业认定工作的专家并报领导小组办公室备案。

8.1.4 国家高新技术企业认定条件

国家高新技术企业认定条件如图8-1所示。

条件一 在中国境内注册的企业，近三年内通过自主研发、受让、受赠、并购等方式，或通过5年以上的独占许可方式，对其主要产品的核心技术拥有自主知识产权（具体近三年及申请当年须有授权的发明专利1件以上或实用新型授权6件以上或计算机软件登记6件以上，申请高新技术企业的前提是必须拥有专利，企业可通过申请、转让、许可的方式获得专利权，前期签订服务合同，待获得专利证书申请认定）

条件二 产品（服务）属于《国家重点支持的高新技术领域》规定的范围

条件三 具有大学专科以上学历的科技人员占企业当年职工总数的30%以上，其中研发人员占企业当年职工总数的10%以上

条件四

企业为获得科学技术（不包括人文、社会科学）新知识，创造性运用科学技术新知识，或实质性改进技术、产品（服务）而持续进行了研究开发活动，且近三个会计年度的研究开发费用总额占销售收入总额的比例符合如下要求：

（1）最近一年销售收入小于 5000 万元的企业，比例不低于 5%；

（2）最近一年销售收入在 5000 万元至 20000 万元的企业，比例不低于 4%；

（3）最近一年销售收入在 20000 万元以上的企业，比例不低于 3%。其中，企业在中国境内发生的研究开发费用总额占全部研究开发费用总额的比例不低于 60%。企业注册成立时间不足三年的，按实际经营年限计算

条件五　高新技术产品（服务）收入占企业当年总收入的 60% 以上

条件六　企业研究开发组织管理水平、科技成果转化能力、自主知识产权数量、销售与总资产成长性等指标符合《高新技术企业认定管理工作指引》（另行制定）的要求

图 8-1　国家高新技术企业认定条件

8.1.5　国家高新技术企业认定技术领域

国家高新技术企业认定技术领域具体如下。

- 电子信息技术
- 生物与新医药技术
- 航空航天技术
- 新材料技术
- 高技术服务业

- 新能源及节能技术
- 资源与环境技术
- 高新技术改造传统产业
- 智能设备研究生产

8.1.6　国家高新技术企业认定评分标准

国家高新技术企业认定采取百分制，企业达到 70 分以上即可通过，如表 8-1 所示。

表 8-1　国家高新技术企业认定评分标准

序号	指标	赋值
1	核心自主知识产权	30
2	科技成果转化能力	30
3	研究开发的组织管理水平	20
4	成长性指标	20
合计		100

8.2 企业为何要争取成为（国家）高新技术企业

成为高新技术企业有诸多好处，具体如表8-2所示。

表8-2 成为高新技术企业好处

序号	好处	说明
1	享受税收减免优惠政策	凡经高新技术企业认定，其企业所得税税率由原来的25%降为15%，相当于在原来基础上降低了40%，连续三年，三年期满之后可以申请复审，复审通过继续享受三年税收优惠
2	国家科研经费支持和财政拨款	经认定的高新技术企业可凭批准文件和《高新技术企业认定证书》办理享受国家、省、市有关优惠政策，更容易获得国家、省、市各级的科研经费支持和财政拨款；高新技术企业称号将会是众多政策性如资金扶持等的一个基本门槛
3	国家级的资质认证品牌影响力	高新技术企业不仅能减免企业所得税，无论对于何种企业都是一个难得的国家级的资质认证，对依靠科技立身的企业更是不可或缺的硬招牌，其品牌影响力仅次于中国名牌产品、中国驰名商标、国家免检产品
4	提升企业品牌形象	高新企业的认定，将有效地提高企业的科技研发管理水平，重视科技研发，提高企业核心竞争力，能为企业在市场竞争中提供有力的资质，极大地提升企业品牌形象，无论是广告宣传还是产品招投标工程，都将有非常大的帮助
5	促进企业科技转型	创新是企业发展的根本动力，高新技术企业认定政策是一项引导政策，目的是引导企业调整产业结构，走自主创新、持续创新的发展道路，激发企业自主创新的热情，提高科技创新能力
6	提高企业市场价值	证明企业在本领域中具有较强的技术创新能力、高端技术开发能力，有利于企业开拓国内外市场，是企业投标时的重要条件
7	提高企业资本价值	高新技术企业是吸引地方政府、行业组织对企业实施优惠政策和资金扶持的重要条件，也更具有吸引风险投资机构和金融机构的实力，从而推动企业快速投入产业化经营中去

8.3 如何申请成为（国家）高新技术企业

高新技术企业认定的程序如下。

8.3.1 企业自我评价及申请

企业登录"高新技术企业认定工作网"，对照规定条件，进行自我评价。认为符合认定条件的，企业可向认定机构提出认定申请。

8.3.2 提交申请的材料

（1）高新技术企业认定申请书；

（2）企业营业执照副本、税务登记证（复印件）；

（3）知识产权证书（独占许可合同）、生产批文，新产品或新技术证明（查新）材料、产品质量检验报告、省级以上科技计划立项证明，以及其他相关证明材料；

（4）企业职工人数、学历结构以及研发人员占企业职工的比例说明；

（5）经具有资质的中介机构鉴证的企业近三个会计年度研究开发费用情况表（实际年限不足三年的按实际经营年限），并附研究开发活动说明材料；

（6）经具有资质的中介机构鉴证的企业近三个会计年度的财务报表（含资产负债表、损益表、现金流量表，实际年限不足三年的按实际经营年限）以及技术性收入的情况表。

8.3.3　合规性审查

认定机构应建立高新技术企业认定评审专家库；依据企业的申请材料，抽取专家库内专家对申报企业进行审查，提出认定意见。

8.3.4　认定、公示与备案

认定机构对企业进行认定。经认定的高新技术企业在"高新技术企业认定管理工作网"上公示15个工作日，没有异议的，报送领导小组办公室备案，在"高新技术企业认定管理工作网"上公告认定结果，并向企业颁发统一印制的"高新技术企业证书"。

8.4　国家高新技术企业研发项目立项决议书（案例解析）

本书谈论自动化智能化与本章介绍国家高新技术企业最大的交集即是这"国家高新技术企业研发项目立项决议书"，关系到各项优惠、税率减免及补助措施。以下将以"高速泛用贴插机 ATS3031""图像识别焊接少锡 AOI 及自动光学检测系统 ATS3080"的研发项目立项为例，解析如何将自动化智能化方案撰写成为国家高新技术企业研发项目立项决议书。

【范本】▸▸

"图像识别焊接少锡 AOI 及自动光学检测系统 ATS3080"
研发项目立项决议书

　　××电子科技（深圳）有限公司经2018年1月3日总经理办公会一致通过，"图像识别焊接少锡AOI及自动光学检测系统ATS 3080"项目决定立项开发。项目负责人：×××。总经理：×××。

1.项目基本信息

申请高新企业研发项目基本信息

项目基本信息					
项目名称	图像识别焊接少锡AOI及自动光学检测系统ATS 3080		项目总经费/万元		
项目编号			起止时间	2018-7-1～2018-8-31	
所处阶段（是或否）	专利：否	标准：是	小试：是	量产：否	论文：否
项目组总参与人数	15	博士/人	/	本科/人	8
		硕士/人	1	本科以下	6
项目联系人		移动电话		E-mail	

2.本项目的目的、意义

在电子加工领域中，多层板通孔插件（PTH）流程后，对于焊锡不足的焊点，仍使用大量人工进行目视找点及目视后手动补锡，对于完全找出问题焊点的能力一直都依赖工龄长的经验者，而且漏检仍无法避免。现在针对此现况，应用自动光学检测机进行检测可以大量避免漏检造成的风险。

3.项目主要研发内容

（1）立项思路：针对工厂中尚有大量人力操作工站进行自动化人力取代，尤其PTH波峰焊后工站环境恶劣（一般特殊工种须定期健康体检），而且人眼视力识别范围小，容易漏检。自动光学系统可以改善漏检及取代人力。

（2）项目的技术方案：利用公司自有软件团队长期研发视觉成品检查（测）的基础（成品测试机），将其提升改造应用于不良焊锡点的检出。

① 使用成品检测机（主要测漏贴元器件）。

② 比对完毕后将问题点记录并建立灰阶面积计算功能，作为补锡对比的依据。

③ 配合后段自动焊锡机的联动，进一步沟通得出问题焊点的状态及补救对比数据（补锡位置，补锡量，激光引点人工补锡）。

（3）技术创新特点：

① 将目前依赖人工目检的方式提升至自动光学检测。

② 结合AOI影像比对方法（找出问题焊点）利用不同光源灰阶比对及计算方式得出补救问题焊点对比数据（补锡位置、补锡量、自动焊、手工焊……）。

4.本项目的现状及发展趋势

目前传统补焊对人力需求大，作业环境恶劣。焊锡、助焊剂在高温下产生不利人体的物质，一直都是工厂的痛点。此次公司自有软件团队及设备研发团队共同合作。

5. 项目预期目标

可以自动检视出波峰焊后须补锡的问题焊点，提供更高的问题焊点检出能力，及补锡返工品质。

6. 项目实施方案

（1）组织管理方式：该项目以×××、×××为项目负责人管理实施，负责组织研发团队、跟进处理研发、生产/试生产、测试、财务及人力资源协调等多个环节的事项，保障项目按预期顺利进行。

（2）技术实施步骤：

设计方案确定→项目工艺确定→方案图纸的设计→配件的生产打样→产品性能确认。

（3）成果产业化策略：

略。

7. 研发资金的筹集与投入

资金由公司自筹。

8. 知识产权

企业应当进一步提高知识产权的管理水平，完善内部制度，将知识产权管理贯穿研发、生产、经营的各个层面，建立适应自身需要、相对完善的知识产权管理体系。

（1）加强产品研发阶段的知识产权管理——在产品研发立项前，要通过对专利文献进行充分检索，可以避免研制生产与专利相同的产品，避免资源浪费和侵权纠纷。

（2）充分利用专利文献中的技术信息，通过检索获得大量无效专利的信息，包括没有被批准的专利申请或虽已批准但因没有及时交足年费而提前终止的专利、过期专利、被宣告无效的专利等，进而进行合法利用。

（3）加强知识产权权利来源审查，企业在与他人合作开展技术研发过程中，要对知识产权的权属及各方的权利、义务做出明确无误的约定。

9. 项目实施进度

略。

10. 项目组成员

略。

11. 项目设备清单

略。

8.5 认定国家高新企业后的资格维护

（1）拿到国家高新技术企业证书（国高证书）后，最晚在第二年的1月30前，前往税务局进行企业所得税减免的备案，税务局窗口办理即可。须保存好国高证书原件，不然无法备案成功，备案后，企业所得税可以享受15%的税率。

（2）每个月在科创委系统进行月报系统填写。按照表填写，遇到问题咨询项目人员。

（3）拿到国高证书后的每年3月份进行火炬系统的填写。每年3月填报，具体填报时间等通知。数据要与科创委、统计局等数据一致。

（4）对三年后国高复审所需资料的提前规划及准备，主要是知识产权、财务情况、人员情况、研发项目等。请技术部门与财务部门沟通配合，每年的技术部门提供高新技术项目资料给到财务部门（包含人员、预算、时间等）；从2017年开始研发费用不允许从成本拨过来，只能从管理费用拨80%过来；获得国高证书的企业都要做加计扣除（从2018年开始有研发费用的就要做加计扣除）；财务数据要与科创委、税务局、统计局数据一致；三年后重新认定国高，三年内，前两年没有研发费用的，最后一年研发费用的数据超过比例15%以上的，也可以申报高新技术企业；要符合10%以上科技研发人员的比例（大专以上，理工科）；2019年的高新产品收入要达到总收入的60%以上；研发项目每年保持5个以上的项目。

（5）企业需要在每年4月前完成"年度发展情况报表"。

（6）企业如果有名称变更、地址变更、经营范围变更等变更，需要在变更发生15日内向所在地认定机构报告，并提交变更申请材料，实际具体操作时间，由科创委发出的《国家高新技术企业名称变更相关工作的通知》上的时间为准（按以往经验通知一般于每年的3月份发出）。

（7）每个区还会有相关统计工作，具体看企业联系人的短信或邮箱信息，数据要注意与科创委、税务局、火炬系统等一致，真实可考。

（8）拿到证书后需要每年进行研发台账的建立。研发台账请技术与财务部门配合好，每年的技术项目提供给财务部门，然后财务部门做归集。按照高新要求，2亿元以下收入的研发费用比例要占总收入的4%以上，2亿元以上收入的研发费用比例要占总收入的3%以上。

（9）关键数据须知。

① 关键数据比例：研发人员占公司总人数（以社保或个税数据为基础）10%以上，研发费用投入占营业收入比例（3%、4%、5%），高新产品收入占营业收入比例60%以上。

② 营业收入、总资产数据要一致。

③ 每年填报企业所得税汇算清缴表数据中管理费用要高于研发费用，并达到国家高新技术企业要求比例。

8.6　高新技术企业存在问题及改进措施

高新技术企业的发展水平是一国综合经济实力的衡量指标，现阶段以至将来国际之间的竞争将主要是高新技术的竞争，因此，一个国家高新技术企业的发展，直接决定了这个国家在世界上以及在全球经济中的地位。我国目前还处于发展中国家之列，国民经济发展水平与西方发达国家的经济发展水平相比还有一定的差距，高新技术的发展也是如此，我国要赶上世界经济前进的步伐首先需要解决的问题就是如何在高新技术发展方面缩短与西方发达国家的差距。

以下就中国高新技术企业发展过程中经常存在的一些问题进行说明，并提出相应的应对策略，以供存在这些问题的中小高新技术企业参考，从而使企业能更好地为中国经济实力的增强贡献力量。

高新技术企业管理具体改进措施如下。

（1）明确企业使命和企业愿景。高新技术企业应该对企业自身的发展愿景和经营使命有一个清晰的界定。企业将来想成为什么样子，企业想要为国家经济的发展和繁荣贡献多大力的力量，为了实现这些理想，企业应该做些什么、应该怎样做，企业的业务应该包括哪些、企业的资源应该怎样获取和分配、业务应该怎样安排等都应该得到清晰明了的回答。并将这些答案清晰地传达给企业的每一位成员，以获取理解和实践上的支持。

（2）改善企业人力资源结构和管理水平。人才是高新技术企业生存和发展的源泉，高新技术企业应根据自身发展的特殊性，有针对性地进行人才甄选，对企业内部员工定期开展专业知识培训，增加对高资质人才培养的投入，从而弥补企业内部中、高级职称人员的缺口，同时也使企业内部人员结构趋于合理化。将"人本管理"理念应用于对员工的管理活动中，做到"人尽其才"，并适时采用适当的激励机制，增强员工归属感，减少企业优秀人才的流失率。

（3）改善营销水平。高新技术企业的营销活动相对于传统企业的营销活动是大有区别的。传统企业的产品是已经被市场所接受了的，这类企业的营销工作主要是将新生产的产品更多、更快地销售出去，同时在此基础上培养顾客偏好和顾客忠诚度。而高新技术企业的营销工作就要复杂得多，难得多。由于高新技术企业的产品对市场来讲是全新的、前所未有的，在顾客看来存在很大的不确定性。高新技术企业营销人员的工作不仅仅是销售本企业产品那么简单，而是需要费很大工夫让使用者知晓企业新产品的价值，并解释这种价值对购买者自身来讲是至关重要的，然后再在此基础上让客户接受企业的产品。因此，高新技术企业应该注重营销变革与创新，加大对市场调查、分析的投入，建立一个即时市场调研系统，使企业研发人员和营销人员能即时知晓并适应市场需求的变化，掌握市场需求动向。重视对营销人员的甄选，并定期对营销人员进行专业知识和专业技能的培训，同时培养营销人员在营销工作中应注重品牌营销而非简单的产品营销。加强营销部门与研发部门以及生产制造部门的协调沟通，完善营销研究人员队伍建设。

（4）开源节流，合理安排资金使用。如果把高新技术企业比作一个新生儿，那么人才是这个新生儿的躯体，资金则是这个新生儿的血液，由此可见资金对高新技术企业的重要性。针对当前高新技术企业获取资金难度大的问题，高新技术企业首先需要考虑并解决的问题是如何寻找到更优的资金来源，如何合理安排资金以使其发挥最大的作用。高新技术企业获取资金难度大，不仅仅是因为银行方面的原因，这其中同时也有高新技术企业自身的原因。很明显，银行之所以不是很乐意放贷给高新技术企业，一方面是高新技术企业的经营活动存在的不确定性比传统企业大得多，而银行也需要稳定的盈利；另一方面是高新技术企业没有主动做一些取得银行系统信任的工作，比如，企业内部财务信息披露不全，经营状况披露不全等。因此，高新技术企业应该从战略的高度审视企业的发展，不能被少许的短期经济利益蒙蔽双眼，而应该为企业制定长期的发展战略目标，以获取长期的、稳定的经济利益为经营目的。为此，高新技术企业应该自觉地在金融机构和公众中为自己建立一个信誉良好的形象，及时地、真实地公布企业财务状况和经营状况，以取得金融机构和社会一般投资者的信任和支持，为企业资金开源。

提醒您

> 在获取了资金来源后，企业应该慎重考虑每一笔资金的用途，合理安排资金使用才能使每一份资金最大效用地发挥其价值。

（5）实施信息化。高新技术企业实施信息化将会为其带来巨大的收益，但企业的管理者也应清楚一点，信息化是一项工程，是一种长期行为，它需要知识的积累和广泛的应用，同时需要高投入，但短期收益不是十分明显，不过随着应用的深入，它创造的价值也会越来越大，因此，切不可急功近利，应进行总体规划，有计划、有步骤地实施。

我国的市场经济逐步加强，企业在更加国际化的环境里，制度的进步将是企业生存的关键，作为以高新技术为主的，曾经辉煌或正在辉煌的企业，应该看到自己的不足，在危机已经到来或还没有到来时，利用实施信息化的大好时机去改造企业、规范企业，形成自己所特有的企业文化，使我们的高新技术企业永远拥有高新技术，永远拥有市场，走向国际化，走向成熟。

8.7 高新技术企业的未来趋势、资格认定及应对策略

高新技术产业，随着市场竞争的加剧和一浪高过一浪的技术创新大潮，一个竞争者

能够保持其原有竞争优势的时间正在急剧缩短。新信息时代竞争的到来，改变了原有的竞争环境，主要表现为竞争环境的动荡逐步加剧，同时环境变化的速度也越来越快，企业总是处于不断的变化和非均衡的状态之中。在这种动态的变化之中，企业如果不能根据现实环境做出正确的竞争策略选择，就很难保证自己的长期生存和发展。因此，如何适应竞争环境从传统竞争向"超"竞争转型，保持自身的长期生存和发展，就成为每一个处于全球化时代的企业迫切需要解决的问题。

很多著名企业已经逐步地开始运用动态的理念来制定自己的发展战略。无论是高科技产业还是传统行业，都已经开始获益于动态发展战略的理念，而正是这些理念使他们得以在动态竞争环境中赢得先机、获得成功。

8.7.1　高新资格认定和复审的实际标准将大幅提高

根据官方统计数据，2018年一季度全国税收总收入完成27399.20亿元，同比增长6.0%，比2017年同期增速回落了4.3个百分点。在宏观经济持续放缓的背景下，企业效益大体呈下滑趋势，加上结构性减税等因素，税务机关完成年度税收征收任务将面临很大的挑战。因而主管机关一方面会对高新资格认定和复审的标准从严把握，在源头上控制高新技术企业的数量；另一方面也将加强对高新技术企业的后续检查力度，集中撤销部分资质较弱的高新技术企业，并要求其相应地补缴税款和滞纳金。

在宏观经济增速回落的背景下，从严把握高新资格认定标准并控制高新技术企业数量将逐渐成为各地主管机关的普遍做法。因此，高新技术企业应当高度关注高新资格认定和复审的未来趋势，并提前做好认定或复审的准备工作，以确保届时顺利通过主管机关的审核。

8.7.2　高新技术企业风险控制的应对策略

由于不同的科技企业在高新资格认定和复审过程中面临的问题不尽相同，因此企业应当结合自身的实际情况和行业特点，针对性地制定应对策略，以确保企业最大限度地符合高新技术企业的各项认定标准。以下是高新技术企业申请中面临的主要问题及应对策略的简要分析。

（1）正确选择企业所属的高新技术领域。企业产品（服务）属于《国家重点支持的高新技术领域》规定的范围是申报高新技术企业的必备条件之一，否则不能申报；同时要求申报企业的主营产品（服务）所属的国家重点支持的高新技术领域必须具体到子目录，需要对领域进一步细化。建议企业严格依据《高新技术企业认定管理办法》与《高新技术企业认定管理工作指引》的规定，正确选择企业主营产品（服务）所属的国家重点支持的高新技术领域。

（2）证实企业研发费用的真实性。《高新技术企业认定管理办法》对于高新技术企业近三个会计年度的研究开发费用总额占销售收入总额的比例有严格的要求，该项指标是主管机关认定高新技术企业的一项核心指标。在高新申报资料中，近三年的企业年度研究开发费用结构明细表和近三年研发费用专项审计报告用来证明企业研发费用的真实性。建议企业对每个研发项目的研发费用作专账管理，以全面反映企业研发费用的支出情况，为企业研发费用归集的准确性和可靠性提供更有力的支持。

（3）提高高新技术产品（服务）收入。《高新技术企业认定管理办法》规定的高新技术产品（服务）收入，是指企业通过技术创新、开展研发活动所形成的符合《国家重点支持的高新技术领域》要求的产品（服务）所获得的收入与企业技术性收入的总和。《高新技术企业认定管理办法》要求企业每年高新产品（服务）取得的收入要占到当年总销售收入的60%以上。然而实务中很多企业的高新技术产品（服务）收入的比例达不到这一标准。建议企业应持续开展研究开发活动，有计划地组织调查、研究开发，提高企业的创新能力，加强技术改进。

（4）注重主营业务与核心自主知识产权的相关性。根据《高新技术企业认定管理办法》与《高新技术企业认定管理工作指引》的规定，对高新技术企业知识产权的要求如图8-2所示。

指发明、实用新型以及非简单改变产品图案和形状的外观设计（主要是指：运用科学和工程技术的方法，经过研究与开发过程得到的外观设计）、软件著作权、集成电路布图设计专有权、植物新品种等

须在中国境内注册，近三年通过自主研发、受让、受赠、并购获得的，或享有五年以上的全球范围内独占许可权利（高新技术企业的有效期应在五年以上的独占许可期内），并在中国法律的有效保护期内

图8-2　高新技术企业知识产权的要求

以上规定有几个关键点需要企业关注，具体如下。

① 对企业知识产权"近三年"的要求，企业所用的知识产权必须是申报当年的近三年内获得的，而不能是近三年以前获得的知识产权。如某企业是2019年度通过认定的高新技术企业，应于2022年进行高新技术企业复审申报，该企业在2019年开展高新技术企业复审工作时，所提供的知识产权资料要求其取得时间必须在2019年、2020年、2021年内。

② 对企业知识产权的数量要求，根据《高新技术企业认定管理工作指引》规定，发明专利数量至少一个，其他的如实用新型、软件著作权等都需要6个以上。

③ 拿到的知识产权授权书必须是中国知识产权局颁发授权的。在外国，或者中国香港、澳门、台湾地区获得的都不符合条件。

④ 知识产权所有权人问题，必须是企业自身，不能是专利的发明人个人、工程师

等，这种情况必须要把专利转让、授权给企业本身，才有效。

⑤ 企业"核心自主知识产权"的核心性问题。按照复审机构的要求，企业核心自主知识产权的核心性体现在其与主营业务的关联性以及对主营业务的支撑性两个方面。关联性即核心自主知识产权应当与企业所从事的生产经营活动息息相关，而不是在人事管理、财务等方面取得或使用的知识产权。支撑性则是指，该知识产权应当对企业开展主要经营活动、取得的主要收入是必要的，该知识产权的丧失可能会导致企业正常经营活动的无法开展。核心性是"核心自主知识产权"最重要的特征，但在处理上却更多反映技术要求而非法律要求，体现技术内容与产品、收入的关系。

提醒您

对于拟开展高新技术企业认定（复审）的企业来说，其所运用的技术内容本身即是企业开展业务的根本，高新认定（复审）是对这种技术内容进行认可、鉴定和证明的过程，应当注意在该过程中对企业先进技术内容的保护。

（5）注重提高企业科技成果转化能力。科技成果转化能力是指企业对技术成果进行应用性开发，形成产品、服务、样品、样机的能力。主要考核企业最近三年内科技成果转化的年平均数，即企业平均每年科技成果转化需达到4项以上，三年内科技成果转化需达到13项及以上。技术成果转化判断的依据为：企业以技术成果形成产品、服务、样品、样机的能力。技术成果可以是项目本身，也可以是被同行认可的一种技术、工艺方法、专利等。证明技术成果转化的资料如表8-3所示。

表8-3　技术成果转化证明资料

序号	成果转化类别	证明材料
1	产品类项目	证明材料需提供购销合同、销售发票或第三方检测报告。企业自出的检测报告、产品说明书、用户使用/体验手册、质量检测报告等证明材料的证明力要弱于前者
2	技术类项目	企业应提供与技术涉及的产品相关的产品购销合同、销售发票、"四技"合同（技术转让合同、技术开发合同、技术服务合同、技术咨询合同）或第三方检测报告。企业自出的检测报告、照片等与该技术有关的证明材料的证明力相对较弱
3	工艺类项目	企业应提供第三方检测报告、与该工艺有关产品的购销合同、销售发票等。如果企业项目或新产品、新技术、新工艺有经过各级政府（科委、发改委、工信部等）立项或鉴定，这些立项和鉴定材料也可作为成果转化证明材料

企业还需注意购销合同的销售方必须是企业自己。技术转让合同证明效力最大，其次是技术服务合同，最后是技术开发合同，技术咨询合同无效。第三方检测报告证明效

力最大，其次是企业自己出的检测或工艺报告。植物新品种和省级以上农作物审定（鉴定）证书均可作为技术成果的体现。

提醒您

《高新技术企业认定管理办法》对高新技术企业所属国家重点支持的高新技术领域、核心自主知识产权、研发费用、科技成果转化能力、高新收入比例、人员比例等方面均进行了严格规定，企业未来在申请高新技术企业认定过程中应对上述条件加倍重视，并应提前做好高新申报准备工作，从而使企业能顺利通过高新资格认定。

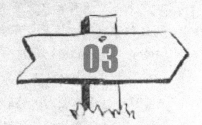

第三篇
案例解析篇

国内制造业工业化程度尚属劳动密集型，整体而言制造业处于"工业2.0"（电气化）后期阶段，"工业3.0"（信息化）正在普及，离工业4.0还有比较大的距离。而为了全面进入"工业4.0"阶段，部分国家和企业已经做了一些示范，且制造业的自动化和信息化正在逐步布局。也就是从淘汰、改造低自动化水平的设备做起，并逐步制造较高自动化水平的智能装备，再提高产品信息处理能力、服务由低阶到高阶到信息网络技术，佐以最新智能化组件的参与，建设物联网、服务网、数据网、工厂间互联网，生产装备逐步实现集成，并通过传感器和机器视觉等新技术实现智能监控和、决策功能。

所以在此汇整解析的案例，主要选择分享近年来实际经验中，持续有客户重复委托的案例，而且现阶段受非标自动化制造商及方案集成商重点关注的几个基础案例，供读者参考并避免不必要的错误尝试。

本篇收编的六个实际案例可以分为以下三个主要的方向：

（1）带来绝对优势的智能化生产及资源管理方式。

（2）创新突破的新科技应用。

（3）大量取代重复性基础劳动力。

第 ⑨ 章

智能化生产及资源管理方式

第一类典型案例就是带来绝对优势的智能化生产及资源管理方式。说到近年来带来绝对优势的智能化生产制造管理重大革新，不外乎近期蓬勃发展的企业管理系统ERP、客制化工业生产软件MES、智能仓储物流管理以及车间采用物流机器人AGV自动运输。中国是制造业大国，制造业数量产量的增速有目共睹，而面临的竞争也越来越大，急需转型升级，提质降本增效。因此很需要ERP、MES及工业软件，但发展早期，大多数企业都用不起这类高附加值的智能管理方式。而作为工业软件服务商，工业软件基础相比欧美国家又显得很薄弱，并且工业相关的知识和经验相当分散不集中，因此软件服务厂商很难赢利，也很难将规模做大。近年来国家推行供给侧改革、结构化改革，推行工业互联网平台势在必行。MES作为工业软件中的一类，其在企业智能转型中起到重要的价值，MES应用如何带动企业智能转型，如图9-1所示。它将推动运营模式的变化、生产模式的变化、业务行为的变化，从传统的市场为导向转变成以产品为导向，从传统的标准化走向多元化，从传统的以设备为导向的管理转向以人员为导向的管理。

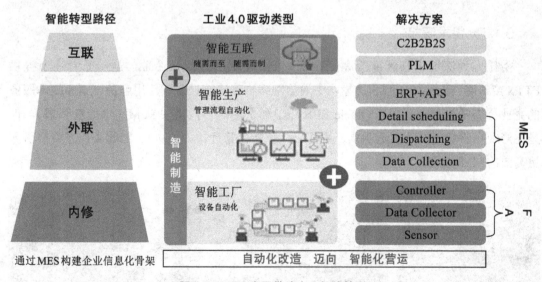

图9-1　MES应用带动企业智能转型

智能仓储物流不同于传统工厂作业模式，涉及多样化物料的存储、自动化的生产线、柔性化的生产、及时化的物流、智能化的管理体系等多个技术领域与业务领域，因此建设难度更高,对工厂布局、设备互联、物流协同、两化融合等提出了更高的要求,如图9-2。因此,为了更好地实现SMT智能物流的应用,前期须对客户的整体作业流程、物料使用情况以及目前人员工作安排有充分调研,以保证尽快制作出符合客户实际需求的智能物流解决方案,并达成建设目标。

近几年来,愈来愈多的SMT制造业开始由"传统手工制造"向"智能工厂"转型。电子制造业的高度自动化与物料执行系统的手工作业模式愈发显得不协调。为了从根本上达到高速、准确和低成本,SMT制造业对原材料/半成品/成品的存储、出入库、分拣及物流配送的自动化、自动搬运机器人AGV(如图9-3)的需求也随之急剧增加。这正是工业4.0推动的正向趋势,是社会分工专业化、集中化的需要。

图9-2　智能仓储物流　　　　　　　　图9-3　智能物流自动搬运机器人AGV

9.1　案例01:MES系统选择及实施

9.1.1　需求源起

委托方为深圳市某国家级高新技术企业。它是A股上市企业,是一家专注于提供FTTX接入网、无线接入网和传输网中通信网络物理连接设备、应用解决方案和技术服务的企业。委托方目前正导入Oracle EBS ERP和供应商协同模块SCM(供应链管理),但是生产现场整体无法达到透明化、协同化、智能化管理,如图9-4。因此委托方希望引入更高效的MES系统。

图9-4　方案实施前生产现场

9.1.2　立案分析（可行性评估）

（1）委托方的生产管理的特点和挑战。委托方作为典型的离散型制造企业，具备如下生产管理的特点和挑战。

① 现阶段采用多品种、多批量/单件的生产组织方式；

② 客户需求趋势不容易掌握、交期短，临时插单现象频繁，终端制造商要能提供多种配置的产品供选择；

③ 产品升级换代迅速，生命周期短，变更频繁，版本控制复杂，对生产计划、物料计划等方面的协调配合要求非常高；

④ 产品质量管理受到普遍重视，质量控制要求高；

⑤ 终端产品具有售后维修管理需求，需记录管理产品的序列号和维修记录，还需根据序列号追踪原始生产状况。

（2）委托方的目标。委托方致力于质量、成本、效率、柔性、敏捷、集成，打造具有综合竞争优势及企业自身特色的卓越供应链。贯彻"品质至上、客户满意"的质量方针，通过降低方案设计成本、管理成本、生产成本、采购成本、安装成本等实现产品成本的整体优化，满足国内和国际客户的交付要求。为了实现这一目标，委托方希望不断地通过推动业务变革项目，开放思想，勇于变革，拥抱变革，优化流程和组织，完善制度和规则，并通过信息化系统落地固化，使公司的管理能力能够有质的飞跃，能适应公司的转型要求。直面挑战，打造委托方的智能制造平台。希望通过管理提升实现以下预期目标：

① 精简人力15%；

② 减少仓储面积23%；

③ 上架和备料效率提高30%以上；

④ 备料错误次数和先进先出发料错误次数降至0次；

⑤ 账务实现实时更新。

基于以上客户的期待及挑战，设计方与委托方密切沟通磨合，进行多次MES系统讨论辩证会议，力争将信息化管理水平提升到新的高度，进行MES项目细节需求调研，如图9-5。在双方共识下，委托方最终选用设计方的新设计N2云智造系统，进行打造全程可视、过程可控、结果可溯、精益化与智能化相融合的特色智能制造平台，实现"可视、可追、可控"的运营管理。

9.1.3　进行设计

设计方结合自身的长期经验及实施方法论，首先将委托方的需求和设计方自行开发的N2云智造系统平台的功能进行融合，同时通过对委托方的业务流程进行改进和利用设

图9-5　MES项目细节需求调研现场

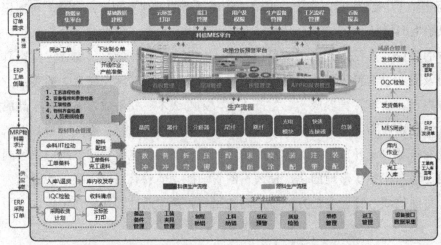

图9-6　MES项目总体蓝图初步架构设计

计方N2云智造系统两条主线，来实现业务和系统的无缝衔接和充分融合，即在设计方已有的N2云智造平台上，弥补委托方的需求功能缺项，初步制定本方案MES项目总体蓝图，初步架构设计如图9-6所示。经过对委托方MES系统需求的调研，而为委托方构建了涵盖ERP接口、WMS电子仓库、生产制程管理、质量管理、工艺管理、设备管理、预警平台与广告牌、APP移动工厂与设备接口等9大范围的业务蓝图。

9.1.4　开始实施

企业信息化的过程是信息技术和管理技术融合的过程。设计方充分注重委托方的需求、结合最佳的精益实践与设计方N2云智造平台的融合，形成为委托方定制的N2云智造平台，如图9-7。

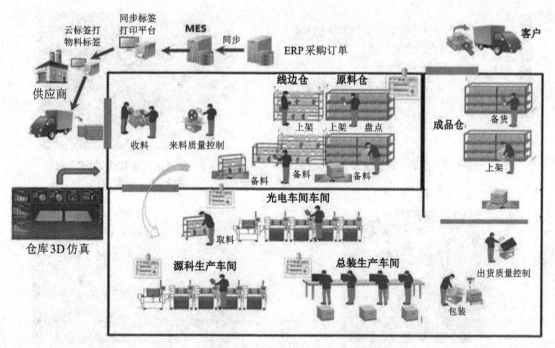

图9-7 为委托方定制的N2云智造平台示意图

（1）电子WMS（仓储管理系统）。我们计划通过电子WMS实现以下目标：精简人力15%；减少仓储面积23%；上架和备料效率提高30%以上；备料错误次数和先进先出发料错误次数降至0；账务实现实时更新。具体的措施如表9-1所示。

表9-1 电子WMS管理提升措施

序号	措施	说明
1	条码化改进	所有来料推行最小包装贴条码标签，从源头建立物料的追溯。推行云标签打印平台（如图9-8），推动主要供应商执行打印，降低标签和打印成本
2	收料计划改进	收货计划导入智能信息化标签打印平台，可以有效指导供应商按照收货计划进行标签打印和交货。减少库容占用，避免库存金额增加、库存周转天数延长
3	动态货位改进	通过改进货架货位管理，并使用PDA指引物料的上架和取料（如图9-9），缩短传统货位管理找料的时间，提高备料效率，对拣货人员的经验能力要求降低，新进人员也可以快速达到上岗要求（如图9-10、图9-11）
4	精细化管理	可实现仓库内部精细化管理，提供替代料关系和库存数查询，对长周期呆滞物料、不合格物料、复检物料提供提示预警，减少物料损失，提高库容利用，页面功能如图9-12所示
5	增加动态盘点	动态盘点（如图9-13）代替原来的静态盘点，系统增加采用动态盘点功能，由仓管查询本月未盘点过的物料，然后利用碎片时间进行盘点，财务每月抽盘复核，可以大量减少每月例行静态盘点人力
6	ERP/MES账物相符	MES系统和ERP实时对接，物料移动同步ERP账务，提高账物相符率，为MRP（物料需求计划）的准确运行提供基础，降低计划不准导致的库存和呆滞

图9-8 条码化改进云标签

图9-9 货架货位管理通过PDA指引
物料的上架和取料

图9-10 动态货位改进导入前

图9-11 动态货位改进管理导入后

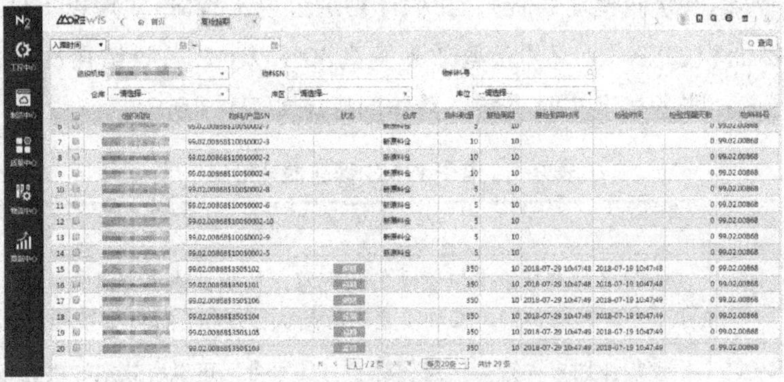

图9-12 精细化管理页面

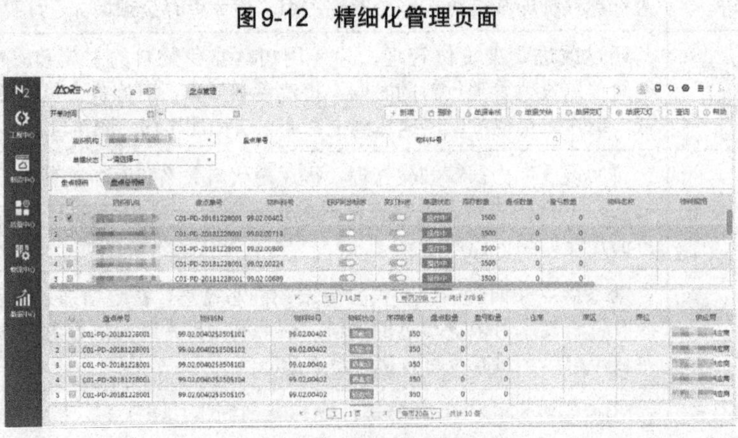

图9-13 库存和呆滞动态盘点

（2）生产制程管理。在 MES 系统上线前，生产工序、技术参数、流程工艺间流转通过纸质工序流转卡，各工序间信息无法及时反馈；实时加工数据和质量数据还依赖人工进行记录，无法实施数据分析预警；各工序的生产数据和检验数据都无法和产品一一关联，无法实现生产过程品质数据和工艺数据的可追溯；原材料也未与产品进行关联，几乎完全无法实现可追溯。通过 MES 系统的实施，在生产制造过程管理方面，技术实现了生产过程品质数据和工艺数据的可追溯改善，如图 9-14 所示。

| 晶圆 | 器件 | 分路器 | 尾纤 | 跳纤 | 光电模块 | 快速连接器 | 总装 |

项目	内容描述
管控模式	生产制程管控分为两个类型，分别是个体和批次 （1）晶圆、器件、分路器、尾纤、跳纤、光电模块、快速连接器按批次管控制程 （2）总装按个体管控制程
批次管控模式	（1）按时间采集产出数量，包括产品不良数量和良品数量 （2）如有投产，将按批次采集投料信息，通过扫描物料 SN 码（产品序列号）进行采集和比较物料信息 （3）该工序可以生产的数量，为上道工序的产出良品数量 （4）如有不良，将进入维修站维修，维修完成后，按维修制定工序进行返工 （5）如产出有包装箱包装，每个包装箱粘贴唯一码 （6）批次模式也可以生产 FQC（成品质量控制）检验单
个体模式	（1）投入关键物料可以按个体方式扫描并绑定产品条码 （2）物料个体条码扫描时，按配置条码规则进行比对是否符合，并校验是否为唯一码 （3）一个工序可以投入多种物料，每个物料投入多个，具体数量由工艺设置 （4）投入关键物料可以按批次进行扫描，并在产品过站时关联投入物料批次
叫料模式	（1）生产根据现场生产进度，进行叫料操作，并记录缺料工单、套数、叫料时间 （2）仓库通过看板或预警及时进行备料，并取消叫料信息 （3）生产按收仓库物料进行生产

图 9-14　实现生产过程品质数据和工艺数据的可追溯

① 部分关键和柔性岗位，建立数字化标准作业程序书 ESOP，自动根据产品推送作业指导书和一些相关的质量检验要点、作业要点。

② 建立人、机、料、法和产品的追溯关系，采用批次和序列号相结合的方式（如图 9-15），进行循环管理，改进人工管理不周全及经常出现遗缺的情况。

③ 通过对老化、烘干工序进行电子化监控，提高设备利用率。

④ 集成电子秤，对包装附件进行称重校验，提高产品品质。

⑤ 测试设备与系统集成，实时采集测试信息（如图 9-16），达成品质信息实时全采集。

⑥ 电子化收集质量数据，实时在线统计分析和预警。同时也建立关键工序、检验计划的防漏防呆机制，建立员工技能和岗位需求匹配的认证，如图 9-17 所示。

图9-15 批次和序列号人、机、料、法和产品的追溯关系

图9-16 实时品质信息采集

图9-17 质量数据实时在线统计分析和预警

（3）计划排程管理。在计划排程方面，设计方为委托方设计实施了以下功能：

① 钣金厂实现成套计划快速排程管理，生产过程管控改按套执行（cellproduction），产品生产透明化。

② 装配厂/总装厂建立月计划滚动、周计划稳定计划机制，月计划确保精准供应，确保MRP的运行准确，有效控制库存，周计划确保精准交付，产能利用最大化。

③ 建立可视化的排产模式，通过MES动态统计产能负荷，通过甘特图实现可视化的排产，将排产结果同步到EBS（E-Business Sui电子商务套件），如图9-18所示。

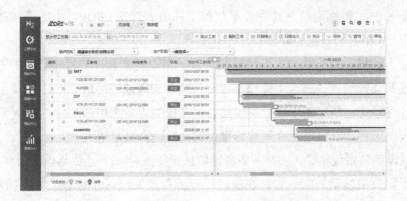

图9-18 计划排程管理可视化结果同步到EBS

④ 通过系统齐套约束功能（如图9-19），冻结待投产的物料，避免产前挪料、欠料，影响产能利用。

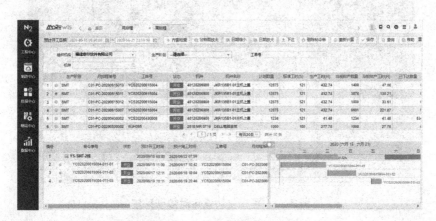

图9-19 系统齐套约束功能页面

系统上线后，实现了保精准供应、保精准交付的能力提升，也提高了产能利用率，降低了生产成本，明显优化了物料供应，提高了物料供应的准时率，缩短了库存周转，降低了存货金额，如图9-20所示。

图9-20 优化物料供应的准时率、库存周转等

（4）质量管理。质量管理方面，委托方通过实施设计方N2云智造平台系统，改变了以往手工单送检，用纸本记录检验结果、打印检验规范，人工进行质量统计分析的工作模式，实现完全无纸化、质量数据采集实时性，降低统计分析工作量，提高统计分析的准确率和及时性，如图9-21、图9-22所示。

同时，构建了共享、透明的品质防御体系，包括：IQC（来料质量控制）、IPQC（制程质量控制）、FQC（成品质量控制）的处理，自动触发和报警各类检验单，自动采集检验记录，广告牌上直接显示直通率、DPPM等KPI（关键绩效指标）、SPC、报表和图表，如图9-23、图9-24所示；规范质量管理流程，自动化采集检测数据，自动进行不良分析，自动判断良品率，如图9-25所示。

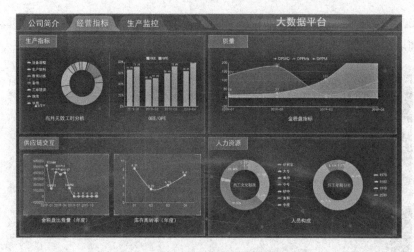

图9-21 可视化质量实时数据采集

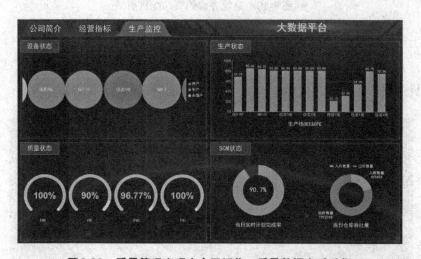

图9-22 质量管理实现完全无纸化、质量数据实时采集

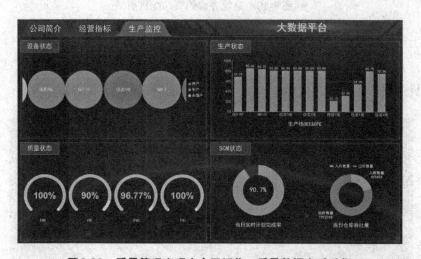

图9-23 直接显示直通率报表和图表

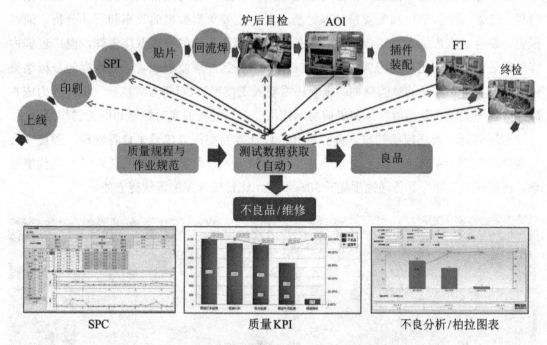

图9-24　构建共享透明的品质防御体系显示DPPM、KPI、SPC

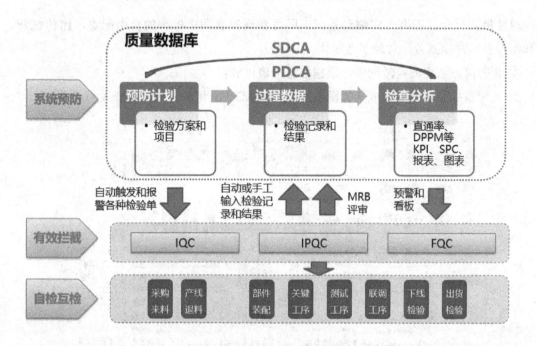

图9-25　质量管理流程

（5）透明化、智能化工厂。系统上线以前，在生产透明化管理方面，还存在着很多问题，比如：很多部门都配置统计和分析人员，主要负责数据的收集和统计分析，通过报表、邮件、广告牌、电话等形式传递信息；车间和各部门有设置广告牌，但广告牌内容依旧是依靠人工更新的形式，如图9-26所示。并且一项流程或者一套数据的分析结果依然需要一个比较长的时间周期；报表还需要人工使用Excel等方式统计分析，人力成本高；广告牌更多起到事后收集和事前警示作用，但对过程的实时预警和纠正的作用较小，一旦出现问题，处理问题的成本高。因此，设计方为委托方建设了设备管理、预警平台与数字广告牌、APP移动工厂与设备接口等，如图9-27所示。通过配置即可实现预警管理，比传统人工通知和传递速度提升50%以上，比传统开发配置快捷方便。

图9-26　系统上线以前车间公告　　　　图9-27　系统上线导入后车间公告

通过报表平台，拥有一定编码基础，即可实现报表和广告牌的自由配置，比传统开发和配置方式快捷高效，实现了透明化：

① 业务流与数据流实时同步，数据信息准确可靠；

② 关键指标报表自动生成（如图9-28），主动推送给相关人员，降低人力成本；

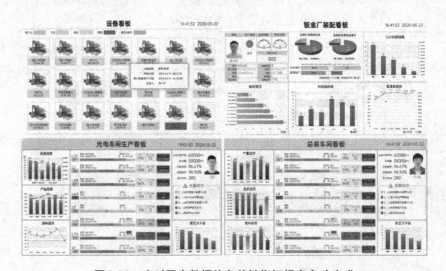

图9-28　实时同步数据信息关键指标报表自动生成

③ 过程数据自动收集，结果实时输出，信息实时透明，主动预防拦截，逐步实现智能生产，其效果如图9-29。

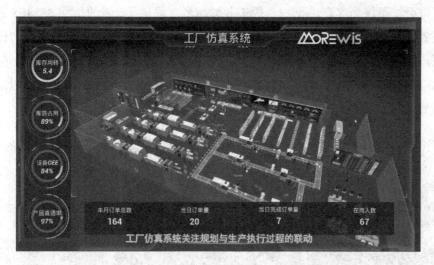

图9-29　实现生产透明化智能工厂效果图

（6）MES选型。企业在实施上述功能的同时，还需要关注MES选型与教育训练，如图9-30。但前期MES没选型好，往往会造成一切理论实践被推翻最终回到重新选型的原点。

图9-30　MES系统选型会经历的四个阶段

设计方提供专业MES系统选型服务和指引。MES系统选型除了要充分剖析自己企业，掌握自己企业的需求、信息化的目标、自身的生产特点以及信息化应用情况外，还要完全了解MES系统供应商，对其实力、软件性能、服务、用户、软件实施周期、价格等全方面的了解与分析。

（7）MES的教育训练。在MES教育训练方面，设计方提供了专业的线上论坛，和线下培训研讨会，不仅为客户，也为一般工业学习者，提供了一个非常好的MES系统学习和培训服务，如图9-31所示。通过先进的培训方法，融合了MES系统与平台的标准化流程化培训，将培训课程、练习、考核整合到一个体系内，能让用户在2周内迅速掌握N2云智造MES系统的使用方法，系统提供了良好的培训体验，能为国内MES领域批量输出MES专业顾问以及实践人才，如图9-32所示。

图9-31　教育训练培训体验及实践人员

图9-32　培训考核输出MES专业顾问以及实践人才

训练课程主要定位的方向：

① 介绍MES系统基本概念、实现技术以及业界MES应用的进展；

② 学习MES系统选型、配置、系统需求以及建设、学习MES的架构模式；

③ 介绍MES系统的数据采集技术，分别介绍条码技术应用、设备联机应用以及其他各类传感介质的应用；

④ 讲解MES系统的核心功能：生产计划、物料管理、仓储物流、在制品管理、设备管理、工艺工程、广告牌管理，以及各类信息流程控制等；

⑤ 讲解第三方系统，如 ERP、PLM、SCM 等与 MES 之间的关系以及数据集成方式；

⑥ 讲解 MESA 以及 ISA-S95 标准；

⑦ 讲解智能制造、工业互联网以及 MES 实践应用案例。

9.1.5　N2 系统给委托方带来的效益

委托方以设计方新选型完成的平台为新动力推动企业管理变革，利用 MES 手段促进精益制造，优化整个制造管理过程，强化生产和物控管制，打造闭环质量控制体系，N2 系统给委托方带来的效益如图 9-33 所示。

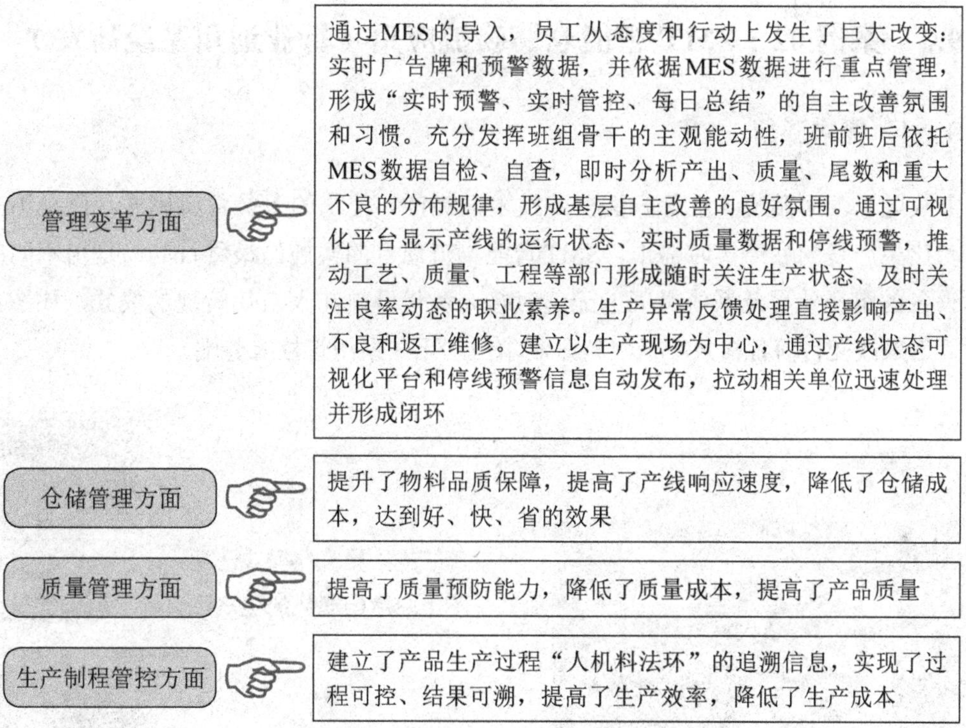

管理变革方面	通过 MES 的导入，员工从态度和行动上发生了巨大改变：实时广告牌和预警数据，并依据 MES 数据进行重点管理，形成"实时预警、实时管控、每日总结"的自主改善氛围和习惯。充分发挥班组骨干的主观能动性，班前班后依托 MES 数据自检、自查，即时分析产出、质量、尾数和重大不良的分布规律，形成基层自主改善的良好氛围。通过可视化平台显示产线的运行状态、实时质量数据和停线预警，推动工艺、质量、工程等部门形成随时关注生产状态、及时关注良率动态的职业素养。生产异常反馈处理直接影响产出、不良和返工维修。建立以生产现场为中心，通过产线状态可视化平台和停线预警信息自动发布，拉动相关单位迅速处理并形成闭环
仓储管理方面	提升了物料品质保障，提高了产线响应速度，降低了仓储成本，达到好、快、省的效果
质量管理方面	提高了质量预防能力，降低了质量成本，提高了产品质量
生产制程管控方面	建立了产品生产过程"人机料法环"的追溯信息，实现了过程可控、结果可溯，提高了生产效率，降低了生产成本

图 9-33　N2 系统给委托方带来的效益

9.1.6　案例总结评析

在整个委托方的 MES 项目实施过程中，设计方按照实施方法论，严格有序地开展项目实施工作，通过导师式地教学形式，把实施方法、步骤有效地传授给委托方，培养委托方的独立实施能力，确保 MES 系统持续优化的能力。同时，在实施 MES 系统过程中，不断强化精益思想和理念的转变和建立，实现委托方自身组织、流程和作业方式的自我变革，得以让委托方 MES 系统应用达到预期目标，实现 MES 项目的成功实施。

中国是制造业大国，制造业数量很多，而面临的竞争越来越大，需要转型升级，提质降本增效。因此很需要MES及工业软件，但大多企业用不起。而作为工业软件服务商，工业软件基础相比欧美国家又显得很薄弱，并且工业相关的知识和经验相当分散不集中，因此软件服务厂商又很难赢利，很难做大。国家推行供给侧改革、结构化改革，推行工业互联网平台势在必行。

MES作为工业软件中的一类，其在企业智能转型中起到重要的价值。它将推动运营模式的变化、生产模式的变化、业务行为的变化，从传统的以市场为导向转成以产品为导向，从传统的标准化走向多元化、从传统的以设备为导向的管理转向以人员为导向的管理。

9.2 案例02：SMT智能仓储物流应用（行业通用系统研发）

9.2.1 需求源起

多数电子表面贴装（也称表面安装技术，SMT）传统的人员备料模式，已跟不上高度自动化生产线的生产实时需求。SMT智能物流项目的实施的最终目的，是用不同的自动化设备的组合使用及系统之间的无缝对接，替代目前纯人工化管理的模式，如图9-34所示，用来改变目前备料效率低，料账难掌控，无法系统管控等弊端。

传统的人员备料模式已跟不上高度自动化的生产线

图9-34　替代传统纯人工化管理的作业模式

9.2.2 可行性评估

智能物流项目是否成功实施，同其他智能自动化方案一样主要取决于前期调研是否充分，是否有真正了解委托方生产现状中亟待解决的问题关键点，根据委托方实际的需求，制定出能从根本解决委托方痛点的方案。可行性评估工作共包含四项内容：现场调研、现状评估、委托方需求物流数据分析、现有流程分析，如表9-2所示。

表 9-2 可行性评估的四项工作

序号	工作项目	说明
1	现场调研	了解委托方目前的作业流程，从码头收料（供应商原材料来料）、大仓入库（IQC检验合格后入库）、线边仓备料（根据生产实时需求发料）、生产过程中的补料及生产结束后的下线料处理、半成品入库及半成品出库、成品入库及成品出库等流程进行详细的调研。主要调研内容包括： （1）评估现有的作业流程优劣势； （2）评估现有的作业过程中的瓶颈问题点； （3）评估现有的流程耗费的人力； （4）评估导入智能物流后带来的效益
2	现状评估	在调研基础上，设计方根据现有的架构及流程针对委托方的智能物流项目进行全面的评估，总结与了解不足之处。智能物流评估将作为项目规划的出发点，使未来实施的智能物流项目能够真正基于现状进行制定，同时评估模型将会为后续的智能物流项目提供持续扩展的指导与方向的指引
3	委托方需求物流数据分析	首先，项目组将全面收集现有工厂内的物流数据，并分析目前物流中存在的薄弱环节。 （1）库存数据，现有经常性库存数量分析如图9-35； （2）收货物料数据，收货数量分析如图9-36； （3）出货数量分析如图9-37； （4）现有吞吐量； （5）工效数据； （6）运输数据； （7）其他数据
4	现有流程分析	实施前的库存及物流，从原料码头收货到成品码头出货的全流程如图9-38

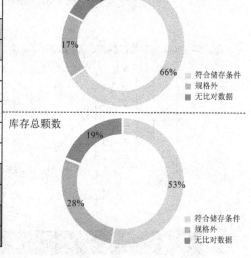

	总数据笔数	29 508 笔		
	分析总颗数	171 3244 170		
符合储存条件	总笔数	19 578 笔	百分比	66%
	总颗数	900 807 559 颗	百分比	53%
	不可分析笔数	203 笔	百分比	1%
	不可分析颗数	4 023 189 笔	百分比	0.90%
	可分析笔数	19 375		
	可分析颗数	896 784 370		
	可分析卷数	216 035（卷）		
不符合储存条件笔数		5 065	百分比	17%
不符合存储条件颗数		481 199 245	百分比	28%
无比对数据笔数		4 865	百分比	17%
无比对数据颗数		332 405 866	百分比	19%

图9-35 委托方的库存数据需求分析

	9月收货	10月收货	11月收货
总分析笔数	27 992	22 081	23 756
总颗数	2 223 728 416	1 945 559 887	2 062 908 277
不可分析笔数	5 389	4 378	5 685
不可分析颗数（8%～18%）	180 623 104	247 061 854	382 871 870
可分析笔数	22 603	17 703	18 071
可分析颗数	2 043 105 312	1 698 497 650	1 680 036 407
单日最大笔数	1 681	1 663	1 455
单日最大卷数	21 640	19 463	17 491
单日收货需要贴标最大卷数	10 069	6 802	5 206
收货需要贴标卷比例	34.33%	32.56%	34.44%

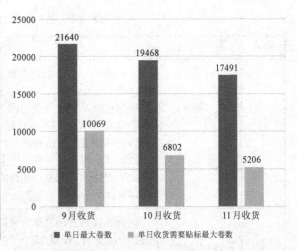

图9-36　委托方的收货数据需求分析

	9月出货	10月出货	11月出货
总分析笔数	63 497	55 592	60 463
总颗数	2 032 069 797	2 112 723 200	2 111 406 955
不可分析笔数	7 725	6 777	10 036
不可分析颗数（8%～14%）	163 635 836	253 912 991	290 429 172
可分析笔数	55 772	48 815	50 427
可分析颗数	1 868 433 961	1 858 810 209	1 820 977 783
单日最大笔数	2 354	2 331	2 159
单日最大卷数	16 318	15 488	15 538
单日收货需要贴标最大卷数	13 071	11 632	10 585
收货需要贴标卷比例	67.50%	66.11%	64.31%

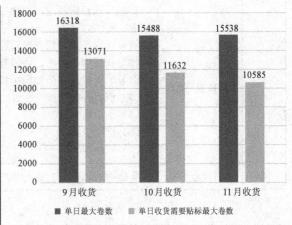

图9-37　委托方的出货数据需求分析

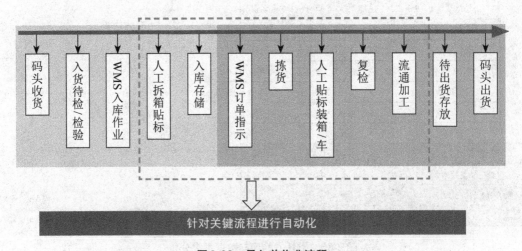

图9-38　导入前作业流程

170

9.2.3　进行设计

（1）智能物流整体框架蓝图设计。此次案例的目标与整体蓝图设计，是基于委托方导入智能物流项目的预期目标，首先要先分析并设计各阶段的短期目标，为智能物流项目的整体规划建设指明方向。图9-39为设计方为委托方设计的智能化工厂整体框图，其明确了实施范围及所有相关互动单元设备、车间、系统、物流的相对存在。其次在目标确定的基础上，规划出未来的智能物流的整体框架蓝图，该框架蓝图是委托方智能物流项目建设的支撑框架，通过该框架蓝图可以明晰地了解SMT智能物流项目的建设蓝图主要分为哪些系统，各在哪个层面会需要进行信息对接，接口提供的模式是什么形式的，核心项目有哪些，它们之间的系统逻辑关系如何，如何根据委托方对智能物流的要求，将各个设备串接在一起，保证整体流程运行的顺畅。

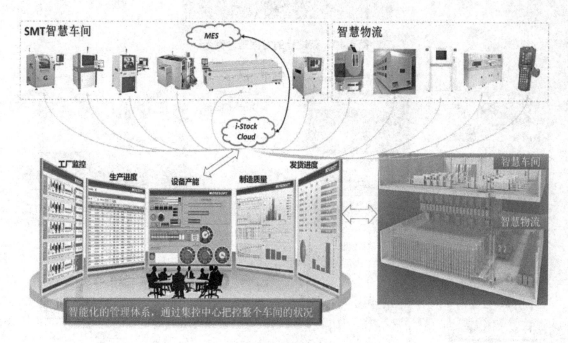

图9-39　新设计的智能化工厂整体框图

（2）方案执行理念设计。此次SMT智能仓储物流项目框架理念如图9-40所示，为了保证项目的先进性与合理性，设计方采用基于多家企业实践的智能工厂规划方法"三步曲"（"三步曲"将智能工厂规划分为三个步骤：现状评估、智能物流架构整体规划、智能制造规划实施落地），根据丰富的实践经验，进行了深化与拓展，并不断完善，形成了独特的方法，如根据各家企业的特点补充了智能物流项目的架构规划等内容，充分应用设计方自身经验积累的成熟应用模块（如图9-41），使规划更加科学与合理，并具有极强的可操作性与落地性。

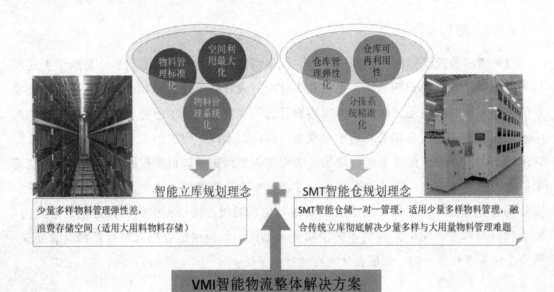

图9-40　新设计的方案理念图示

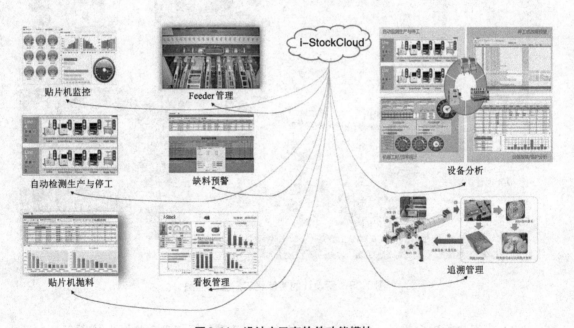

图9-41　设计方已有软件功能模块

9.2.4　解决方案实际运行

（1）场地初步规划描述：委托方场地平面布置如图9-42所示，占地面积2248m²，库区规划约1968m²，收货和待出货区约280m²。

（2）方案整体布局：设计方为委托方规划的整体3D仿真效果如图9-43所示。

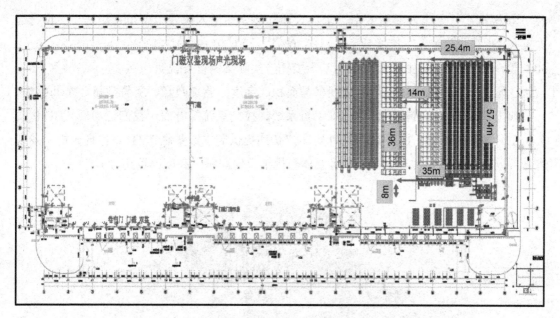

图9-42 委托方场地平面布置

图9-43 新设计的3D仿真整体效果图

（3）自动化立体库。自动化立体库系统（自动化立体库AS/RS）一般由高层货架、巷道堆垛机、输送机、控制系统和计算机管理系统等构成，可以在计算机系统控制下完成单元货物的自动存取作业，是一套机、电、软高度结合的软硬件管理体系，因而造成立库系统的实施犹如"走钢丝"，风险性较大。根据经验，自动化立库在前期设计与规划以及建设中容易存在的问题有：出入口流量考虑不足、输送系统与堆垛系统连接不畅、节拍无法满足生产出入库要求、WMS系统功能不全（如货位优化功能弱）等。因此在智能物流项目中，我们通过关键节点式保障自动化立库的成功应用。

① 根据委托方改善后的预期库存容量，设定立体仓库库存量为16679箱。（基本库位数+收货的三个月最大值）×三年增长率（每年20%增长）（8861+791）×120%×120%×120%≈16679箱。

② 根据委托方出入库新效率需求，设计立体仓库出入库效率：3003箱/天。（收货最大量＋出货最大量）×三年增长率（每年20%增长）（791+947）×120%：×120%×120%≈3003箱/天（备注：以上计算数据均基于委托方实际案例进行说明。）

立体仓库设计的内容包括库房规格与面积、高度、巷道数量、货位数量、空间损失、入口和出口速率、出货能力计算、堆垛机系统、控制系统等方面。我们运用现代3D仿真分析工具来进行设计，图9-44即是针对客户初期提供需求数量制作的3D仿真分析，发现客户数据提供严重失真的案例（库房立体仓规格出现面积、高度严重超标）。

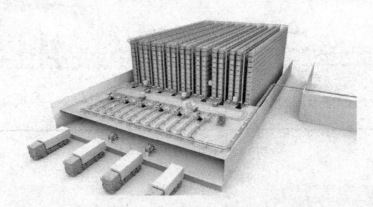

图9-44　场地规划仿真验证合理性

（4）线边仓仓储。线边仓的智能仓储一般由智能仓储、运输设备、控制系统和WMS等组成，可以在WMS控制系统下完成自动出入库、根据工单指令挑料、与委托方系统连接，生成缺料报表等作业。入库时，可通过与AGV动线搭配实现自动入库，无需人工干预，系统自动完成入库物料信息更新，并将此信息实时上传至委托方系统（MES/ERP等系统）；出库时，可由i-WMS从委托方系统中自动获取工单信息，也可由委托方系统将工单信息抛至i-WMS，根据工单信息指令，进行工单物料的出库作业，i-WMS系统后台自动记录每笔工单物料的出库时间、出库数量（后台保存信息可根据委托方需求进行定制）。

仓储出库搭配AGV小车，实现"物到人"模式，节省人员来回奔走以及找料时间。根据经验，若在前期未对委托方实际需求进行详细、准确的调研，将有可能造成以下问题点：

① 吞吐量无法满足，导致无法满足委托方生产效率及节拍；

② 存储量无法满足，导致物料存储爆仓，现场产生物料堆积的现象；

③ 与委托方系统无法达到无缝通信，导致信息无法实时串接，出现延后及"实物与账务不符"等问题。

因此在智能物流项目中，我们需要做充分的现场调研以保证线边仓智能仓储项目顺利应用。

线边仓的智能仓储的设计依据主要是委托方的库存数量、下线料回库数量、每人出入库数量等数据。该数据主要影响对仓储储位容量的设计以及效率的考虑。如图9-45为线边仓智能仓储布局图，目前智能仓储前后端都可搭配AGV小车，前端搭配AGV小车实现自动上料入库作业，后端搭配AGV小车将工单物料送至产线指定地点，全过程无人化，真正做到"货到人"模式，省去人员来回作业的繁琐流程，系统自动完成过账。

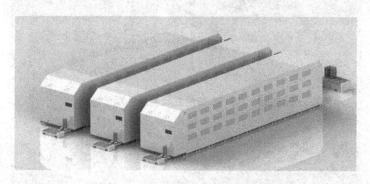

图9-45　线边仓智能仓储布局图

① 根据委托方库存容量，我们设定SMT智能仓储库量为163681卷。（基本库位数+收货的三个月最大值）×三年增长率（每年20%增长）（84282+10441）×120%×120%×120%≈163681卷。

② 根据委托方出入库效率，我们设计SMT智能仓储出入库效率：44359卷/天。（收货最大量+出货最大量）×三年增长率（每年20%增长）（14690+10981）×120%×120%×120%≈44359卷/天。（备注：以上计算数据均基于委托方实际案例进行说明。）

9.2.5　智能物流运作细部说明

针对物料数据部分，我们首先需要根据物料属性进行仓储选型。例如成品物料需要采用自动立库（AS/RS）进行存储，原材料部分可采用盘状智能仓储进行存储。根据物料的属性及形态设计物料的存储模式，并确定物料的标准存储容器，最后在此基础上进行仓储的细部规划（包含仓储的数量，物料的储存容量等）。下面列举几种不同形态的仓储存储模式。

（1）AS/RS智能立库。AS/RS智能立库可置于原材料仓及成品仓，存放供应商来料及待出库成品，存放形式可以栈板为单位，或以静电箱为单位，如图9-46所示。

（2）盘状智能仓储。原材料部分可采用盘状智能仓储进行存储。盘状智能仓储可置于线边仓，存放工单物料，可有效解决产线线边库存堆积问题，存储方式以单盘为单位进行存储，如图9-47所示。

（3）智能移动货架。移动智能货架（移动备料车）可通过AGV送至产线，亮灯提醒人员取料，避免人员取错料，可视化防呆，该亮灯料架可存放不同尺寸规格的盘装料，还可存放异型料，可兼容性强，如图9-48所示。

图9-46　AS/RS智能立库实际外观示意图

图9-47　盘状智能仓储实际外观示意图

（4）AGV小车动线设计。对生产物料的配送方式进行详细设计，主要包括AGV小车设计（RFID、磁条、激光等多种导引小车的选择），广告牌系统，实现物料的精确配送。AGV可分为背负式、牵引式、顶升式等类型。不同类型的AGV的载体设计也不同，有的AGV主要背负静电箱/料串/Magazine（用于和接驳台对接）；有的AGV主要背负备料台车，将整工单物料送至产线等，如图9-49。

基于以上设计，AGV的路径需对进货流程、出货流程、配送流程等物料流转流程进行设计，规范化未来的物料流转流程。对厂房内各层以及厂房与立库等功能布局进行规划与设计，重点是对厂房内各存储区域、拣配区域、生产线边区域布局进行整体设计；对物料从入库、到货、质检、上架、下架、拣配、出库等流程进行全面规划，设计不同物料的管理模式，如批量管理物料等，对不同管理模式的物料设计不同的物流流程；根据生产需要及周转需要，对不同区域的面积需求、码垛需求、周转容器等进行设计，以满足物料数量一目了然、快速齐套、配送及时等目标。对厂房内上下层之间物料流动，2个厂房之间空中的物料流动，以及物料与产线之间匹配的流动进行整体设计，如上下物

图9-48　移动备料车实际外观示意图

图9-49　AGV外观示意图

料流程方式、平行物料流动方式、物料存储方式等。对产线与仓储之间物料的配送模式和配送方式进行设计，包括AGV、RGV、叉车等，对线边仓库进行设计。根据某委托方现场的AGV行走路径进行的AGV数量计算如表9-3，产线送料频率计算表9-4。

表 9-3　AGV 数量计算

AGV 数量需求分析									
送料频率	线长/m	行驶速度/（m/min）	单台行驶时间/min	上料区上料时间/min	产线下料时间/min	单次完成时间/min	一小时送料次数/次	单台 AGV 可供产线数/条	AGV 需求台数/台
1	150	30	10	2	8	20	3	3	5
2	150	30	10	2	8	20	3	3	5
3	150	30	10	2	8	20	3	3	5
6	150	30	10	2	8	20	3	3	5
备料已按物料需求点配备									

表 9-4　产线送料频率计算

产线送料频率分析（12条线）								
工单量/（卷/24h）	单卷时间/s	备料频率	备料量/（卷/12线）	备料时间/h	单线备料量/卷	产线物料点/个	单线单点物料量/卷	MES提前预警时间/h
16444	5	1	685	0.951389	58	8	8	2
		2	1370	1.902778	115		15	2
		3	2055	2.854167	172		22	4
		6	4110	5.708333	343		43	7
建议送料频率为1～2h用量								

（5）预贴标区作业说明。预贴标区作业流程如图9-50所示。

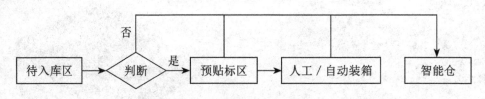

图9-50　收货预贴标区作业流程

① 收货预贴标区作业说明。预贴标区设计流程仿真示意说明如图9-51所示。预贴标效率设计：17400卷/天。收货贴标×三年增长率（每年20%增长）即为：10069×120%×120%×120%≈17400卷/天。

图9-51　预贴标区仿真示意图

② 出库备料流程说明。出库备料可按照委托方需求进行智能分装（Smart Kitting），既能以大工单分装，也能以小工单分装。若以大工单进行分装，仓储按照工单内物料对应料号的总数进行备料出库；若以小工单进行分装，仓储可按照整条生产线进行出料或者细化到每个机台。具体流程如图9-52所示。

仓储出库备料模式也可按照JIT备料模式进行。通过设计方MES系统（MES提前计算产线N小时的缺料信息），i-WMS自动获取定时缺料信息，此时智能仓储自动进行库存

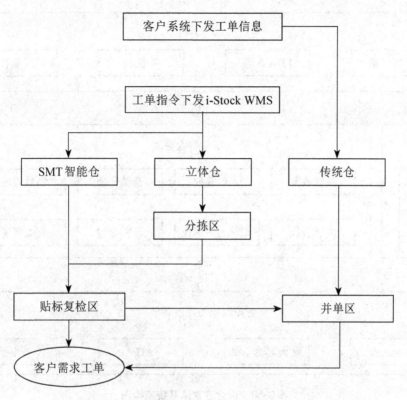

图9-52　出库备料流程

信息检索，若满足库存出库需求，仓储自动执行工单缺料补料作业；若仓储内物料库存数量不满足工单出库需求，此时仓储后台会自动发送缺料信息至大仓（可通过邮件或短信的形式通知人员进行补料作业）。具体出料模式可根据委托方实际需求进行调整，软件弹性化大。

9.2.6　软件系统架构说明

基于灵活、高性能的前提，整体软件系统架构可涵盖委托方工厂的核心业务流程，实现Portal协同、数字化智能仓储、自动化物流运输、精益制造、精细作业、全面质量管理、预警管理、设备管理、人员管理等，软件系统架构如图9-53。真正地做到与委托方端软件系统（MES/ERP/SAP等）无缝对接。对接WMS系统和MES系统：AGV的控制系统可以与WMS系统和MES系统等进行通信，通过发送信号的方式来进行自动叫料和信息交换。AGV中央控制系统操作流程及系统调度如图9-54所示。

第一步：MES系统下发补料指令。

第二步：调度系统优化AGV行走路线，执行搬运指令。

第三步：异常处理，现异常情况时，系统自动暂停并提示相关信息，在处理完成后，系统继续运行。

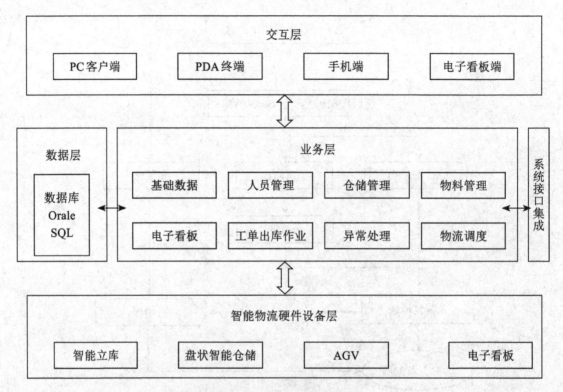

图9-53 设计方软体系统架构图

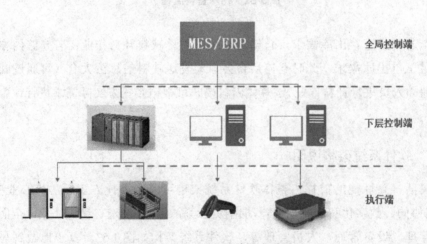

图9-54 AGV系统调度说明

9.2.7 委托方案例现场实施状况说明

以下为委托方成功导入智能物流项目后的变化说明。

（1）导入前的状况。导入前IC料的出入库作业大多依赖人工处理，工作人员需要不断重复上下架，记账扣账作业，流程繁琐，易出错，且效率低下，一旦有员工离职，新员工加入时，需要重新耗费时间，进行人员培训，如图9-55所示。

图 9-55　导入前 IC 物料存放人工操作

（2）导入后仓储动线大幅改善。导入后 IC 物料采用智能仓储的模式进行管理，人员在前道作业会完成物料与静电箱的绑定，并在箱子外部设有条码标识，静电箱流转至后端后，人员只需将静电箱放于输送线上，扫码器会自动读取静电箱上条码，并获取与该条码绑定的相关物料资讯，记录在 i-WMS 后台系统内，如图 9-56 所示。出库时，通过仓储内机械手自动完成周转箱出库，外部搭配电子看板，提醒人员进行分离作业，可视化程度高，依赖自动化设备及系统进行作业处理，成功替代了大部分人员作业，大大地降低了劳动力成本。

图 9-56　导入后物料存储示意图

（3）导入后操作端系统界面展示。

① 入库界面/出库界面：设计方入库界面如图 9-57 所示；设计方出库界面如图 9-58 所示。

图9-57　入库界面示意图

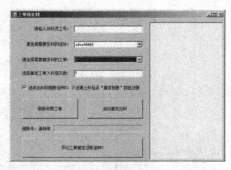

图9-58　出库界面示意图

② 库存分流作业界面：设计方库存分流作业界面如图9-59所示。

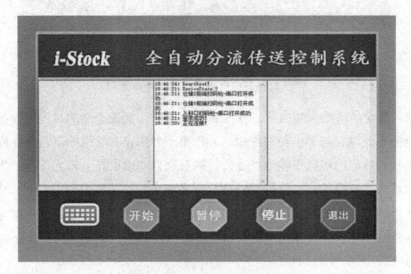

图9-59　库存分流作业界面示意图

③ 电子看板界面：根据委托方实际需求进行看板界面设计，如图9-60所示。

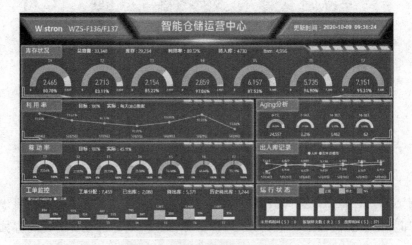

图9-60　电子看板界面示意图

当设备在委托方完成组装及调试后，需进行1到2周上线测试，待上线测试合乎标准和要求后，会正式交付给委托方使用。在委托方接手之前，设计方会对其作业人员进行基本的设备操作培训；对设备科的人员进行基本的硬件组成（如图9-61）、操作方式（如图9-62）、故障处理、安全防护（如图9-63）及维护培训。完成理论与实际操作培训后，需进行考核。

图9-61 设计方介绍　　　　图9-62 设计方介绍设备　　　图9-63 设计方介绍作业
　　硬件组成　　　　　　　　　操作方式　　　　　　　　安全防护

9.2.8 导入后效益分析

（1）人力精简。委托方导入智能物流项目后，工单备料、入库、出库、补料、挑料、退料、冲账等工站可被自动化设备取代。导入后预计可取代15个人力工作量，假设人力成本按照每人6000元/月计算，一年可节省人力成本约108万元，导入前后的对比数据如表9-5所示。

表9-5 委托方导入前后人力成本对比

单位：万元

工序	导入前人力	导入后人力	差异	备注
收料	7	4	3	智能仓取代
管账	2	0	2	智能仓取代
打套单	1	1	0	现有流程
贵重物料	8	8	0	现有流程
白班备料	10	5	5	智能仓取代
夜班备料	10	5	5	智能仓取代
总计	38	23	15	—

（2）附加效益。除上述人力精简外，尚有多项附加效益，如图9-64所示。如：减少库存时间及库存成本，提升盘点效率与准确性，提高数据及时有效性，能更加智能化物料出入库作业，避免人为疏失，简化流程及删减复杂单据等。

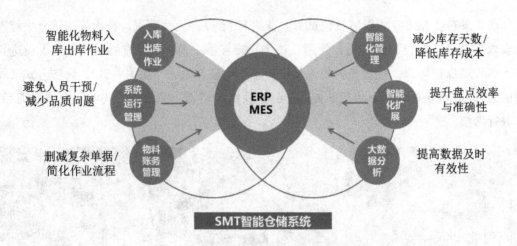

图9-64　导入后多项附加效益关联示意图

9.2.9　总结案例评析

　　设计方专业致力于SMT智能物料项目的整体规划，为委托方提供全方位的智能物流整体解决方案，同时优化整个电子器件物流流程，最终实现物流共享经济平台化管理。智能物流不同于传统工厂作业模式，涉及多样化物料的存储、自动化的生产线、柔性化的生产、及时化的物流、智能化的管理体系等多个技术领域与业务领域，因此建设难度更高，对工厂布局、设备互联、物流协同、两化融合等提出了更高的要求。因此，为了更好地实现SMT智能物流的应用，前期需对委托方的整体作业流程、物料使用情况以及目前人员工作安排有充分调研，以保证尽快制作出符合委托方实际需求的智能物流解决方案，并达成建设目标。近几年来，愈来愈多的SMT制造业开始由"传统手工制造"向"智能工厂"转型。电子制造业的高度自动化与物料执行系统的手工作业模式愈发显得不协调。为了从根本上达到高速、准确和低成本，SMT制造业对原材料/半成品/成品的存储、出入库、分拣及物流配送的自动化需求也随之急剧增加。这正是工业4.0推动的正向趋势，是社会分工专业化、集中化的必要条件。

第 ⑩ 章
创新突破的新科技应用

第二类典型案例是创新突破的新科技应用，通常是材料、技术、装备的新发明，或是新科技手段应用的重大突破。本章主要展示三个案例：红外热成像在压铸模具温度监测中的应用、超短脉冲激光设备在 SMT 分板领域的应用、激光电路板快速成型。

10.1　案例 03：红外热成像在压铸模具温度监测中的应用

10.1.1　需求起源

模具温度的表面分布情况对于确保工艺的高品质、高效率具有至关重要的意义，在压铸的过程中，之所以会出现气泡（如图 10-1）、缩痕（如图 10-2）、砂孔（如图 10-3）、裂纹等缺陷，大多是模具温度失控而导致的，铸件表面粗糙、灰色或黄色斑点、缺料、铸件翘曲、锈蚀均被认为是与模具表面温度、模具喷涂操作或润滑剂规格/效果等相关的铸造缺陷。所以在压铸行业，需要一套模温监测系统进行高质量的模具温度监测。

  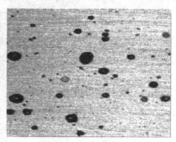

图 10-1　压铸气泡　　　　图 10-2　压铸缩痕　　　　图 10-3　压铸砂孔

10.1.2　立案

现有的模具检测手段主要集中在接触式热电偶，热电偶主要安装在模具内，监测一个点的温度情况。热电偶最大的技术短板就是热电偶检测的只是一个点的温度，而委托方希望监测整个模具表面温度场的温度分布，真正做到对模具温度的全面监测。

红外光谱图如图 10-4 所示。

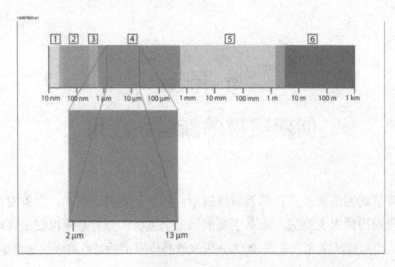

图10-4　红外光谱图

人眼能够感受到的可见光波长为0.38～0.78μm。通常将比0.78μm长的电磁波，称为红外线。自然界中，一切物体都会辐射不同波长的红外线，因此能够利用特制的探测设备（如图10-5）分别检测出监控目标本身和背景之间的红外线波长，从而可以得到不同的红外图像，这种红外图像称为热图像。同一目标的热图像和可见光图像是不同的，热图像是目标表面温度分布图，或者说，红外热图像是人眼不能直接看到的目标表面温度分布图，只有通过专门的设备才能转换成人眼可以看到的，表现目标表面温度分布的热图像。

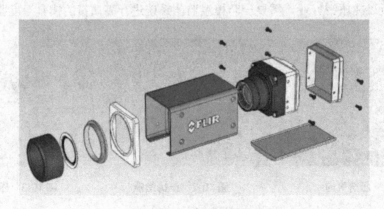

图10-5　红外相机视图

红外热像仪是利用红外探测器、光学成像物镜和光机扫描系统（目前先进的焦平面技术则省去了光机扫描系统）接收被测目标的红外辐射能量并反映到红外探测器的光敏元上，在光学系统和红外探测器之间，有一个光机扫描机构（焦平面热像仪无此机构）对被测物体的红外热像进行扫描，并聚焦在单元或分光探测器上，由探测器将红外辐射能转换成电信号，经放大、转换或标准视频信号处理通过电视屏或监测器显示红外热像图。

　　这种热像图与物体表面的热分布场相对应，实质上是被测目标物体各部分红外辐射的热像分布图由于信号非常弱，与可见光图像相比，缺少层次和立体感，因此，在实际动作过程中为更有效地判断被测目标的红外热分布场，常采用一些辅助措施来增加仪器的实用功能，如图像亮度、对比度的控制（如图10-6）、实标校正、伪色彩描绘等。随着热成像技术的成熟以及各种低成本且适于民用的热像仪的问世，它在国民经济中发挥的作用也越来越大。

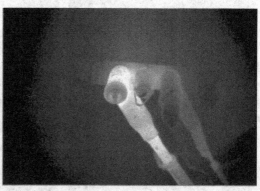

图10-6　红外可见光对比图

　　在工业生产中，许多设备常用于高温、高压和高速运转状态，应用红外热成像仪对这些设备进行检测和监控，既能保证设备的安全运转，又能发现异常情况以便及时排除隐患。同时，利用热像仪还可以进行工业产品质量控制和管理。热成像的优势在于自然界中的一切物体的温度都高于绝对零度，都会有红外辐射，这是物体内部分子热运动的结果。其辐射能量与自身温度的四次方成正比，辐射出的波长与其温度成反比。

　　红外成像技术就是根据探测到的物体的辐射能的大小，经系统处理转变为目标物体的热图像，以灰度级或伪彩色显示出来，即得到被测目标的温度分布从而判断物体所处的状态。比如某泵站电机（如图10-7），正常情况下表面温度约为50℃，如果温度升高到60℃，则可以判断其内部温度至少升高了20℃，按照电机红外检测规则，该电机寿命将缩短一半。

　　此外，红外热像仪在医疗、治安、消防、考古、交通、农业和地质等许多领域均有重要的应用。如建筑物漏热查寻、森林探火、火源寻找、海上救护、矿石断裂判别、导弹发动机检查、公安侦查以及各种材料及制品的无损检查等。

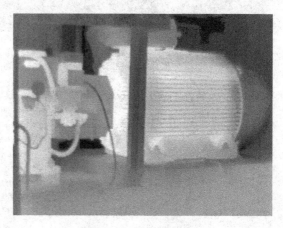

图10-7　电机红外热图

10.1.3 可行性评估

我们经过对市场上模温监测设备的调研，发现红外热成像设备可以比较好地解决当前委托方应用上的痛点问题。

（1）可以分析模具的温度场（如图10-8），红外热像可以分析整个模具的温度分布，而不只是单一点的温度。

图10-8　压铸模具定模动模红外热图

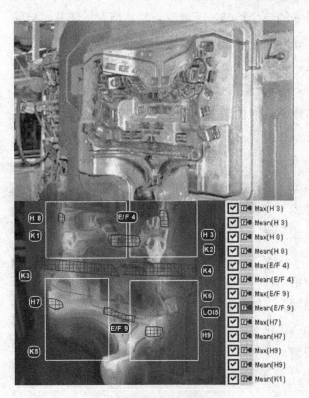

图10-9　压铸模具可见光红外对比图

（2）进行非接触式测温，通过观察图10-9的可见光红外对比图，我们发现红外热像可以对每个像素点的温度进行分析，系统可以对不同区域的模具温度做分析。

（3）开发定制软件对每一模的产品的喷涂、吹气、合模、开模的工艺过程做不间断连续的检测。在喷涂、合模和开模的时间点拍照、存图，保证工艺数据的可追溯，提高了生产品质的控制工艺水平，提高良品率。通过区域温度的监控可以控制模温机水循环系统的工作，真正做到模温自动控制、调节，并且连接到现有PLC系统，如图10-10。

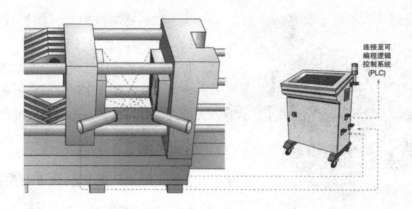

图 10-10 红外压铸系统拓扑示意图

10.1.4 制作过程

红外压铸系统现场安装如图 10-11，压铸机舱内环境恶劣，高温、高湿，有脱模剂以及油污，系统安装的难度主要在工业级的红外相机以及高可靠的保护套的设置。

图 10-11 红外压铸系统现场安装示意图

（1）红外相机选择。对于普通压铸工艺，使用 FLIRA65 红外相机（640×512），如图 10-12。对于高压压铸工艺，使用电动调焦的 FLIRA615（640×480）红外相机，如图 10-13。

图 10-12 FLIRA65 相机　　　　　　图 10-13 FLIRA615 相机

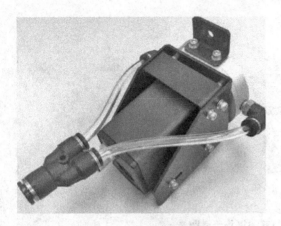

图10-14　红外相机护罩

（2）定制保护套。保护套使用如图10-14所示，运用气动快门和多层气帘对护罩的锗玻璃进行保护，保证锗玻璃保持正常工况，并且在锗玻璃表面镀疏油疏水的保护材料，从而保证相机可以在压铸机环境中长期稳定运行。

10.1.5　维护改良更新换代

新的应用设计方案（如图10-15）大大改善了当前模温监测的短板，实现了模具温度的实时非接触监测，提高了良品率以及工艺水平。但是由于模具是三维的，固定安装相机容易导致视觉盲区，在后续的设计改进中，计划把相机安装到压铸机内部的机器人上，进行多角度拍摄，保证系统无盲区监测模具温度。

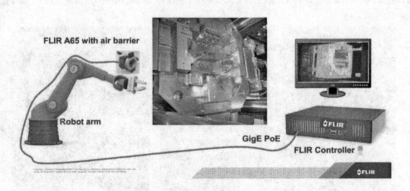

图10-15　改进系统方案图

10.1.6　总结案例评析

红外技术起源于军工夜视，经过超过40年的商用发展已经逐步进入了工业自动化领域，并且在非接触式测温以及红外机器视觉方面越来越多地被应用。使用行业包括电力检测、体温筛查、模具温度检测、热成型、汽车制造以及石化领域。

10.2　案例04：超短脉冲激光设备在SMT分板领域的应用

10.2.1　需求起源

随着消费电子产品市场的快速发展，应用不断推陈出新，越来越多的高新伴生技术随即在手机、平板电脑、电话手表等不同种类的消费电子领域中得到广泛应用。与此同时，随着消费升级，中小批量、多品种、定制化需求逐渐增多，这意味着对SMT各环节的设备都提出了新的要求。分板是SMT后段的重要工序之一，小型化的产品、新材料、柔性生产、智能化生产都指向全新的、颠覆性的分板设备。设计方近20年来一直致力于激光在电子领域的应用探索，自2002年设计方开始在激光应用探索及推广以来，在包括覆盖膜切割、软-硬板开盖、指纹模组分切、手机LCP天线全切、汽车电子产品分板等应用，一直走在应用的最前沿。所以，面对未来的需求，设计方需要寻找并提供切实可行的解决方案。如果将行业需求拆分，可以得到下述需求：

（1）该方案可以加工绝大部分材料，对材料没有选择性；

（2）该方案需要满足未来产品小型化、集成化的需求；

（3）该方案需要满足柔性生产，也就是方便换型，可以迅速匹配中小批量订单的需求；

（4）该方案需要满足智能制造需求；

（5）该方案需要针对每个工厂的特点，尽量贴合工厂实际，但又不能像制作工程机这样高成本、长交期、可靠性未经长期验证，而是既要满足各工厂的不同需求，还要向提供标准量产机一样，提供低价格、短交期、高长期可靠性的设备。

10.2.2　可行性分析

综合以上五条可以看出，这似乎是完全不可实现的需求。这就意味着需要颠覆性的方式来解决以上问题。

（1）针对可加工材料范围广的问题，就需要从激光原理入手。激光破坏材料都有功率阈值，超过阈值的激光功率会破坏材料，未超过功率阈值的激光大部分会转化为热量被材料吸收，产生碳化等问题，造成产品不良。所以，我们需要尽量选择可以覆盖绝大部分材料破坏阈值的激光光源。而超短脉冲激光，就是这样一种激光光源，其单脉冲时间仅有皮秒或飞秒量级，这也就意味着，在平均功率和重复频率类似的情况下，超短脉冲激光可以产生比纳秒激光多两到三个数量级的峰值功率，可以破坏绝大多数种类的材料，对材料没有选择性，可以解决这个问题。

（2）针对小型化、集成化的需求，则一方面需要使光斑大小满足要求，另一方面加工精度要提高。光斑大小比较容易实现，355nm波长的激光，经过一系列的光路设计，可以比较容易实现10～20μm大小的光斑，比机械铣制、冲压等传统方法具有天然的巨大优势。但另一方面，由于激光光路复杂，且为了实现高速度使用了扫描振镜，这就意味着其移动轴比传统铣制设备多了两个，在这种情况下做到高速度并不容易。这就要利用激光的另一个特性，其破坏材料并不是物理接触而形成，也就意味着可以通过软件精度控制校正到机械铣制及冲压难以比拟的精度。

（3）柔性生产本身是激光的优势，为了增强这个优势，设计方增加了Circuit CAM软件，也就是用CAM类工程软件增加柔性生产的灵活性。

（4）智能制造意味着上下料系统及连入MES系统，与其他多数案例一样，超短脉冲激光分板设备根据需求，配置不同类型的上下料模式，值得一提的是，由于分板设备往往是产线的终端，经过分板设备后的整版会被分切成独立的单片，所以将单片码盘的自动化装置也是SMT产线后端设备的常见配置之一。

（5）满足了以上需求，如何突破定制设备和量产设备的矛盾成了关键问题。为了解决该问题，设计方将量产设备进行了模块化拆分，也就是将设备拆成一个个独立的"模块"，这样，可以根据委托方的具体需求，将不同"模块"像积木一样拼接在一起。每个模块的成本、备货、稳定性都与量产设备相同，意味着价格、货期、量产可靠性得到保证，另一方面，由于不同模块组合带来不同的设备能力，使得设备可以精确匹配绝大多数委托方的需求，具有工程定制设备一样的适应性。

10.2.3　设计方自制超快激光

设计方将自制超短脉冲激光系统（皮秒激光），应用于尖端生产装备，解决精密微细激光加工难题。设计方的皮秒超短脉冲激光加工系统，采用自制尖端激光器，将多年激光设备应用研究、维修服务、开发设计的经验——体现在软件和机台上。应用光能量密度为典型的正态分布及合理皮秒激光波长选择（如图10-16）达到生产加工的要求。

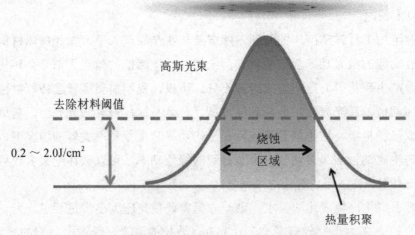

图10-16　高斯光的能量密度为典型的正态分布示意图

皮秒激光的诞生，摆脱了伴随激光加工的热影响，使激光技术进入了冷加工时代。在1s左右，光可以从地球上到达月球表面，但在1ps内，如此高速的光只能跑过三根头发直径的距离，如图10-17。

相比纳秒激光，若总能量相当，单个皮秒激光脉冲的激光峰值功率和能量密度，高出单个纳秒脉冲上千倍，皮秒脉冲的能量，几乎全部处在材料的加工阈值以上。同样多的能量，压缩在纳秒的千分之一时间内释放，几乎没有透射和折射以及热传导损失（如

图10-18所示），全部用来做加工材料的"有用功"，即使红外波长的激光脉冲，其热影响部分也可以忽略不计。因而，传统的纳秒激光加工过程（局部快速加热、熔化、汽化）中的缺陷，如毛刺、再结晶、微裂纹等，都可以避免，如图10-19所示。应用设计方的皮秒激光系统，上述特色很容易验证。

同时，如此高的能量密度，不分材料的品种，不论是金属还是非金属，不论是有机物还是无机物，都能使得原子的外围电子脱离原子核的束缚，导致原子带"电"，发生"库伦爆炸"，从而实现"库伦力"的电离加工。这就使得皮秒激光加工适合的品种多，并且可以分层、定深加工各种材料，包括玻璃等"透激光"物质，包括两种以上材料复合后，只去除某一种材料的加工，也包括在一种材料上，定深刨掉某深度材料的半刻加工，如图10-20。

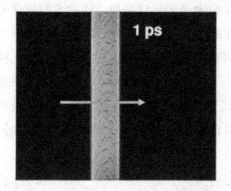

图10-17　1ps的工作距离（3根头发直径）

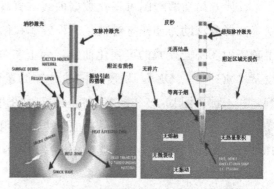

图10-18　无透射和折射以及热传导损失

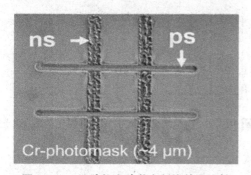

图10-19　纳秒与皮秒激光刻线效果比较

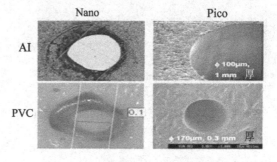

图10-20　纳秒与皮秒激光钻孔效果比较

10.2.4　实施过程记录、描述

我们从需求分析入手，采用设计方的模块化设计，为委托方的特定需求提供高度灵活配置组合。

激光设备的主体结构采用通用平台+激光源组合式搭配。平台可搭载国际主流激光器品牌规格，波长从355nm紫外波段，到515nm或532nm绿光，再到1064nm红外波段，甚至支持多波长激光源；激光脉宽从纳秒，到皮秒，再到飞秒等，适应不同行业应用。使得用户选型便利化，也极大提升了备货效率，缩短交期。

激光头设计是保障SMT切割质量的核心技术之一，设计方在加工工艺风罩设计上同样采用模块化设计思想，面向应用提供了多款式加工风罩，方形吹气、负压圆筒式、同轴吹气式等，以解决不同分板类型产品需求。

此外，还包括多种模块单元选项，如工业标准化和定制化靶标识别算法模块、激光功率监测模块、环境监测模块、能耗监测模块、面向智能制造的二维码与MES模块、SMT产线自动化上下料单元，以及更高级控制技术飞行加工等。

10.2.5 量产工艺控制工具

设计方的功率地图可视化数据曲线，直观地呈现激光源关键参数，辅助工艺管理的功率补偿算法助力委托方对精益过程效率和稳定性的追求，图10-21~图10-24分别展示了功率地图不同模式的可视化曲线，为工艺参数管控和状态诊断提供强力支撑。加工精度从"NG"到"OK"，精度地图软件辅助量化并自动完成精度修正，最大化降低主观判定和干预，图10-25和图10-26是精度地图可视化效果图，直观地呈现设备加工精度分布状态，从而达到在多种产品上成功生产应用，像SMT硬板的工业典型分板应用（如图10-27），及SMT软板的工业典型分板（如图10-28）等。

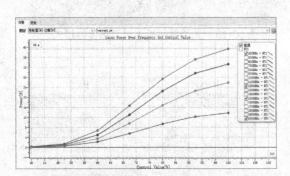
图10-21　功率地图不同模式的可视化曲线（1）

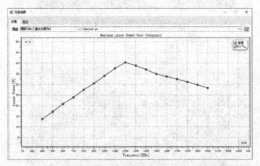
图10-22　功率地图不同模式的可视化曲线（2）

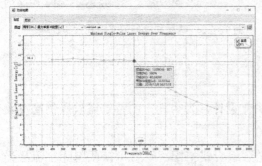
图10-23　工艺参数管控和状态诊断（1）

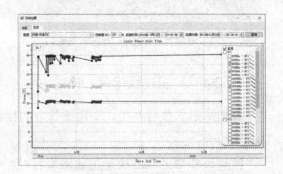
图10-24　工艺参数管控和状态诊断（2）

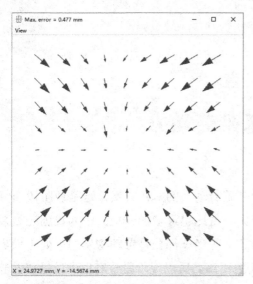

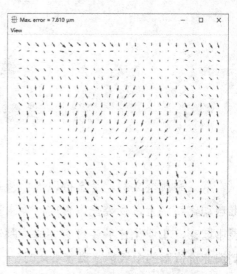

图10-25 精度地图可视化效果图（1）

图10-26 精度地图可视化效果图（2）

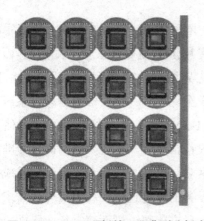

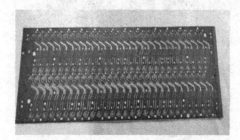

图10-27 SMT硬板的工业典型分板案例

图10-28 SMT软板的工业典型分板案例

10.2.6 总结案例评析

随着电子工业，尤其是消费电子领域的快速发展，SMT产线和装备的需求一直在不断提升，本案例阐述了模块化装备、选择高适应性核心技术这两种思路，在面向未来的产线、装备中，一定会有更多的颠覆性创新、变革出现，只有打破思想惯性、不断质疑、颠覆自己，才能在飞速变革的时代中占有一席之地。

第 ⑪ 章
取代重复性基础劳动力

第三类典型案例就是直接取代大量重复性基础劳动力的解决方案，这是现阶段非标准自动化市场上，受委托案件中，需求数量最大、占比也最多的一项。因为我国还是发展中国家，工业化任务还没有完成，制造业中还有相当一部分是劳动密集型，处于世界制造业价值链的中低端，离工业4.0还有比较大的距离。所以现阶段政府也大量提倡并奖励自动化相关行业。但是自动化还须智能化，因为最新研发的智能科技手段和阶段性成果，只有成本在合理的范围内才会被广泛采用。

图 11-1　手机产品专用屏蔽盖贴装装置

本章主要介绍三个案例：智能手机产品专用屏蔽盖贴装装置（如图11-1），模组化异型零件插件机（如图11-2），智能视学影像比对补锡、修锡自动化系统（如图11-3）。此类典型需求目的及评估方向一般都很具体，而且效益的衡量标准也相对客观。这也是非标准自动化发展成为标准设备的演进过程，利用市场的需求营造复制量产优势，进而建立行业标准，进而促成行业机械设备的标准化。

图 11-2　模组化异型零件插件机

图 11-3　智能视学影像比对补锡、
　　　　　修锡自动化系统

11.1 案例 05：智能手机产品专用屏蔽盖贴装装置

11.1.1 需求源起：非标准自动化委托开发案件

委托方投入大量人力进行手工贴装，如图11-4所示，并尝试使用贴片机贴装及定制机械手贴装，但均效果不佳。实施方案的目标产品如图11-5、图11-6所示。产品正面贴装屏蔽盖多联板生产，背面贴装屏蔽盖分板后上治具生产，如图11-7所示。

图11-4 屏蔽盖实际贴装现场

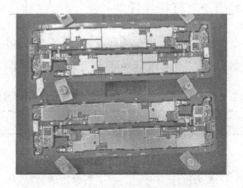

图11-5 委托方产品未贴装屏蔽盖   图11-6 委托方产品贴装上屏蔽盖

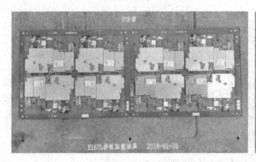

图11-7 产品正面/背面贴装屏蔽盖多联板上治具生产

现阶段委托设计专用屏蔽盖贴装装置，预期目标如下：

（1）贴装速度要求：平均3s以内完成一个屏蔽盖贴装；

（2）贴装良率要求：目视良率99.0%以上；

（3）贴装精度要求：屏蔽盖采用相机识别定位，PCB定位采用Mark照相，精确定位（二次定位）精度要求40μm；

（4）屏蔽盖采用自动化图像识别技术AOI进行不良识别，杜绝屏蔽盖不良品流入；

（5）预压屏蔽盖采用电流标定力矩模式，可以依各个屏蔽盖状况设定下压力，避免下压力过保护PCB，防止屏蔽盖弹开移位；

（6）贴装吸嘴泛用性：换线无须换吸嘴贴装头，节省换线更换治具及调试时间；无需根据屏蔽盖外形每次为更换产品再定制"专用"吸嘴，大大减少换线时间与成本；

（7）采用新式复压技术（XY方向辗压）设计，防止PCB内应力过大而电路受损，并防止屏蔽盖未充分密合现象产生；

（8）主机构双边供料适用多种屏蔽盖同时上料，至少4个托盘（tray）送料器和多个带式给料机（tape feeder）可同时一次装载多种屏蔽盖进行生产；

（9）适用编带料上料贴装生产；

（10）与主生产线对接实现线式生产，节省衔接上料周转时间和人力，提高生产效率。

11.1.2 可行性评估

设计方首先依委托方的具体要求成立可行性评估小组对接委托方，工程设计组调研市场面已存在技术以避免重复开发。现有不同贴装方式的缺点分析如表11-1所示。

表 11-1 不同贴装方式的缺点

序号	贴装方式	缺点
1	人力进行贴装	（1）人力成本高； （2）不符合人体工学设计，尤其视力劳动强度大，大型屏蔽盖多次按压无法密合易产生折痕造成材料浪费； （3）劳动效率低，短时间人力需求密集配合，生产调度困难，长时间人力闲置严重； （4）人员流失率高
2	机械手（robot）进行贴装	（1）成本高效率低，目前一台机械手只能设计专用一到二个屏蔽盖贴装； （2）良率不可控，受屏蔽盖来料影响严重，现有生产方式无法克服； （3）配合生产调度困难，移动、换线编程不易
3	贴片机（mounter）进行贴装	（1）盘式入料托盘占位大，须多台连联动，效率低； （2）料盘占位大，一台机无法完成多个屏蔽盖贴装，而且贴装无法密合完整； （3）多数屏蔽盖无法编带（15mm以上及有特殊形状均易折弯变形）； （4）自动托盘（auto tray）无法同时供应二种料（换料时间来不及）； （5）贴装未完成（未密合）无法得知（真空延时）； （6）大型屏蔽盖有多处倒扣，仅仅垂直按压无法密合

序号	贴装方式	缺点
4	屏蔽盖贴装	屏蔽盖贴装所须装置包括： （1）料盘，用于储存屏蔽盖； （2）输料线，用于输送屏蔽盖框作业； （3）吸嘴组件，用于将料盘中的屏蔽盖吸取贴附于屏蔽盖框上；其中吸嘴组件包括小型吸嘴、中型吸嘴、大型吸嘴；由吸嘴嵌套构成大型吸嘴由小型吸嘴嵌套大型压套构成达成泛用目的； （4）用于碾压屏蔽盖装置，使其完全扣合屏蔽盖框。通过引入吸嘴组件及碾压屏蔽盖装置，打破原有吸嘴按压受限于吸头形状需匹配相应屏蔽盖的局限，新型吸嘴组件须可适用各种形状，亦可同时实现多个相同屏蔽盖的作业；另外相比现有技术，碾压成功率高，无需重复按压

初步设计突破点进行可行性辩证具体描述如下。

（1）自动免装卸泛用屏蔽盖贴装吸嘴机构。新设计须可不用更换吸嘴来生产不同产品；降低生产成本，提高生产效率；力反馈压套与吸嘴分开控制，达到更精准的贴装和压合。利用固定座及设置在固定座上的吸嘴组件、垂直升降机构、水平旋转机构，垂直升降机构、水平旋转机构分别控制吸嘴组件垂直升降及水平转动；吸嘴组件包括吸嘴、力反馈压套、压套座、吸嘴导向轴、驱动套管，吸嘴导向轴嵌套于驱动套管，力反馈压套与压套座相互扣合设于驱动套管头端，吸嘴导向轴头端与吸嘴一端连接，随着吸嘴导向轴运动吸嘴伸缩贯穿于力反馈压套；该吸嘴机构还包括一垂直微调机构，该垂直微调机构用于调节吸嘴导向轴相对驱动套管的滑动，来达到吸嘴泛用的目的。

（2）可快速拆装的压头机构及基于该压头的贴盖装置。新设计压头机构中的压头组件须包括压块和压套，压块与压套的连接方式拆装方便且拆装对压头组件不造成损坏等影响。同时，还须提供压头机构的贴盖装置，其包括压头机构、升降驱动机构、旋转驱动机构，结构简单实用，每一压头组件对应有单独的旋转驱动机构、升降驱动机构，每一压头组件工作不相互影响，可快速定位压盖并进行压盖作业。

（3）复压下压力可控的屏蔽盖碾压装置。新设计须包括：滚轮组件。设计复压力可控的结构，将滚轮碾压模组设计为在 Z 方向可调，可随时根据不同产品所需求的不同碾压力度来快速解决适应；将碾压力度通过刻度尺数值化，从而能够更直观，更快速地解决相关问题。

（4）泛用载具平台。新设计通过水平驱动机构及可升降的吸腔组件的结构设计，获得自由调节宽度的载具平台，适用不同大小的 PCB 产品和不同的 PCB 加工设备，通用性高；载具平台具有真空吸腔，可吸附 PCB 产品，生产过程更稳定。

（5）具有载具回送功能。其特征在于，包括机架、物料传送装置、升降传送装置、贴盖装置、回送装置；所述物料传送装置沿机架的长度方向设于其顶部，用于将物料及其载具传送至贴盖装置贴盖后继续传送；所述贴盖装置经支撑架架设于物料传送装置的上方；所述回送装置设于机架的顶部下方，且沿平行于机架的长度方向设置；所述升降传送装置设于物料传送装置下料的一端，用于将物料传送装置上的载具传送至回送装置。

可行性评估结论：依照委托方的需求进行调研，参照分析现有其他设备及技术，发现各项需求须作客制化重新设计定制，对于此自动化方案的实施，目前，市场上尚无类似应用工具，工作小组须自行主导开发设计方向。此案经过反复论证，虽然数项数据无法保证，但与委托方商议前期双方可以进行样机制作，此方案新应用的各项难点从技术方面判断，有较大成功概率，且可成为标准机复制，具有市场潜力，于是通过评估，接受委托进行开发。

11.1.3　设计开始

新设计主要针对委托方需求及可行性分析中的技术难点进行攻关：智能手机产品自动免装卸泛用屏蔽盖贴装吸嘴机构；可快速拆装的压头机构及基于该压头的贴盖装置；复压下压力可控的屏蔽盖碾压装置；泛用载具平台；具有载具回送功能。新设计的目的也是为克服现有技术的不足，提供一种通用型屏蔽盖贴装装置，适于各种不同外形的屏蔽盖贴装。通过引入吸嘴组件及滚轮，打破原有吸嘴按压受限于吸头形状需匹配相应屏蔽盖的局限，新设计吸嘴组件可适用各种形状，亦可同时实现多个相同屏蔽盖的作业；另外相比现有技术，碾压成功率高，无需重复按压。以下结合设计图对新设计具体实施进行详细说明。

如图11-8所示，料盘4设于靠近输料线3入料端的一侧，吸嘴组件5设置在与料盘4相对的输料线3入料端的另一侧，滚轮6设于靠近输料线3的出料端；料盘4设有两份，其中一份为备用份，当与吸嘴组件5相对的料盘4用完后，转移备用份到相对的料盘4即可。滚轮6为一对并列的胶辊。而所述中型吸嘴52由小型吸嘴51、插销522、中型压套524组成；大型吸嘴53由小型吸嘴51、插销522、大型压套534组成。

（1）关于自动免装卸泛用贴装吸嘴机构及可快速拆装的压头机构。新设计的工作原理如下：以矩形贴装吸嘴组件5取代定制的特殊形

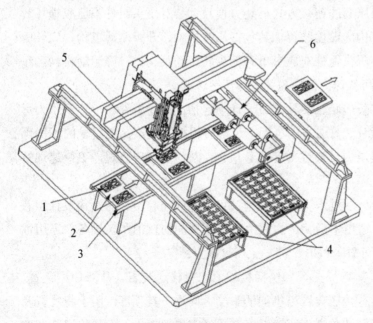

图11-8　智能手机产品贴盖装置结构细节

状吸嘴，再以碾压滚轮6复压屏蔽盖，使屏蔽盖完全扣合屏蔽盖框。首先将放置有屏蔽盖框1的载具2置于输料线3上，当载具2运动到吸嘴组件5下方时，吸嘴组件吸附料盘4上的屏蔽盖，将其轻压入屏蔽盖框1之上，覆盖有屏蔽盖的屏蔽盖框1运行至滚轮6下方，在其压力作用下，实现屏蔽盖完全扣合屏蔽盖框1。如图11-9所示，将自动屏蔽盖贴装机的特殊定制吸嘴均改制成标准矩形吸嘴，而且只定做三种尺寸，分别为以最小屏蔽盖尺寸作参照的小型吸嘴51、以中型屏蔽盖尺寸作参照中型吸嘴52，及以大型屏蔽盖尺寸作参照大型吸嘴53。三种吸嘴使用时，可以并行排列在输料线运动方向，根据屏蔽盖的大、中、小尺寸，三种吸嘴相互配合作业。如图11-10所示，中型吸嘴52包括小型吸嘴51、插销522和中型压套524，中型吸嘴52的组装为：把中型压套524套进小型吸嘴51底面，插上插销522，把中型压套524锁住。如图11-11所示，大型吸嘴53包括小型吸嘴51、插销522和大型压套534，大型吸嘴53的组装为：把大型压套534套进小型吸嘴51底面，插上插销522，把大型压套534锁住。

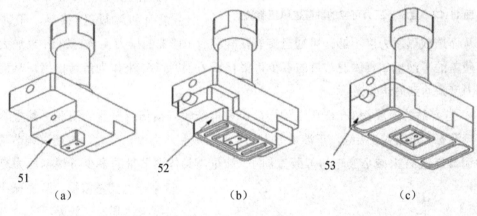

（a）　　　　　　　　　（b）　　　　　　　　　（c）

图 11-9　标准矩形吸嘴

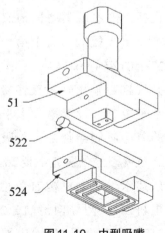

图 11-10　中型吸嘴

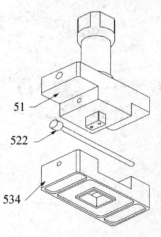

图 11-11　大型吸嘴

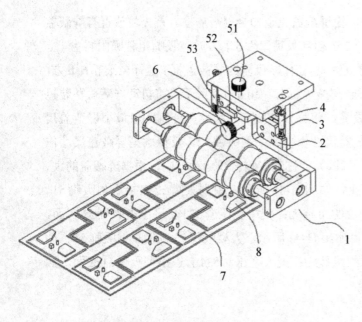

（2）关于复压下压力可控的屏蔽盖碾压装置。新设计的工作原理：是将滚轮组件1设计为在Z方向可调，可随时根据不同产品需要的不同碾压力度来快速调节适应，如图11-12所示。

① 滚轮组件1由左右两根拉簧拉4在初始位置，辅助紧固旋钮6，使其在Z方向的任何位置都不会上下晃动；

② 当产品的屏蔽盖8在碾压过程中，出现屏蔽盖8没有扣合到位的情况，其根本原因是滚轮没有和屏蔽盖8接触，干涉量不

图11-12 复压下压力可控的屏蔽盖碾压装置

够，从而造成碾压力度不够，可通过旋转滚轮组件1顶部的压力调节旋钮51来加大滚轮与屏蔽盖的干涉量，具体调节量的多少可根据压力刻度尺53来作为参考依据，从而加大碾压力度来达到最佳效果；

③ 当产品的屏蔽盖8在碾压过程中，出现屏蔽盖被损伤或变形的情况，其根本原因是滚轮没有和屏蔽盖8接触，干涉量过大，从而造成碾压力度也过大，可通过调节顶部的压力调节旋钮51来减小滚轮与屏蔽盖8的干涉量，具体调节量的多少可根据压力刻度尺53来作为参考依据，从而减小碾压力度来达到最佳效果。

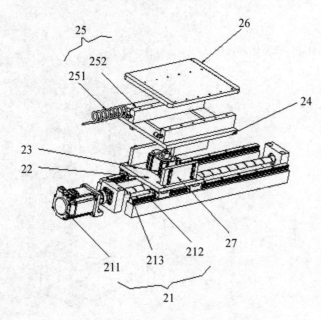

图11-13 新设计泛用载具平台装置

（3）关于泛用载具平台。新设计泛用载具平台装置如图11-13，包括：由水平驱动机构21驱动的第一水平板22、设于第一水平板22上的Z轴抬升气缸23、与Z轴抬升气缸23输出轴垂直连接的第二水平板24、设于第二水平板24上的若干吸腔组件25、与吸腔组件25气孔连通的吸腔上板26。其中，所述水平驱动机构21包括：驱动电机211、两导向滑轨212、丝杆213，驱动电机211输出端与丝杆

213同轴连接，丝杆213与第一水平板22底部螺纹连接，驱动第一水平板22沿两导向滑轨212往复运动。每一吸腔组件25包括：气管251、与气管251气孔连通的吸附块252、设于吸附块252底部的导向柱253，吸附块252底部通过导向柱253活动设置在第二水平板24上，顶部与吸腔上板26气孔连通。第一水平板22与第二水平板24之间设有两竖直板27，分别位于Z轴抬升气缸23两侧，两竖直板27上设有滑轨，第二水平板24底部设有与竖直板27滑轨对应地的滑块部件。吸腔上板26上表面设有与水平驱动机构21驱动方向垂直的凹槽。

（4）关于载具回送功能，对新设计结合附图进行详细说明如下。参照图11-14所示，新设计包括机架1、物料传送装置2、升降传送装置3、贴盖装置4、回送装置5；物料传送装置2沿机架1的长度方向设于其顶部，用于将物料及其载具传送至贴盖装置4贴盖后继续传送；贴盖装置4经支撑架架设于物料传送装置2的上方；回送装置5设于机架1的顶部下方，且沿平行于机架1的长度方向设置；升降传送装置3设于物料传送装置2下料的一端，用于将物料传送装置2上的载具传送至回送装置5。

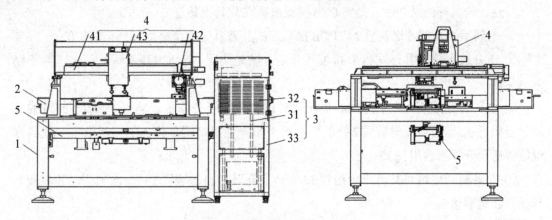

图11-14　载具回送功能机构新设计

其中，回送装置5如图11-15包括两平行布置的回送导轨51、丝杆调节机构52、两传送带机构53；每一传送带机构53对应一回送导轨51安装在回送导轨51的内侧；丝杆调节机构52安装在两回送导轨51之间，用于调节两回送导轨51的间距。升降传送装置3包括升降驱动电机、升降丝杆组件31、升降平台组件32、升降架33；升降丝杆组件31、升降平台组件32均布置于升降架33内部；升降驱动电机用于驱动升降丝杆组件31带动升降平台组件32升降。升降平台组件32包括平台传送带，用于将载具从物料传送装置2接入，并将载具送出至回送装置5。

贴盖机回送装置还包括顶升装置；顶升装置布置于物料传送装置2中部，用于驱动物料上升后贴盖。贴盖装置4包括平移丝杆组件41、平移驱动电机42、贴盖头升降驱动组件、贴盖头43；所述贴盖头升降驱动组件用于驱动贴盖头43贴盖；平移驱动电机42用于驱动平移丝杆组件41带动贴盖头43平移。

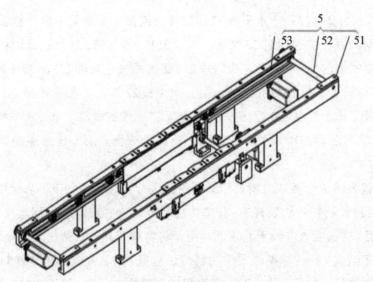

图11-15 回送装置机构示意

新设计载具有回送功能，是将PCB拼板放置在载具上传送。

① 上料后，物料传送装置2将PCB拼板连同其载具传送至贴盖装置4的下方；

② 顶升装置将载具连同PCB拼板顶升后，贴盖装置4对PCB拼板进行贴盖，并于贴盖后复位；

③ 物料传送装置2继续将PCB拼板及其载具传送至升降传送装置3一端，此时的升降平台组件32与物料传送装置2处于同一水平面，外部机械手将PCB拼板取出，载具则继续传送至升降平台组件32；

④ 升降驱动电机将升降平台组件32驱动下降至与回送装置5同一水平面，并将载具送出至回送装置5；

⑤ 回送装置5将载具回送至上料端，如此循环往复。也适用于生产过程中所有需要回送的载具或物料的其他工位，提高线体自动化程度。

11.1.4 开始制作

（1）关于自动免装卸泛用贴装吸嘴机构及可快速拆装的压头机构的制作。力反馈压套与吸嘴分开控制，实现精准贴装与压合，可以快速装卸吸嘴（如图11-16）；取代定制的特殊形状吸嘴，再以碾压滚轮复压屏蔽盖，使屏蔽盖完全扣合屏蔽盖框。不用更换吸嘴即可生产不同产品，避免定制吸嘴，大大降低生产成本；机台可同时安装4个吸嘴机头，缩短行程时间，提高生产效率。

屏蔽盖采用压头下压力可控模式保护PCB。使用力矩电动机（伺服）进行标定控制。力矩电动机是一种具有软机械特性和宽调速范围的特种电机，允许较大的转差率，电机轴不是像变通电机一样以恒功率输出动力而是近似以恒定力矩输出动力。当负载增加时，

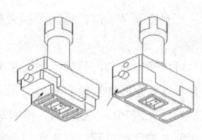

图 11-16　可快速装卸屏蔽盖贴装吸嘴机构

电机转速能随之降低，而输出力矩增加；力矩电动机的堵转电流小，能承受一定时间的堵转运行，从而达到标定力矩的目的。力矩电动机（伺服）：又分为交流力矩电动机和直流力矩电动机，在电路结构上与一般的交、直流电动机相类似，但在性能上有所不同。交流力矩电动机转子的电阻比变通交流电动机的转子电阻大，其机械特性比较交流力矩电动机的晶闸管调速控制器，与一般的三相晶闸管调压电路（主电路结构和控制电路）是相同的，只不过驱动负载有所不同而已。设备在控制环节引入电流或电压负反馈闭环控制，改善了起动和运行性能，也提高了恒定输出力矩的稳定性。

（2）关于复压下压力可控的屏蔽盖碾压装置制作（如图11-17）。新型复压力可控的结构设计，将滚轮碾压模组设计为在 Z 方向可调，可随时根据产品需要的不同碾压力度来快速解决适应；将碾压力度通过刻度尺来数值化，从而能够更直观、更快速地解决相关问题。

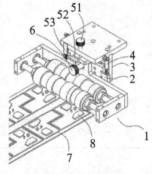

图 11-17　复压下压力可控的屏蔽盖碾压装置

（3）泛用载具平台制作（如图11-18）。适用不同大小的PCB产品和不同的PCB加工设备，通用性高；载具平台具有真空吸腔，可吸附PCB产品，生产过程更稳定等。采用新设计方案，具有：

① 载具平台在生产PCB产品，即使有Z轴负载时，也可以实现空板上下料，使用方便；

② 载具平台可自由调节宽度，适用不同大小的PCB产品和不同的PCB加工设备，通用性高；

③ 载具平台可以横向移动，替代了顶块和部分运输导轨，节省成本；

④ 载具平台具有真空吸腔，吸附PCB产品，生产过程更稳定；

⑤ 平台在生产时无需制作大量载具，节省成本；

⑥ 简化使用载具的生产过程，真正实现在线式自动化生产。

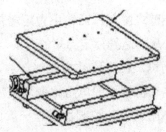

图 11-18　泛用载具平台设备贴装中状态

（4）载具回送功能机构制作。物料传送装置沿机架的长度方向设于其顶部，用于将物料及其载具传送至贴盖装置贴盖后继续传送；所述贴盖装置经支撑架架设于物料传送装置的上方；所述回送装置设于机架的顶部下方，且沿平行于机架的长度方向设置；所述升降传送装置设于物料传送装置下料的一端，用于将物料传送装置上的载具传送至回送装置（如图11-19）。这适用于生产过程中所有需要回送的载具或物料，线体自动化程度高。

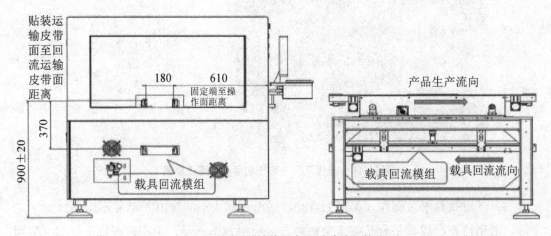

图 11-19　新设计载具有回送功能机构

新型的有益效果是：

① 生产过程中，升降传送装置可将物料载具或其他需要回送的物料自动回送，线体自动化程度高，提高生产效率，生产品质稳定；

② 节省了载具、物料储存设备，减少设备成本。

（5）其他委托方的需求综合说明。采用相机识别定位屏蔽盖；用 Mark 照相定位 PCB（如图 11-20）；精确定位（二次定位）精度达到委托方要求 40μm；屏蔽盖也引进自动化图像识别技术 AOI 进行不良识别，杜绝屏蔽盖不良品流入；高精度视觉系统硬件是两个高解析度的相机组合，按特定的稳定高效定位算法，搭配多轴工作头，效率大幅提高。

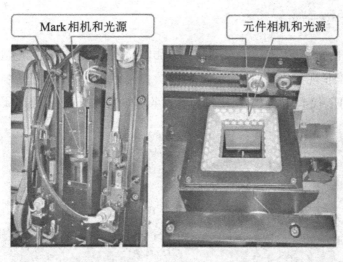

图 11-20 采用 Mark 照相定位 PCB；采用 CCD 相机识别屏蔽盖

主机构双边供料适用多种屏蔽盖同时上料，至少 4 个托盘（tray）式送料器和多个带式给料机（tapefeeder）适用编带料上料贴装生产（如图 11-21）；可同时一次装载多种屏蔽盖进行生产，均逐步完成制作；并与主生产线对接实现线式生产（如图 11-22），节省衔接上料周转时间和人力，提高生产效率。

图 11-21 主机构双边供料同时上料

图 11-22　与主生产线对接实现线式生产

11.1.5　量产维护效益分析

设备交付委托方现场生产，设备贴装实景如图 11-23，对比人工扣压对生产管理的改善和设备贴装标准呈现有绝对的优势，也可以改善人力操作时大多无法制定标准的问题，从产量而言 1 台可取代 4 人以上，从质量而言，各项质量及功能测试指标均有大幅提升。

图 11-23　人工扣压对比设备贴装实景

11.1.6　功能追加及设计变更

为了未来的线性连续生产需求，委托方于测试中途提出新的要求，经工作小组评估讨论同意变更委托方新增三项需求设计：

（1）设备自身实现 PCB 直接进料；

（2）快速拆装的压头机构及基于该压头机构的贴盖装置；

（3）快速拆卸的屏蔽盖贴装复压滚轮组件。

11.1.7　专利申请

委托方的需求往往是新设计及专利申请的最大动力，如表 11-2 所示为委托方需求催生的相关专利申请，而方案有多少创新的成分也由此体现，所以专利申请也可视为解决方案的总结。

表 11-2 委托方需求催生的相关专利申请

类别	序号	专利名称	专利类型	专利号
屏蔽盖贴装机	1	一种屏蔽盖贴装装置	发明	2016101855275
	2	一种屏蔽盖贴装装置	实用新型	ZL201620248035.1
	3	一种自动免装卸泛用屏蔽盖贴装吸嘴机构	实用新型	ZL201620760949.6
	4	一种复压力可控的屏蔽盖碾压装置	实用新型	ZL201720171667.7
	5	一种可快速拆卸的屏蔽盖贴装复压滚轮组件	实用新型	ZL201720172402.9
	6	一种屏蔽盖贴装中 PCB 直接上下料装置	实用新型	ZL201720177833.4
	7	一种泛用载具平台	实用新型	ZL201720177385.8

11.1.8 案例总结评析

这是典型人力取代解决方案。由于是新产品（智能手机）的新制程、新应用，需求目的具体但评估方向尚无把握，而且有数次失败尝试，效益的衡量也尚无相对客观标准。此案例处在新技术攻坚阶段，可以预期未来需求有增无减，这是非标准自动化发展成为标准设备的机会，利用市场的需求营造复制量产优势，进而建立行业标准，促成机械设备的标准化。新型复压力可控的结构设计，将滚轮组件设计为在 Z 方向可调，可随时根据不同产品需要的不同碾压力度来快速解决适应，将碾压力度通过刻度尺来数值化，从而能够更直观、更快速地解决相关问题，是设计的一大亮点。

屏蔽盖贴装机适用于生产无线终端设备（手机、平板电脑、U 盾、网络通信产品等），替代人工进行屏蔽盖贴装扣压、贴导热硅胶泡棉、标签贴及条码识别等诸多作业，实现真正意义上的"机器代人"。其高效的多轴工作头、高精度视觉定位系统、高精密传动定位系统加之贴装泛用性吸嘴等多项新工艺、新技术的叠加，也将助力智慧工厂的构建。

11.2 案例 06：模组化异型零件插件机

11.2.1 需求源起

路由器（如图 11-24）属于消费性电子产品，生产所需人力非常巨大。人工插件生产线（如图 11-25）需要许多的工人。产品要插装 14 种（28 颗）通孔插件元器件，如人工插装需排配 9 人，每人插 2～3 种物料。当 300/UPH 时，如人工插装需排配 18 人，每人插 1~2 种物料。如欲增产至 600/UPH，由于大量新人上岗教育训练不足，将会经常造成人力短缺以及品质事件，所以委托方迫切需要自动化取代大量人力及提升生产品质，减少人为错误。

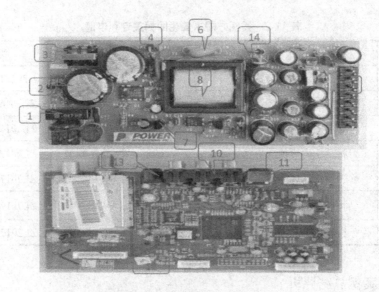

图 11-24　委托方路由器产品

图 11-25　现有工序的人工插件生产现场

由于现有工序人力操作已有相当时间，委托方的各种经验值，如产能、产量、人为疏失、问题点，以及各式防止人为疏失的管理措施、SOP、注意事项均非常完备。要求也非常具体、量化、全面。委托方具体的要求与期望初步如下：

（1）真正运用工作站原理进行插件生产流程控制；

（2）具有智能按压贴插件效果，解决用现有设备（贴片机）的盲点问题；

（3）将吸取机制与按压机构分离，达到泛用效果；避免生产不同产品而定制不同插件头，不用更换吸嘴、夹爪即可生产不同产品，泛用性大，投资效益高；大大降低生产成本并缩短时间周期；

（4）两组交替联动机械臂，双边供料增加效益；工位生产配置，贴装头；

（5）四个可实现同时吸取两个至多个相同插件，因此缩短行程时间，大大提高速度及生产效率；

（6）独立升降平面复压插件时使用电流标定力矩模式，贴装时可有效保护PCB；

（7）可兼容配合多种入料方式（振盘、飞达、管料和盘料）；

（8）零件采用四组相机识别定位（PCB 定位、针脚定位、组件定位）；可追加激光定位系统协助针脚辨识及零件反光克服；

（9）可离线预先建立标准的零件数据库，实现快速便捷的编程，减少换线编程时间；

（10）以标准化工作站形式取代人力，弹性调配，适合少量多样产品，真正达到自动化线性生产的便利性；

（11）专业生产设计，泛用、性价比高，设备投资不再昂贵。

11.2.2　可行性评估

依照委托方的各大客制化需求进行调研分析，参照现有其他设备及技术，将委托方需求在既有设备上，进一步落实以下客制化定制的增加项，加以重新设计。委托方的描述非常具体，给工作小组提供了明确设计方向。设计突破点依序分析综合成六大项，如图 11-26 所示。

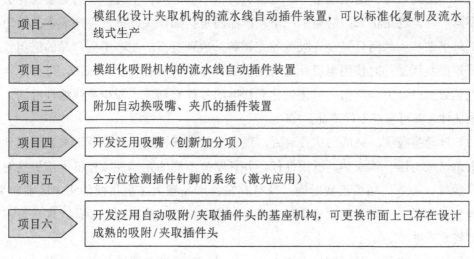

项目一	模组化设计夹取机构的流水线自动插件装置，可以标准化复制及流水线式生产
项目二	模组化吸附机构的流水线自动插件装置
项目三	附加自动换吸嘴、夹爪的插件装置
项目四	开发泛用吸嘴（创新加分项）
项目五	全方位检测插件针脚的系统（激光应用）
项目六	开发泛用自动吸附/夹取插件头的基座机构，可更换市面上已存在设计成熟的吸附/夹取插件头

图 11-26　六大项设计突破点

以下依序进行可行性的技术探讨。

（1）模组化夹取机构的流水线自动插件装置。在电子加工领域中，插件元器件贴装自动化过程中，由于插件元器件外形各式各样，所以均定做能夹取插件元器件的插件头及压块来强化夹取及按压效果，一般均须针对每一零件定制专用插件头。现有插件机都根据元器件外形来制作插件头，贴装不同的元器件须更换相应的贴装插件头。这种插件头存在以下问题：

① 现有异型插件机都根据插件的外形来制作贴装插件头，所以一种插件头贴装插件种类大大受限，产品变更共用困难。

② 专用插件头定制成本高，准备时间长，且故障发生难以快速修复。因此，现有技术存在缺陷，需要改进。

新设计包括新设计夹取单元，通用部分包括定位模组、运输轨道模组、上料装置、组件相机；夹取机构位于运输轨道模组上方，且由定位模组调整位置；组件相机设于运输轨道模组末端下方，上料装置位于夹取机构下方。期待更佳泛用功能，利用编程达到不更换插件头即可生产不同产品。

（2）模组化吸附机构的流水线自动插件装置。现有插件机都根据元器件外形来定做与插件元器件相仿的插件头及压块来强化吸附及按压效果，一般均须针对每一零件定制专用插件头。所以插件头贴装种类大大受限，产品变更共用困难；准备时间长，且故障发生难以快速修复。

新设计吸附单元，须包括与夹取单元相互连通，且二者各具有一通用部分，通用部分包括定位模组、运输轨道模组、上料装置、组件相机；吸附单元还包括吸附机构，夹取单元还包括夹取机构；吸附机构位于运输轨道模组上方，且由定位模组调整位置；组件相机设于运输轨道模组末端下方，上料装置位于吸附机构下方，不用更换插件头即可生产不同产品，泛用性大；避免生产不同产品而定制插件头，降低生产成本并缩短时间周期；每个贴装头的两只新设计吸嘴独立控制，达到更高的生产不同产品的泛用性；独立升降平面复压插件时使用电流标定力矩模式，贴装时可有效保护PCB；可插零件种数可扩充至数百种，完全泛用；可预先建立标准的零件数据库，减少换线编程时间，达到不更换插件头即可生产不同产品。

（3）自动换吸嘴、夹爪的插件装置。现有插件机都根据元器件外形来制作插件头吸嘴、夹爪，吸与压一体成形，泛用性低，并且贴装不同的元器件须停机人工更换对应的插件头吸嘴、夹爪，相当浪费时间。现有存在换产品须人工更换插件头上吸嘴、夹爪，造成停机时间长；人工手动更换吸嘴、夹爪，存在换错风险问题。因此，现有技术存在缺陷，需要改进。

新设计的目的是克服现有技术的不足，提供一种自动换吸嘴的插件装置。包括定位模组、运输轨道模组、吸嘴夹爪贴装头模组、吸嘴夹爪盘模组；吸嘴夹爪贴装头模组位于运输轨道模组上方，且由定位模组调整位置；吸嘴夹爪盘模组位于吸嘴夹爪贴装头模组下方；吸嘴夹爪盘模组包括若干吸嘴夹爪槽及吸嘴夹爪卡固机构。新设计可实现不用停机更换吸嘴夹爪即可生产不同产品，泛用性大，投资效益高。

（4）创新开发泛用吸嘴。在PCBA电子加工领域，插件机一般是通过专用吸嘴吸取插件零件，再通过XYZ移动机构驱动吸嘴，但现有的吸嘴还存在如下问题：

① 现有插件机吸嘴在插装过程中，与PCB板是刚性接触，容易损坏吸嘴和PCB板；吸嘴在短时间内受到非常大的冲量，容易对吸嘴造成一定不可修复的损伤，如吸嘴变形、破损，一旦发生，就会出现吸嘴取料不正等现象，导致插装偏差，出现生产不良；

② 当插件零件的产品种类过多时，需定制大量插件吸嘴，成本高；

③ 当插件零件的产品种类过多时，插件吸嘴太多，管理困难；

④ 更换产品就需更换吸嘴，消耗大量时间。

综上可知，所述吸嘴，实际中存在不便的问题，所以有必要加以改进。新设计的目的是提供一种泛用吸嘴，不仅可以提高插件零件适用范围，又可以用泛用压套提高插件完整性，使生产效益实现很大的提升。

改进期望达到以下目标：

① 小头吸嘴不仅可以提高插件零件适用范围（小头吸嘴吸取面积小），又可以用泛用压套提高插件零件的完整性，使插件机的插件工作更方便，使生产效益实现很大的提升；

② 无需定制大量专用吸嘴，方便管理；

③ 缓冲机构和吸嘴套均能增加小头吸嘴吸取的插件零件与 PCB 板的弹性接触，避免损坏吸嘴和插件零件；

④ 结构简单实用，性能稳定，方便维修更换，降低生产成本。提高插件零件适用范围，又可以用泛用压套提高插件零件完整性，使生产效益实现大的提升。

（5）全方位检测插件针脚的系统。在 PCBA 电子加工领域中，插件需要插入 PCB 板对应的孔中，如果插件的针脚位置、针脚间距、针脚直径超出良品的范围，就会导致插件与 PCB 板的连接不良。此时插件的针脚检测尤为重要，传统的检测方式只有 CCD 相机，而 CCD 相机只能检测靠近 CCD 相机一面的针脚，如插件的针脚有三排以上，则 CCD 相机无法检测到中间一排的偏差范围，导致设备误识率较高；或者通过人工使用工具测量进行检测，人力成本高，效率低；这两种传统的检测效果并不理想。综上可知，所述插件的针脚检测系统，实际中存在不便的问题，所以有必要加以改进。新设计的目的是提供一种全方位检测插件针脚的系统，全方位检测针脚的状况，降低插件针脚不良误识率。改进期望达到以下目标：

① 使用激光传感器进行识别判断，从激光发生器一端投射至激光接收器一端，可以识别多排针脚是否存在不良的情况，且激光传感器可设置具体参数进行检测比对，易于追溯不良品的来源；

② 在使用激光传感器进行侧面检测的同时，再配合 CCD 相机进行插件底部的检测，不留误识空间；

③ 检测方位全面，自动化程度高，减少误判导致的插件及 PCB 板损坏，降低人工成本，有利于批量化检测。包括插件吸附头、激光传感器、CCD 相机；所述激光传感器包括激光发射器、激光接收器；插件吸附头用于吸附待检测插件；激光发射器、激光接收器分别设置于被插件吸附头吸附的待检测插件的相对两侧；CCD 相机设置于待检测插件未被吸附端的一侧。全方位检测针脚的状况，降低插件针脚不良误识率。

（6）开发自动吸附/夹取插件头的泛用基座机构。可更换市面上已存在设计成熟的吸附/夹取插件头，使生产不同产品更加方便，泛用性更大。此项设计重点在于如何回避已有专利，并无任何设计技术困难，在此可以自行设计基座机构作二次嫁接，不但可达成泛用目的又可回避已有专利限制。

可行性评估结论：提升泛用性及模块化为整个新设计的主轴，依循委托方的具体要求进行评估，目前市面上存在的进口设备，因为价格昂贵且用途受限，仅可解决小部分问题而且投资报酬率（ROI）与期望相差太大，设计方已有大量类似经验，经过此次可行性分析及多次技术辩证，认为技术门槛不高可以满足现阶段委托方的大部分需求，而且市场需求巨大，所以立案开发制作。

11.2.3　设计开始

设计重点在于依序对可行性进行分析，深入探讨委托方需求转化成自动单元操作机构的实现，详细说明如下。

（1）模组化设计夹取机构的自动插件装置。新设计泛用自动夹取插件机构，包括固定座及设置在固定座上的夹取组件、垂直升降机构、水平旋转机构，垂直升降机构、水平旋转机构分别控制夹取组件垂直升降及水平转动；所述夹取组件包括夹爪、夹爪导向轴、驱动套管，夹爪导向轴头端与夹爪一端轴连接，随着夹爪导向轴运动而开合，夹爪导向轴嵌套于驱动套管，该夹取插件机构还包括一夹爪驱动机构，该夹爪驱动机构用于调节夹爪的开合。新设计不用更换插件头即可生产不同产品，泛用性大；避免生产不同产品而定制插件头，大大降低生产成本并缩短时间周期，可以标准化复制及流水线式生产。

以下结合附图和具体设计方向，对于新设计进行详细说明。参照图11-27、图11-28，新设计泛用自动夹取插件机构，包括固定座10及设置在固定座10上的夹取组件20、垂直升降机构30、水平旋转机构40，垂直升降机构30、水平旋转机构40分别控制夹取组件20垂直升降及水平转动；所述夹取组件20包括夹爪201、夹爪导向轴204、驱动套管205，夹爪导向轴204头端与夹爪201一端轴连接，随着夹爪导向轴204运动而开合，夹爪导向轴204嵌套于驱动套管205，该夹取插件机构还包括一夹爪驱动机构50，该夹爪驱动机构50用于调节夹爪201的开合。

其中，夹取组件20还包括一力反馈压套202与一压套座203，力反馈压套202与压套座203相互扣合设于夹爪导向轴204头端，夹爪201设于力反馈压套202底端，压套座203位于力反馈压套202上方，压套座203顶端与驱动套管205一端固定连接。垂直升降机构30包括第一伺服马达301、第一主动轮302、第一从动轮303、第一皮带304，所述第一皮带304通过一滑动机构60与夹取组件20连接，带动夹爪201垂直运动。滑动机构60包括一竖直设置固定座10上的直线滑轨601、一滑动在直线滑轨601的连接块602，连接块602分别与第一皮带304、驱动套管205连接。水平旋转机构40包括第二伺服马达401、第二主动轮402、第二从动轮403、第二皮带404，第二从动轮403与驱动套管205连接。
新设计双夹爪导向轴204，夹爪201由左支爪201a与右支爪201b构成，夹爪驱动机构50
包括第一电动缸501与第二电动缸502，双夹爪导向轴204一端分别对应一电动缸的输出
轴501/502轴连接，两支爪201a、201b分别通过两电动缸501、502驱动来开合。

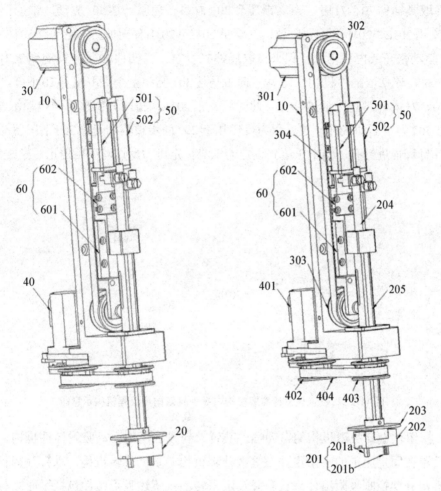

图 11-27　模组化设计夹取机构的自动插件装置（含内夹外夹双向可编程机构）

新设计的工作原理如下。

① 垂直升降：垂直升降机构30中，通过驱动第一皮带304的往复转动，由第一皮带
304带动夹取组件20中的夹爪201上下运动。

② 水平转动：水平旋转机构40中，第二从动轮403套在驱动套管205外，第二从动
轮403在水平方向与驱动套管205同步转动，在垂直方向，驱动套管205可以相对第二从
动轮403上下运动。

③ 夹取插件：本发明是把夹取插件70的左右支爪201a、201b与力反馈压套202分开
独立用马达控制，即夹取与复压插件70两个动作分开独立控制，并且两个泛用左右支爪

201a、201b分别被两个独立的电动缸控制夹取行程。

如图11-28，是夹取外端面外夹插件70示意图，如各种继电器元器件、集成电路、变压器线圈等；以及夹取内端面内夹插件71示意图，如排线连接器等。贴装复压插件70、71时，力反馈压套202使用电流标定力矩模式，能有效保护PCB。当贴装零件为外或内端面夹取类插件70、71时，力反馈压套202被第一伺服马达301驱动，带动驱动套管205、两支爪201a、201b升回正常位，两支爪201a、201b分别被第一电动缸501与第二电动缸502驱动张开或内夹相应行程来夹取插件70、71，当插件70、71移动到PCB相对应的针孔上时，该夹取插件机构升降第一伺服马达301驱动整个夹取组件20下降，使夹取的插件70、71的针脚正对插进针孔，此时两支爪201a、201b分别被第一电动缸501与第二电动缸502同步驱动张开，这过程力反馈压套202同步被驱动套管205下压驱动，使插件70、71针脚插进针孔，当下压达到设定的电流标定压力反馈时下压停止，贴装完成。

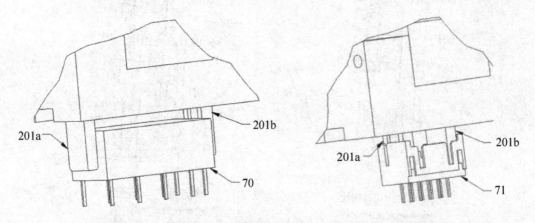

图11-28　模组化设计夹取机构内夹外夹双向可编程机构示意图

（2）模组化设计吸附机构的自动插件装置。新设计泛用自动吸附插件机构，包括固定座及设置在固定座上的吸附组件、垂直升降机构、水平旋转机构，垂直升降机构、水平旋转机构分别控制吸附组件垂直升降及水平转动；所述吸附组件包括平面吸附头与凹面吸附头、一力反馈压套、一压套座、双吸附头导向轴、一驱动套管，双吸附头导向轴嵌套于驱动套管，力反馈压套与压套座相互扣合设于驱动套管头端，双吸附头导向轴头端对应连接两吸附头一端；该吸附插件机构还包括两吸附头驱动机构，两吸附头驱动机构分别用于控制平面吸附头与凹面吸附头的伸缩。本发明不用更换插件头即可生产不同产品，泛用性大；避免生产不同产品而定制插件头，大大降低生产成本并缩短时间周期。

新设计提供一种泛用自动吸附插件机构，参照图11-27、图11-28、图11-29，包括固定座10及设置在固定座10上的吸附组件20、垂直升降机构30、水平旋转机构40，垂直升降机构30、水平旋转机构40分别控制吸附组件20垂直升降及水平转动；吸附组件20

包括平面吸附头201a与凹面吸附头201b、一力反馈压套202、一压套座203、双吸附头导向轴204、一驱动套管205，双吸附头导向轴204嵌套于驱动套管205，力反馈压套202与压套座203相互扣合设于驱动套管205头端，双吸附头导向轴204头端对应连接两吸附头201a、201b一端，随着双吸附头导向轴204运动两吸附头201a、201b伸缩贯穿于力反馈压套202；该吸附插件机构还包括两吸附头驱动机构50，两吸附头驱动机构50分别用于控制平面吸附头201a与凹面吸附头201b的伸缩。两吸附头驱动机构50对应包括第一电动缸501与第二电动缸502，两电动缸501、502输出轴分别与两吸附头导向轴204尾端连接。其中，垂直升降机构30包括第一伺服马达301、第一主动轮302、第一从动轮303、第一皮带304，第一皮带304通过一滑动机构60与吸附组件20连接，带动力反馈压套202垂直运动。滑动机构60包括一竖直设置固定座10上的直线滑轨601、一滑动在直线滑轨601的连接块602，所述连接块602分别与第一皮带304、驱动套管205连接。水平旋转机构40包括第二伺服马达401、第二主动轮402、第二从动轮403、第二皮带404，第二从动轮403与驱动套管205连接。

新设计的工作原理参照图11-29、图11-30、图11-31。

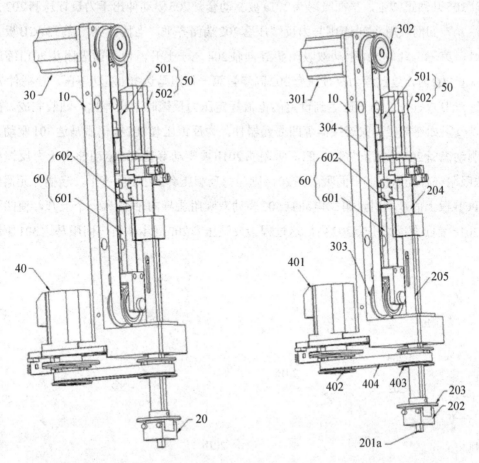

图 11-29　模组化设计吸取机构的自动插件装置（含复合吸附头201a、201b）

① 垂直升降：垂直升降机构30中，通过驱动第一皮带304的往复转动，由第一皮带304带动吸附组件20中的力反馈压套202上下运动，从而调整两吸附头201a、202b的作业高度。

② 水平转动：水平旋转机构40中，第二从动轮403套在驱动套管205外，第二从动轮403在水平方向与驱动套管205同步转动，在垂直方向，驱动套管205可以相对第二从动轮403上下运动。

③ 吸附插件：本发明是把吸附插件70的平面吸附头201a、凹面吸附头201b与力反馈压套202分开独立控制升降，即吸取与复压插件70两个动作分开独立控制，并且两个泛用吸附头201a、201b分别被两个独立的电动缸501、502控制升降，吸取不同的插件70时相应的吸附头201a、201b作自动升降，并且复压插件70时，力反馈压套202使用电流标定力矩模式，能有效保护PCB板。

新设计如图11-30，是吸附的插件70具有平面端面的元器件示意图，如各种柱状电容元器件、端口插座、开关按钮等。力反馈压套202被第一伺服马达301驱动力矩反馈驱动套管205升回正常位，平面吸附头201a被驱动套管205驱动伸出于力反馈压套202去吸附插件70，凹面吸附头201b则与力反馈压套202端面齐平，当插件70贴装到PCB板上的针孔时，第一电动缸501驱动双吸附头导向轴204之一上升，使平面吸附头201a缩回力反馈压套202内，这过程力反馈压套202同步被第一伺服马达301驱动下压，使插件70针脚插进PCB板针孔，当下压达到设定的电流标定压力反馈时下压停止，贴装完成。同时也可以吸附如连接器、大连接器等凹面元器件。力反馈压套202被伺服马达301驱动力矩反馈驱动套管205升回正常位，凹面吸附头201b被驱动套管205驱动伸出于力反馈压套202去吸附插件元器件，平面吸附头201a则与力反馈压套202端面齐平，当插件元器件贴装到PCB板上的针孔时，第二电动缸502驱动双吸附头导向轴42另一个上升，使凹面吸附头201b缩回力反馈压套202内，这过程力反馈压套202同步被第一伺服马达301驱动下

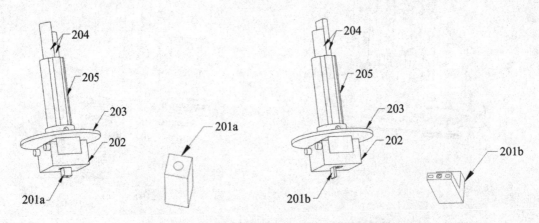

图11-30 新设计复合吸附头201a、201b结构说明

压，使插件元器件 70 针脚插进 PCB 板针孔，当下压达到设定的电流标定压力反馈时下压停止，贴装完成。

新设计中两吸附头 201a、201b 与外部的真空吸附装置相连，该真空吸附装置可以应用现有技术，在此不做重复描述，如图 11-31 所示。

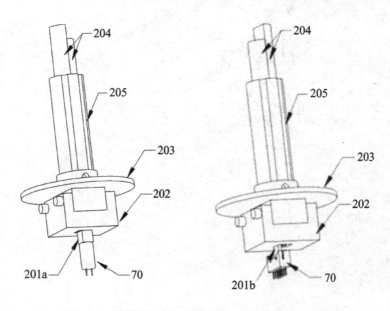

图 11-31　新设计复合吸附头 201a、201b 操作示意图

（3）附加自动换吸嘴、夹爪的装置。自动换吸嘴的插件装置，包括定位模组、运输轨道模组、吸嘴贴装头模组、吸嘴盘模组；所述吸嘴贴装头模组位于运输轨道模组上方，且由定位模组调整位置；吸嘴盘模组位于吸嘴贴装头模组下方；吸嘴盘模组包括若干吸嘴槽及吸嘴卡固机构。新设计将吸取机制与按压机构分离，突破一对一界限，达到泛用效果；不用停机更换吸嘴即可生产不同产品，泛用性大，投资效益高；避免生产不同产品而定制插件头，大大降低生产成本并缩短时间周期。

以下结合图片和具体实施例，对新设计进行详细说明。

参照图 11-32、图 11-33、图 11-34、图 11-35，新设计提供一种自动换吸嘴的插件装置，包括定位模组 10、运输轨道模组 20、吸嘴贴装头模组 30、吸嘴盘模组 40。吸嘴贴装头模组 30 位于运输轨道模组 20 上方，且由定位模组 10 调整位置；吸嘴盘模组 40 位于吸嘴贴装头模组 30 下方；吸嘴盘模组 40 包括若干吸嘴槽 411 及一吸嘴卡固机构。

参照图 11-32，定位模组 10 包括沿运输轨道模组头尾并行设置的两 Y 轴模组 11 及连接两 Y 轴模组 11 的 X 轴模组 12；吸嘴贴装头模组 30 与 X 轴模组 12 活动连接。吸嘴贴装头模组 30 上还固定有 Mark 相机 50。运输轨道模组 20 两侧还设有振动盘上料机构 60、管状料上料机构 70、卷带料飞达上料机构 80、托盘（tray）上料机构 90。

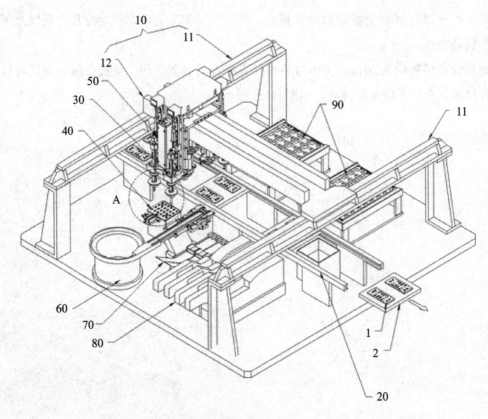

图 11-32　新设计附加自动换吸嘴夹爪的装置机构 40 相对位置示意图

参照图 11-33、图 11-34，吸嘴贴装头模组 30 包括固定座 31 及设置在固定座 31 上的吸附组件 32、垂直升降机构 33、水平旋转机构 34，垂直升降机构 33、水平旋转机构 34 分别控制吸附组件 32 垂直升降及水平转动；吸附组件 32 包括吸嘴 321、力反馈压套 322、压套座 323、吸嘴导向轴 324、驱动套管 325，吸嘴导向轴 324 头端与吸嘴 321 连接，轴体嵌套于驱动套管 325，驱动套管 325 头端与相互扣合的力反馈压套 322、压套座 323 相连，吸嘴 321 可贯穿力反馈压套 322 与压套座 323；该吸嘴机构还包括一垂直微调机构 35，该垂直微调机构 35 用于调节吸嘴导向轴 324 相对驱动套管 325 的滑动。其中，垂直升降机构 33 包括第一伺服马达 331、第一主动轮 332、第一从动轮 333、第一皮带 334，所述第一皮带 334 通过一滑动机构 36 与吸附组件 32 连接，带动力反馈压套 322 垂直运动。其中，滑动机构 36 包括一竖直设置固定座 31 上的直线滑轨 361、一滑动在直线滑轨 361 的连接块 362，所述连接块 362 分别与第一皮带 334、驱动套管 325 连接。其中，水平旋转机构 34 包括第二伺服马达 341、第二主动轮 342、第二从动轮 343、第二皮带 344，所述第二从动轮 343 与驱动套管 325 连接。其中，垂直微调机构 35 包括一电动缸 351，其输出轴与吸嘴导向轴 324 通过一固定件轴平行连接。

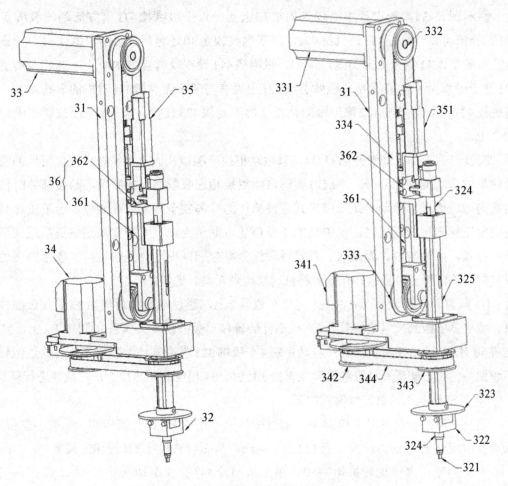

图 11-33　新设计吸嘴贴装头模组

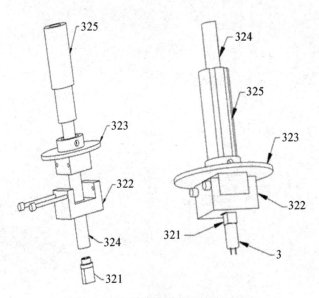

图 11-34　新设计吸嘴机构拆卸示意图

参照图11-35，新设计中吸嘴卡固机构包括一设于吸嘴槽411上方活动的吸嘴盖板421、一推动吸嘴盖板421的气缸422；该吸嘴盘模组40还包括一吸嘴盘本体41、一设于该吸嘴盘本体41侧壁上部的固定块43，吸嘴槽411设在吸嘴盘本体41上表面，吸嘴盖板421置于吸嘴盘本体41顶部，吸嘴盖板421上设有与若干吸嘴槽411对应的卡孔421a，吸嘴盖板421一侧与气缸422输出轴同轴连接的固定块423连接，该气缸422放置在固定块43之上。

新设计的工作原理参照图11-35，以自动更换吸嘴取代人工更换插件头，组件的吸取功能与按压功能独立分开，换线时实现自动更换相应吸取功能的吸嘴，贴装插件时按压功能的力反馈压套启动力矩反馈模式，使插件的针脚完全插入针孔到位，当下压达到设定的电流标定压力反馈时，保护PCB下压停止，贴装完成。本装置双边供料能适应多种来料方式，如散装料、卷带料、管状料和托盘料分别以振动盘上料机构、卷带料飞达上料机构、管状料上料机构和托盘上料机构来达到入料、送料。

① 装置总工作流程为：PCB1定位在载具2上，通过运输轨道模组20进入该插件装置，感应器感应到来料定位载具2，该插件装置移动吸嘴贴装头模组30到PCB1上，Mark相机50对PCB1拍照定位，程序自动控制4个吸嘴321吸取零件，吸取零件后通过组件相机识别并定位，装置移动吸嘴贴装头模组30到PCB1相应的贴装点上，对插件进行贴装。

② 吸嘴贴装头模组工作流程如下。

垂直升降：垂直升降机构33中，通过驱动第一皮带334的往复转动，由第一皮带334带动吸附组件32中的力反馈压套322上下运动，从而调整吸嘴321的作业高度。

水平转动：水平旋转机构34中，第二从动轮343套在驱动套管325外，第二从动轮343在水平方向与驱动套管325同步转动，在垂直方向，驱动套管325可以相对第二从动轮343上下运动。

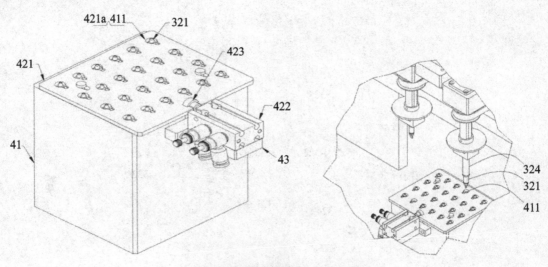

图11-35　新型吸嘴盘模组结构示意图

吸附插件：本实用新型是把吸附插件3的吸嘴321与力反馈压套322分开独立控制升降，即吸取与复压插件3两个动作分开独立控制，并且吸嘴321被电动缸351控制贯穿力反馈压套322，吸取插件3时相应的吸嘴321作自动升降，并且复压插件3时，力反馈压套202使用电流标定力矩模式，能有效保护PCB板。贴装插件时，力反馈压套322被第一伺服马达331驱动力矩反馈驱动套管325升回正常位，吸嘴321被驱动套管325驱动伸出力反馈压套322去吸附插件3，当插件贴装到PCB1上的针孔时，插件头升降电动缸351驱动吸嘴导向轴324上升，使吸嘴321缩回力反馈压套322内，这过程力反馈压套322同步被第一伺服马达331驱动下压，使插件3针脚插进针孔，当下压达到设定的电流标定压力反馈322时下压停止，贴装完成。

③ 吸嘴更换工作流程为：如图11-35所示，吸嘴盘本体41端面有24个放吸嘴321的吸嘴槽411，活动的吸嘴盖板421在气缸422的驱动下可沿吸嘴盘本体41端面滑动。当吸嘴321需更换时，装置移动吸嘴321到相对应的吸嘴槽411上方，吸嘴321被垂直升降机构33下降到吸嘴槽411内，然后气缸422接到压力套管325下降到位指令动作，驱动吸嘴盖板421相对吸嘴槽41运动，把吸嘴321卡住，垂直升降机构33接到气缸422到位指令后上升，上升过程把吸嘴321脱拔出。如需更换另一个吸嘴321，装置移动吸嘴贴装头模组30到需装的吸嘴槽411上，吸嘴321被驱动套管325下降到吸嘴接口处，吸嘴321杆卡进压力套管325吸嘴内，然后气缸422接到压力套管325下降到位指令复位动作，驱动吸嘴盖板421复位，把吸嘴321松开，压力套管325接到气缸422复位到位指令后上升，上升过程把吸嘴321卡住带走。

（4）开发泛用吸嘴（创新加分项）。新设计一种泛用吸嘴，预期可以提高插件零件适用范围，又可以用泛用压套提高插件零件完整性，使生产效益实现很大的提升。以下结合图片和具体实施例，对新设计进行详细说明。参照图11-36、图11-37，新设计提供一种泛用吸嘴，包括主腔体1、小头吸嘴2、泛用压套3、中心轴4；所述主腔体1设置沿其轴向延伸贯通的中心孔；所述中心轴4一端设置小头吸嘴2，另一端可移动地位于主腔体1的中心孔中；所述泛用压套3设置沿其轴向延伸贯通的中心孔；所述泛用压套3经其中心孔套设在中心轴4中部外侧，且一端抵接在主腔体1上。其中，所述泛用吸嘴还包括缓冲机构；所述缓冲机构在小头吸嘴2和主腔体1之间可位移地安装在中心轴4上。所述泛用吸嘴还包括吸嘴套6；所述吸嘴套6套设在小头吸嘴2外侧。所述泛用吸嘴还包括限位螺钉7；所述中心轴4另一端沿其轴向设置限位槽孔；所述限位螺钉7用于限制中心轴在限位槽孔的轴向长度范围内移动。所述主腔体1包括第一柱体11、第二柱体12、第三柱体13、第四柱体14；所述第一柱体11、第二柱体12、第三柱体13、第四柱体14依次连接，且一体成型；所述第二柱体12半径分别大于第一柱体11半径、第三柱体13半径；所述第四柱体14半径小于第三柱体13半径。所述小头吸嘴2与中心轴4连接处沿中心轴4径向设置凸起部。所述缓冲机构包括压缩弹簧5；所述压缩弹簧5套设在中心轴4外侧，

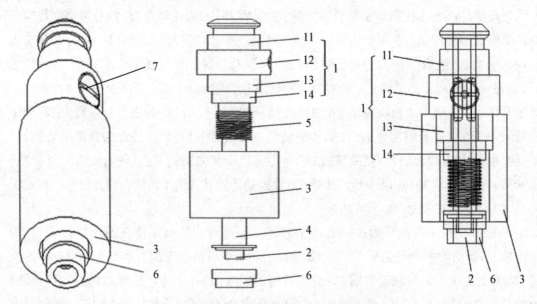

图 11-36　新设计泛用吸嘴示意图

其一端抵接在主腔体 1 的第四主体 14 底部，另一端抵接在小头吸嘴 2 与中心轴 4 连接处的凸起部。所述泛用压套 3 的一端抵接在主腔体 1 的第二柱体 12 底部。

新设计泛用吸嘴工作原理：小头吸嘴 2 固定中心轴 4 一端上，利用压缩弹簧 5 及小头吸嘴 2 和主腔体 1 之间的滑配机构，压缩弹簧 5 的弹性可以避免小头吸嘴 2 与被吸取插件零件的刚性接触造成的插件零件表面损伤。当小头吸嘴 2 吸取插件零件移动到插件位置，插件动作开始时，中心轴 4 下压到一定高度后，压缩弹簧 5 开始受力收缩；中心轴 4 在主腔体 1 中朝主腔体 1 的方向移动，小头吸嘴 2 收缩回泛用压套 3 中；当小头吸嘴 2 端部收缩至与泛用压套 3 底端部在同一平面时泛用压套 3 底端部接触小头吸嘴 2 吸取的插件零件，加大了插件零件一瞬间的接触面积，提高插件零件的完整性（泛用压套 3 与插件零件进行接触，增加了整个泛用吸嘴与插件零件的接触面积，即减少了插件零件与泛用吸嘴在短时间内的冲量）；中心轴 4 继续下压，完成插件零件的插件动作。吸嘴套 6 套设在小头吸嘴 2 外侧，吸嘴套 6 质地是软的，其材质为橡胶；而小头吸嘴 2 是金属材质。在插件过程中，为防止小头吸嘴 2 直接与插件零件刚性接触，其导致碰上插件零件表面，所以要在小头吸嘴 2 上装一个软材质的吸嘴套 6 来与插件零件接触。

新设计中的小头吸嘴 2 与吸嘴套 6 不是平齐的，而是要比吸嘴套 6 回缩 1mm ～ -2mm 的距离。泛用压套 3 对插件零件的作用，在一些较大的插件零件上更为明显，因吸嘴较小（吸嘴过大会干涉插件零件上的元器件），其吸取的只是插件零件的很小面积，在插件时无法维持整个插件零件的平衡，更无法很好地减少插件零件与泛用吸嘴在短时间内的冲量。

（5）全方位检测插件针脚的系统（激光应用）。新设计检测插件针脚的系统，包括插件吸附头、激光传感器、CCD 相机；激光传感器包括激光发射器、激光接收器；插件吸

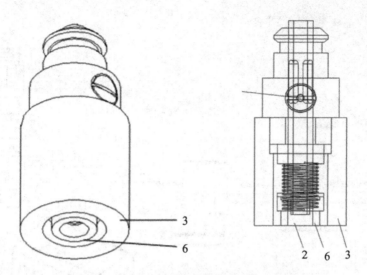

图 11-37　新设计泛用吸嘴工作原理示意图

附头用于吸附待检测插件；激光发射器、激光接收器分别设置于被插件吸附头吸附的待检测插件的相对两侧；CCD相机设置于待检测插件未被吸附端的一侧。新设计可以全方位检测针脚的状况，降低插件针脚不良误识率。以下结合图和具体实施例，对新设计进行详细说明。参照图11-38，新设计提供一种全方位检测插件针脚的系统，包括插件吸附头1、激光传感器2、CCD相机3；所述激光传感器2包括激光发射器21、激光接收器22；所述插件吸附头1用于吸附待检测插件；所述激光发射器21、激光接收器22分别设置于被插件吸附头1吸附的待检测插件5的相对两侧；所述CCD相机3设置于待检测插件5未被吸附端的一侧。其中，所述激光传感器2的型号为IC-028。所述CCD相机3的型号为DMK23G274。

工作原理：激光传感器2采用基恩士的IG-028，CCD相机3采用德国映美精23G274。激光传感器2工作原理：激光发射器21的激光源发射多波段激光，通过反射镜、平行光镜头发射平行的激光，而激光接收器22接收这组激光，如激光发射途中有需检测的产品，则激光接收器22上的位置显示器会测量并计算出产品的各项参数。如产品针脚位置、针脚间距、针脚直径等。CCD相机3工作原理：CCD相机3只能拍摄到待检测插件靠近CCD相机3一面的情况，其主要是将拍摄到的图像与预设的参照图像进行对比，而没有具体的数值进行判断。以常见的扁平针脚插件4和圆形针脚插件5为例。所使用的插件吸附头1为中国专利（申请号：201620760955.1）中的自动吸附插件机构的插件吸附头1，针脚为扁平型的插件使用其平面插件吸附头1吸附，针脚为圆形的插件使用其凹面插件吸附头1吸附。并使用其水平旋转机构旋转角度检测，检测完成后，该自动吸附插件机构将良品进行插件作业，不良品则放入不良品区。待检测插件由插件吸附头1吸附，待检测插件中插件吸附头1相邻的两侧分别为激光发射器21、激光接收器22。激光发射器21将待检测插件的针脚影像投射至激光接收器22上，激光传感器2根据预设的数据计算针脚是否不良。

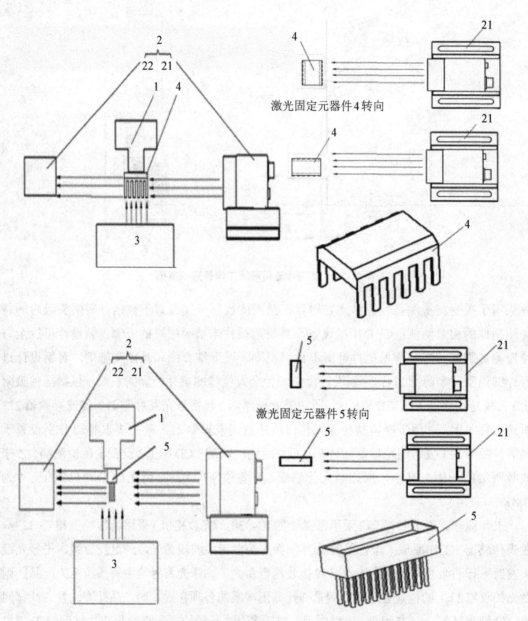

图 11-38　全方位检测插件针脚系统工作原理及应用的示意图

（6）开发泛用自动吸附/夹取插件头的基座机构。依委托方需求预先自行设计二次嫁接基座机构，可更换市面上已存在的设计成熟的吸附/夹取插件头使生产不同产品更加方便，泛用性大。

11.2.4　成本及 ROI 预估

在此方案实施前委托方提供详细投资报酬率（Return of Investment，ROI）预估参考数据（如表 11-3）并依据以往经验数据提出预期目标成本，即设备完成后的购买价格

（预期为进口类似设备的70%价格）。设计方完成初步3D建模分析及组成机构BOM成本预估（如表11-4）之后，与设计方达成合作意向并确认订单。

表 11-3　ROI 预估（引用设计方投标方案说明书中格式及数据仅供参考）

效益	分类	改善前	改善后	结果	经济效益
有形效益	人力节省	22人/线（白班）	2人/线	减少20人/线	4000元×20人×12月=96万元（一条线每年）
	人力节省	19人/线（夜班）	2人/线	减少17人/线	4000元×17人×12月=81.6万元（一条线每年）
	作业时间	16小时	10小时	减少6小时	作业时间明显改善，能满足后续产能的提升
	一致性高、平整、无变形、无割伤、精度高，不良率降低，减少返工，品质有保障				
无形效益	自动化的投入，减少人员浪费，提升工作效益				
设备费用260万/（96+81.6）=1.46（ROL 18month）					

表 11-4　单机 BOM 成本预估（仅提供格式供参考表内非实际精准数据）

自动化设备开发/复制/改制费用预估清单				
设备名称	MMI模块化泛用插件机			
机械加工件	模块&重要零件	图面数量/套	零件数量/套	备注
MMI插件头核心模块	泛用吸头吸嘴模块	8	8	基于该插件头可更换模块设计，吸头夹头可更换
	泛用吸头二次压头模块	10	10	
	R轴校正模块	10	10	
	Z轴运动模块	12	12	
	泛用模块	10	10	
	泛用二次压头模块	10	15	
	插件头主体部分	15	15	
	视觉以及光源部分	15	15	
	电气安装部分	10	10	
机构类标准件	机台名称	类别	预估数量/套	新制机台模块
	MMI插件头核心模块	丝杆	4	
		CCD以及光源	2	
		电磁阀	4	
		伺服电机	6	
		电动夹爪（伺服）	4	
		定制花键	4	

11.2.5　开始制作

新设计模组化流水线自动插件装置，如图11-39所示。在插件元器件贴装自动化过程中，由于插件元器件外形各式各样，所以均定做与插件元器件相仿的插件头及压块来强化吸附及按压效果，一般均需针对每一零件定制专用插件头。

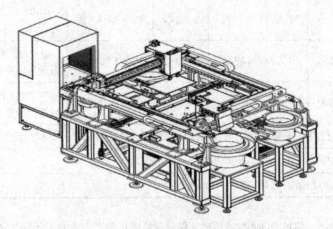

图11-39　模组化流水线自动插件装置示意

现有插件机都根据元器件外形来制作插件头，贴装不同的元器件须更换相对应的贴装插件头。采用新设计方案，预期具有以下有益效果。

（1）关于泛用吸嘴、夹头、抓爪。减少更换插件头生产不同产品（如图11-40），泛用性大，投资效益高；避免生产不同产品而定制插件头，大大降低生产成本并缩短时间周期；机台4个泛用插件头可实现同时吸附或夹取两个至多个插件，同时贴装两个至多个产品，因此缩短贴装行程时间，大大提高速度及生产效率；每个贴装头的两只吸嘴或夹爪独立控制，达到更高生产不同产品的泛用性。

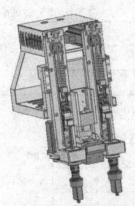

专利范用吸嘴

可编程范用电子夹爪

插件头同时兼容可编程
范用电子夹爪及专利范用吸嘴

图11-40　插件头同时兼容可编程电子夹爪及专利吸嘴

（2）关于模组化设计吸/夹取机构的自动插件装置。如图11-41，自动插件装置实体泛用吸取机构/夹取机构的应用有助于真正达到自动化线性生产的便利性；独立升降平面复压插件时使用电流标定力矩模式，贴装时可有效保护PCB；可弹性配合多种入料方式（如图11-42），如飞达（feeder）上料方式、管状料送料器上料方式和托盘（tray）上料器方式、振动盘上料方式；双边供料增加效益；可插零件种数可扩充至数百种，完全泛用；可预先建立标准的零件数据库，实现快速便捷地编程，减少换线编程时间；零件采用相机识别定位，PCB采用Mark相机定位，二次定位，精准贴装；新设计检测插件针脚的系统如图11-43（氦氖激光应用），可以全方位检测针脚的状况，降低插件针脚不良误识率。以标准化工作站形式取代人力，弹性调配生产。例如：有一个产品要插18种插件元器件，如人工贴装需排配9人，每人插2种物料；如用模组化插件机取代人力，则只需4台就能贴装16种物料插件，其中一台贴装能吸附的4种插件，另3台贴装能夹取的12种插件，剩余2种物料如考虑成本控制问题可还用人工贴装。

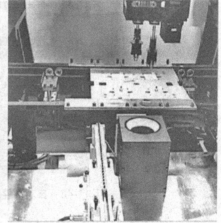

图11-41　自动插件装置实体泛用吸取机构/夹取机构

图11-42　双边供料可弹性配合多种入料方式　　**图11-43　检测插件针脚的系统（氦氖激光应用）**

11.2.6　方案现场实施量产维护

用模组化插件机取代人力泛用的自动插件装置，委托方现场装设自动插件装置及上料周边装置联动，自动插件装置多台联机（如图11-44），剩余种物料如考虑成本控制问题可还用人工贴装。自动插件装置委托方现场生产实况如图11-45所示。

图11-44　插件装置委托方现场装设多台联机

图11-45　自动插件装置委托方生产产品现场

11.2.7　改造升级

（1）加大工作尺寸。因为电动车、家电行业的基板（PCB）尺寸都比较大，所以我们的二版机最大板尺寸可以做到600mm×500mm，加大尺寸托盘供料器通用兼容（如图11-46）；而一版设计（如图11-47）托盘供料器需定制。

（2）提高进出板效率。为了提高进出板效率，二版机导轨改为三段，如图11-48。提速并有效防止偏移及跳脱的插件机构包括底座、传送导轨模组、入料皮带模组、插件皮带模组、出料皮带模组、顶升模组；所述传送导轨模组架设在底座上方，入料皮带模组、插件皮带模组、出料皮带模组沿传送导轨模组的长度方向依次布置；所述顶升模组设置在插件皮带模组的下方，用于驱动插件皮带模组中的物料上升或下降。新设计采用三段式运输皮带提高设备效率，且可有效防止元器件焊接前移载造成的偏移、跳脱。而一版机导轨为二段，如图11-49所示。

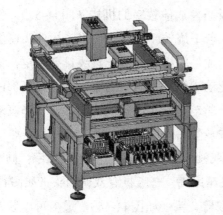

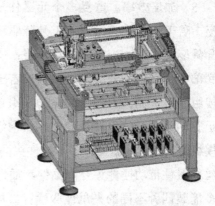

图 11-46 二版加大尺寸托盘供料器通用兼容　　　　图 11-47 一版设计托盘供料器需定制

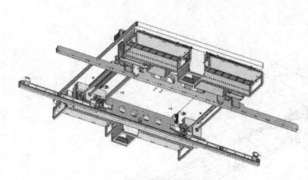

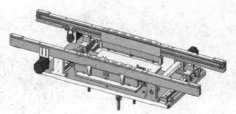

图 11-48　二版机导轨改为三段提速防止偏移及跳脱　　　图 11-49　一版机导轨为二段

（3）真空发生器改为相互独立。一版机的真空是由真空泵产生的。一个真空泵控制两个吸附头，而真空泵在工作时，振动和噪声比较大，会影响机器精度，并且当一个吸附头抓取物料失败时，会影响另一个头的吸附效果，如图 11-50 所示。二版机的真空改为由真空发生器产生，振动和噪声都很小，且一个吸附头配一个真空发生器，相互独立，不会互相影响，如图 11-51 所示。

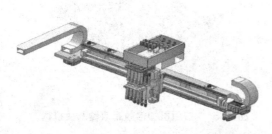

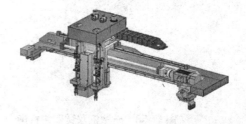

图 11-50　二版机的真空改为由真空发生器产生　　　图 11-51　一版机的真空是由真空泵产生

（4）提高相机高度。一版机的 Mark 相机低于吸附头，会影响大物料抓取，二版机的 Mark 相机进行了小型化优化，并且提高了高度，不会对吸附物料产生影响。

（5）加倍效率。重复多个元器件及多连板插件加倍效率的机构（图11-52），包括插件座、若干插件头模组、若干升降驱动模组、若干旋转驱动模组；每一插件头模组对应一升降驱动模组、一旋转驱动模组；所述若干插件头模组沿同一直线排列固定在插件座的底部一侧，若干升降驱动模组、若干旋转驱动模组——对应固定在插件座底部的插件头模组相对一侧；所述升降驱动模组包括升降驱动电机、第一丝杆组件，升降驱动电机用于驱动第一丝杆组件带动插件头模组升降取放物料；所述旋转驱动模组用于带动插件头模组旋转定位。新设计多个插件头同时往复取料及插件，有效提高插件效率；同时，采用丝杆组件带动插件头升降插件，插件平稳且精度高。一版机有双臂四头（如图11-53），最多能装四种不同的夹爪或吸嘴；二版机是双臂八头（如图11-54），最多可以装八种不同的吸嘴或夹爪，这样不管是在打重复性物料还是不同物料时，二版机的效率和适应性都比一版机好。

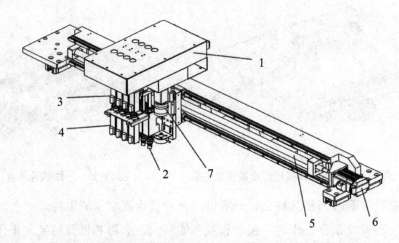

图11-52　重复多个元器件及多连板插件加倍效率的整体机构

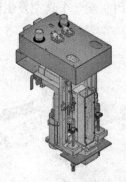

图11-53　一版机双臂四头机构

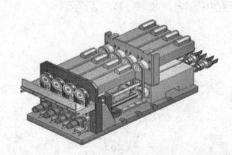

图11-54　二版机加倍效率双臂八头机构

（6）带飞行激光检测功能。包括插件装置、X轴移动装置、两Y轴移动装置、激光传感器、CCD相机、机架；两Y轴移动装置平行设置于机架顶部，X轴移动装置两端分别在两Y轴移动装置的驱动下运动；激光传感器安装于插件装置上，CCD相机布置于两

Y轴移动装置之间的下方；插件装置安装于X轴移动装置上，在X轴移动装置、Y轴移动装置的驱动下用于夹取元器件后移载至CCD相机上方进行检测，并在CCD相机检测后移载至插件处插件，在移载的过程中激光传感器对元器件进行激光检测。缩短元器件针脚的检测时间，提高插件质量的同时提高生产效率。

改造升级项目加大尺寸托盘供料器通用兼容；提高进出板效率；导轨改为三段吸附头抓取物料吸附头配真空发生器，相互独立，不会互相影响；Mark相机进行了小型化优化；重复多个元器件及多连板插件加倍效率可总结如表11-5。

表 11-5　改造升级项目总结

序号	二版机	一版机
1	外形尺寸：1449mm×1810mm×1523mm	外形尺寸：1249mm×1610mm×1507mm
2	基板最大尺寸：长600mm×宽500mm	基板最大尺寸：长350mm×宽300mm
3	三段式导航	一段式段式导航
4	每个吸附头配一个真空发生器	两个吸附头，共用一个真空泵
5	MARK相机光源高于吸附头，不会干涉吸附头旋转校正角度	MARK光源采用同轴光，体型较大，吸附头抓取大物料时会干涉
6	单臂四头，双臂八头	单臂两头，双臂四头
7	Z轴升降改为丝杆，精度更高更稳定	Z轴升降改为同步代配滑块，成本低
8	花键套筒加长，保证Z轴下降后的精度更高	花键采用THK标准库存花键，采购周期短

11.2.8　专利申请

如表4-6所示，设计方将每个技术难点的克服过程及新设计转化为专利申请。

表 11-6　由委托方需求衍生的专利申请

类别	序号	专利名称	专利类型
模组化插件机 MMI ATS3030	1	一种泛用自动夹取插件机构	发明
	2	一种泛用自动夹取插件机构	实用新型
	3	一种泛用自动吸附插件机构	发明
	4	一种泛用自动吸附插件机构	实用新型
	5	一种自动换吸嘴的插件装置	发明
	6	一种自动换吸嘴的插件装置	实用新型
	7	一种基于泛用夹取机构的自动插件装置	实用新型
	8	一种模组化吸附机构与夹取机构的流水线自动插件装置	实用新型
	9	一种插件机泛用吸嘴	实用新型
	10	一种泛用异性零件上料机构	实用新型
	11	一种管状料加贴标签机构	实用新型
	12	一种可检测插件针脚歪斜装置	实用新型

11.2.9　案例总结评析

此为典型人力取代解决方案，需求目的及评估方向很具体，而且效益的衡量标准也相对客观。此案例中的需求近几年每年倍增，这是非标准自动化发展成为标准设备的机会，可利用市场的需求营造复制量产优势，进而建立行业标准，促成机械设备的标准化。

参考文献

[1] GB/T 21373—2008 知识产权文献与信息分类及代码.

[2] GB/T 29490—2013 企业知识产权管理规范.

[3] ISO 23950：1998 信息和文献信息检索.

[4] 中国信息通信研究院. 工业互联网体系架构（版本 1.0）[R]. 2016.

[5] 刘大椿，何立松. 现代科技导论 [M]. 北京：北京中国人民大学出版社，1998.

[6] 朱世强，王宣银. 机器人技术及其应用 [M]. 杭州：浙江大学出版社，2001.

[7] 李广军，何羚. 微型计算机原理 [M]. 成都：电子科技大学出版社，2001.

[8] 石庚辰. 微机电控制系统 [M]. 北京：国防工业出版社，2002.

[9] 万百五. 自动化（专业）概论 [M]. 武汉：武汉理工大学出版社，2002.

[10] 冯博琴，吴宁. 微型计算机原理与接口技术 [M]. 北京：清华大学出版社，2002.

[11] 左美云，邝孔武. 信息系统的开发与管理教程 [M]. 北京：清华大学出版社，2001.

[12] 戴先中. 自动化科学与技术学科的内容、地位与体系 [M]. 北京：高等教育出版社，2003.

[13] 朱华. 配送中心管理与运作 [M]. 北京：高等教育出版社，2003.

[14] 方建军，何广平. 智能机器人 [M]. 北京：化学工业出版社，2004.

[15] 金占明. 战略管理——超竞争环境下的选择. 2 版 [M]. 北京：清华大学出版社. 2005.

[16] 汪晋宽，于丁文，张建. 自动化概论 [M]. 北京：北京邮电大学出版社，2006.

[17] 陈虹. 电气学科导论 [M]. 北京：机械工业出版社，2006.

[18] 周献中，盛安冬，姜斌. 自动化导论 [M]. 北京：科学出版社，2009.

[19] 蔡自兴，徐光佑. 人工智能及其应用 [M]. 北京：清华大学出版社，2009.

[20] 刘永贤. 机械工程概论 [M]. 北京：机械工业出版社，2010.

[21] 李云江. 机器人概论 [M]. 北京：机械工业出版社，2011.

[22] 于爱兵，马廉洁，李雪梅. 机电一体化概论 [M]. 北京：机械工业出版社，2013.

[23] 肖登明. 电气工程概论. 2 版 [M]. 北京：中国电力出版社，2013.

[24] 李杰，倪军，王安正. 从大数据到智能制造 [M]. 上海：上海交通大学出版社，2016.

[25] 柴园园，贾利民，陈钧. 大数据与计算智能 [M]. 北京：科学出版社，2017.

[26] 高更君，黄卫. 现代物流中心的货物配送问题 [J]. 南京：东南大学学报，2001.

[27] 李志峰. 管好物流配送发展连锁经营 [J]. 物流配送，2001.

[28] 李炜. 建立高效配送体系实现供应链优化 [J] 北京：石油商技，2002.

[29] 朱兆芬，李向东. 高新技术企业知识管理过程探析 [J]. 现代管理科学，2005，（2）.

[30] 潘喜润. 高新技术企业核心技术竞争力研究 [J]. 现代管理科学，2007，（5）.

[31] 王文雯. 复杂环境下的高新技术企业技术战略[J]. 管理科学文摘，2006，（8）.

[32] 李旭. 高技术管理不容忽视[J]. 创新论坛. 2007，（11）.

[33] 教育部高校自动化专业教学指导委员会. 自动化学科专业发展战略研究报告，2007.

[34] 谢维成. 微机原理与接口技术[M]. 华中科技大学出版社，2009.

[35] 王光辉，王云涛. 自动识别技术在物流管理中的应用[J]. 物流科技.

[36] 李兴国，顾峰. 连锁企业物流配送模式选择策略研究[J]. 物流科技，2008.

[37] 郭娜娜. AGV在自动化物流系统中应用的规划研究[D]. 西安科技大学，2010.

[38] 邱春宁，靳涛，谭卫斌等. 基于AGV的自动化物流系统[J]. 中国科技纵横，2011，（13）.

[39] 赵立军. 网络服务质量的测量技术研究[D]. 成都电子科技大学，2012.

[40] 钟夏. 高新技术企业的产品生命周期成本管理[J]. 中国集体经济，. 2011，（4）.

[41] 杜风杰. 高新技术企业人力资源管理优化问题探析[J]. 山西经济管理学院学报. 2010，（3）.

[42] 李先江. 高新技术企业市场营销管理存在的问题及对策[J]. 武汉工程大学学报. 2009，（10）.

[43] 王丹华. 计算机视觉技术及其在工业中的运用[J]. 信息与电脑（理论版），2017（17）.

[44] 李东. 计算机视觉技术在工业领域中的应用[J]. 电子技术与软件工程，2017（16）.

[45] 胡琬聆，张爽，王雅红. 计算机视觉技术及其在工业中应用的研究[J]. 通讯世界，2016（04）.

[46] 李子姝，谢人超，孙礼，等. 移动边缘计算综述[J]. 电信科学，2018，34（1）.

[47] 李有信. 5G移动通信技术和软交换技术在通信工程中的应用[J]. 数字通信世界，2018（12）.

[48] 代文博，王吕会，张燕滨，等. 煤炭生产机械设备中电气自动化技术的运用[J]. 山东工业技术，2018（6）.

[49] 王旺. 试论5G移动通信技术和软交换技术在通信工程中的应用[J]. 电子世界，2019（5）.